工业和信息化高职高专
“十二五”规划教材立项项目

职业教育财经类“十二五”规划教材

会计电算化应用教程——用友T3

The Application of Aaccounting Computerization—UFIDA T3

黄新荣 主编
任纪霞 梅研 副主编

人民邮电出版社
北京

图书在版编目（CIP）数据

会计电算化应用教程 : 用友T3 / 黄新荣主编. -- 北京 : 人民邮电出版社，2014.2（2020.8重印）
职业教育财经类“十二五”规划教材
ISBN 978-7-115-30336-3

Ⅰ. ①会… Ⅱ. ①黄… Ⅲ. ①会计电算化－高等职业教育－教材 Ⅳ. ①F232

中国版本图书馆CIP数据核字(2014)第000407号

内 容 提 要

本书详细介绍用友 T3 财务管理软件的基本知识和操作技能，内容涵盖总账系统、报表系统、往来管理系统、薪资及固定资产管理系统的工作原理和操作流程。

本书以培养学生会计电算化操作技能为核心，以工作过程为导向，以一个高职财经类专业实习生的实习经历为主线，采用项目教学的方式，循序渐进地组织教学内容，每个项目均分成几个典型任务来实施。全书包括 8 个项目，除项目八为综合实训外，其余每个项目均由知识目标、能力目标、工作情境、任务、习题与实训构成。

本书可作为中、高等职业技术学院财会类、经管类专业的教学用书，也可供相关技术人员、财会人员学习参考。

◆ 主　　编　黄新荣
副 主 编　任纪霞　梅　研
责任编辑　李育民
◆ 人民邮电出版社出版发行　　北京市丰台区成寿寺路 11 号
邮编　100164　　电子邮件　315@ptpress.com.cn
网址　http://www.ptpress.com.cn
北京捷迅佳彩印刷有限公司印刷
◆ 开本：787×1092　1/16
印张：13.75　　2014 年 2 月第 1 版
字数：351 千字　　2020 年 8 月北京第 9 次印刷

定价：32.00 元

读者服务热线：(010)81055256　印装质量热线：(010)81055316
反盗版热线：(010)81055315
广告经营许可证：京东市监广登字 20170147 号

前言

经济越发展，会计越重要。会计是社会必不可少的学科，它的发展直接影响到当代社会的经济活动。21 世纪是信息社会，会计职业领域已从传统的记账、算账、报账为主，拓展到会计信息化、内部控制、投融资决策、企业并购、价值管理、战略规划、公司治理等高端管理领域。会计专业的课程体系也增加了会计信息化、战略规划等课程。“会计电算化”是适应会计信息化的要求开设的一门课程。

本书以工作过程为导向，以一个高职财经类专业实习生在山东丰源家具公司的实习经历为主线，采用项目教学的方式，循序渐进地组织教学内容，每个项目均分成几个典型任务来实施。全书包括 8 个项目，每个项目均由知识目标、能力目标、工作情境、任务、习题与实训构成。在工作情境部分，给学生创造一个真实的企业工作环境，引导学生进入财务人员角色，为主动学习相应知识和技能打下良好的基础；在工作情境分析环节，引领学生认识这个项目在企业核算中的作用，明确该项目包括哪些核算内容，应分成哪几个任务来完成这个项目；在任务实施环节，图文穿插，带领学生逐步实施，教给学生采用最直接、最简单的方式完成相应任务。在项目八，精心设计了贯穿整个项目的综合实训，让学生把各个任务衔接起来，真正做到融会贯通，熟练掌握该项目的操作技能。

通过 8 个项目的学习和训练，学生不仅全面学习了会计从业资格考证中初级会计电算化考试科目必备的核算知识和技能，而且能够熟练地运用用友 T3 进行记账和核算工作。

本书的参考学时为 60 学时，建议采用理论实践一体化教学模式，各项目的参考学时见下面的学时分配表。

学时分配表

项　目	课 程 内 容	学　时
项目一	会计电算化入门	2
项目二	总账管理	16
项目三	现金管理	4
项目四	薪资管理	8
项目五	固定资产管理	8
项目六	往来管理	8
项目七	报表管理	6
项目八	综合实训	8
学时总计		60

本书由淄博职业学院黄新荣任主编，淄博职业学院任纪霞和梅研任副主编，郑州经贸职业学院陈明灿、淄博职业学院张凤参编。全书共 8 个项目。具体编写分工为：黄新荣编写项目一、项目二，任纪霞编写项目四、项目五，梅研编写项目三、项目八，陈明灿编写项目六、项目七，最后由黄新荣修改定稿，由高丽萍主审。

由于编者水平和经验有限，书中难免有欠妥和错误之处，恳请读者批评指正。

编　者

2013 年 11 月

目录

项目一　会计电算化入门 …… 1
学习目标 …… 1
工作情境 …… 1
任务一　认识电算化信息系统 …… 1
一、会计电算化的由来 …… 1
二、会计电算化的概念 …… 2
三、电算化会计信息系统的构成 …… 2
四、电算化会计信息系统与手工会计信息系统的异同 …… 3
五、电算化会计信息系统的功能结构 …… 5
任务二　实施会计电算化 …… 7
一、建立会计电算化管理制度 …… 7
二、选择电算化会计软件 …… 10
习题与实训 …… 12
项目二　总账管理 …… 15
学习目标 …… 15
工作情境 …… 15
任务一　建立账套与权限管理 …… 20
一、启动系统管理 …… 20
二、账套管理 …… 21
三、系统启用 …… 30
四、设置操作员 …… 31
五、设置操作员权限 …… 32
任务二　初始设置 …… 34
一、启动并注册企业门户 …… 34
二、设置系统参数 …… 35
三、设置基础档案 …… 38
任务三　日常业务处理 …… 52
一、填制凭证 …… 52
二、出纳签字 …… 60
三、审核凭证 …… 61
四、登记账簿 …… 63
任务四　账簿管理 …… 65
一、查询总账 …… 65
二、查询余额表 …… 66
三、查询明细账 …… 66
四、查询多栏账 …… 66
任务五　期末处理 …… 68
一、定义转账凭证 …… 68
二、生成转账凭证 …… 73
三、期末对账与结账 …… 77
习题与实训 …… 80
项目三　现金管理 …… 83
学习目标 …… 83
工作情境 …… 83
任务一　查询日记账 …… 83
一、查询现金、银行存款日记账 …… 83
二、查询资金日报表 …… 84
三、建立支票登记簿 …… 85
任务二　银行对账 …… 86
一、输入银行对账期初数据 …… 86
二、输入银行对账单 …… 87
三、对账 …… 88
习题与实训 …… 91

项目四 薪资管理……92
学习目标……92
工作情境……92
任务一 薪资管理子系统的初始化设置……94
一、启用工资系统……94
二、设置工资系统参数……95
三、设置银行名称……97
四、设置人员类别……97
五、设置工资项目……98
六、建立人员档案……99
七、设置计算公式……102
任务二 薪资管理子系统的日常业务处理……103
一、工资变动……104
二、扣缴所得税……105
三、银行代发……107
四、工资分摊……108
任务三 薪资管理子系统的期末处理……112
一、月末处理……112
二、反结账……113
三、统计分析……114
习题与实训……115
项目五 固定资产管理……118
学习目标……118
工作情境……118
任务一 固定资产管理系统初始化设置……120
一、设置账套参数……120
二、基础设置……124
三、原始卡片录入……130
任务二 固定资产管理系统日常业务处理……132
一、固定资产卡片管理……132
二、固定资产增减管理……133
三、固定资产变动管理……134
任务三 固定资产期末业务处理……135
一、折旧处理……135
二、处理制单……136
三、对账与结账处理……138
四、账表管理……138
五、数据维护……139
习题与实训……139
项目六 往来管理……143
学习目标……143
工作情境……143
任务一 初始设置……144
一、设置往来单位档案……144
二、设置仓库及存货档案……145
三、设置付款条件……146
四、输入往来期初数据……147
任务二 日常业务处理……148
一、录入销售发票……149
二、录入收款单……150
三、往来核销……150
任务三 往来账表查询……151
一、查询往来余额表……151
二、查询往来明细账……152
习题与实训……152
项目七 报表管理……154
学习目标……154
工作情境……154
任务一 认识报表管理系统……154
一、报表管理系统的主要功能……155
二、报表管理系统的基本概念……155
三、报表管理系统的处理流程……157
任务二 设计报表格式……157
一、启动财务报表……157
二、设计报表样式……158
三、设置关键字……162
四、设计报表公式……162

任务三　报表数据处理……167
一、进入报表数据状态……167
二、录入关键字……167
三、整表重算……167
任务四　使用数据模板……168
习题与实训……170
项目八　综合实训……172
学习目标……172
工作情境……172
一、系统管理……172
二、基础设置……173
三、总账系统初始化……174
四、总账系统日常业务处理……178
五、出纳管理……180
六、总账期末业务处理……180
七、报表管理……180
八、薪资管理……182
九、固定资产管理……183
十、往来管理……184
附录……186
附录A　会计从业资格考证大纲——初级会计电算化……186
附录B　会计从业资格考证练习题……191
附录C　《企业会计准则》会计科目名称和编号……206
附录D　《企业会计制度》会计科目名称和编号……208
附录E　习题与实训参考答案……209
附录F　附录B“会计从业资格考证练习题”参考答案……210
参考文献……212

项目一

会计电算化入门

学习目标

知识目标

- 了解会计电算化的发展
- 掌握会计电算化的概念
- 理解电算化会计信息系统与手工会计信息系统的异同

能力目标

- 会分析电算化会计信息系统与手工会计信息系统的异同
- 会解答会计电算化各子模块的相互关系
- 会建立会计电算化管理制度
- 会选择会计电算化软件

工作情境

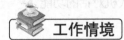

山东丰源家具公司是一家工业企业，增值税率 17%，适用新企业会计准则，其主营业务为生产加工家具，该公司打算从2013 年 1 月 1 日起实施会计电算化。财务主管张三开始考察会计软件，并招聘了一名会计专业大三实习生李娜做助手，两人着手研究会计电算化理论，考察软件市场，选择合适本企业的财务软件。

任务一　认识电算化信息系统

一、会计电算化的由来

会计电算化是计算机技术和现代会计相结合的产物。20 世纪 40 年代，世界上第一台电子计算机研制成功。初期，计算机主要用于自然科学的数据处理方面，进入 50 年代，计算机技术开始被用于经济管理。计算机技术最初应用于会计领域，主要是用于单项数据处理，如职工工资的计算、库存材料收发的核算等，大多是数量大、计算简单而又重复次数多的业务。随着计算机技术的迅速发展，计算机在会计工作中的应用范围在不断扩大。当今西方许多发达国家，计算机被广泛应用于会计数据处理、会计管理、财务管理以及预测和会计决策，并且取得了显著的经济效益。

在我国，计算机技术应用于会计数据处理起步比较晚。1979 年，长春第一汽车制造厂设计与实施了会计电算化信息系统，1981 年 8 月，中国人民大学和第一汽车制造厂在长春联合召开了“财务、会计、成本应用电子计算机专题讨论会”，正式提出了会计电算化的概念。这次会议也是我国会计电算化发展过程的一个里程碑。

二、会计电算化的概念

会计电算化就是以电子计算机为主的当代电子信息技术在会计业务处理工作中的应用，利用电子计算机可以完成记账、算账、报账，还可以完成对会计信息的分析、预测和决策。

会计电算化可以从狭义和广义两个角度去理解。从狭义的角度，它是指电子计算机在会计账务处理过程中的应用，即用计算机代替手工记账、算账、报账，计算机替代手工是这一应用的目标；从广义的角度，会计电算化是指与实现会计工作电算化有关的所有工作，包括会计电算化软件的开发和应用、会计电算化人才的培训、会计电算化的宏观规划、会计电算化的制度建设、会计电算化软件市场的培育与发展等。这是一项系统工程，是计算机硬件技术、软件技术和会计人员的有机结合。

通常，我们将计算机在会计中的应用称为“会计电算化”，而把与计算机技术和会计学交叉的学科称为“电算化会计”。

会计电算化的发展可以分为 3 个阶段，即会计核算电算化、会计管理电算化，会计决策电算化。

会计核算电算化是会计电算化的初级阶段，主要用来处理日常经济业务和生产中各种会计账簿、会计报表，目的在于运用计算机替代手工记账。会计管理电算化的工作是根据会计核算提供的会计数据，对会计信息进行综合、概括地分析。会计决策电算化是会计电算化的高级阶段，主要工作是运用会计信息来为企业作出决策。这个子系统具有良好的人机对话的功能。

三、电算化会计信息系统的构成

电算化会计信息系统是一个人机相结合的系统，它的基本构成要素包括人员、计算机硬件、计算机软件，以及会计规范和数据。

1. 人员

人员是指从事会计电算化工作的人员，如会计主管、系统开发人员、系统维护人员、凭证录入人员、凭证审核人员、会计档案保管人员等。会计电算化要求系统人员是复合型人才，要同时具备计算机应用和财会业务两方面的知识。

2. 计算机硬件

计算机硬件是指进行会计数据输入、处理、存储及输出的各种电子设备。例如，键盘、光电扫描仪、条形码扫描仪等输入设备；磁盘机、光盘机等存储设备；打印机、显示器等输出设备。其核心部分是进行数据处理的中央处理器（CPU），此外，还有通信设备、机房设施等。不同的硬件组合方式构成了不同的计算机工作方式，如单机系统、多机系统、多用户系统和局域网系统。

3. 计算机软件

计算机软件包括系统软件和应用软件。系统软件包括操作系统、数据库管理系统等。应用软件是根据一个单位、一个组织、一项任务的实际需要而研制开发的软件。凡是为了解决某些具体的、实际的问题而开发和研制的各种程序，都可称之为应用软件。会计软件就是一种应用软件，它是专门用于会计数据处理的软件。

4. 会计规范

会计规范是指各种对会计工作进行管理、约束、限定等的法令、条例、规章制度。它主要包括两大类：一是政府的法律、条例；二是基层单位在会计电算化工作中的各项具体规定，如对系统的运行进行控制的各项准则、岗位责任制度、内部控制制度等。

5. 数据

电算化会计信息系统的数据是指以各种方式取得的会计记录资料，如凭证票据等。处理经济业务数据是财会部门的传统职能，也是会计电算化的基本工作。电算化条件下会计信息系统的数据处理有如下主要特点：数据采集标准化和规范化；数据处理方式集中化和自动化；会计档案管理简捷化。

四、电算化会计信息系统与手工会计信息系统的异同

1. 相同点

无论是电算化会计信息系统还是手工会计信息系统，二者都要遵守基本的会计理论和会计方法，遵守共同的会计法规和会计准则。所以，无论是电算化会计信息系统还是手工会计信息系统都要经过数据采集、对数据进行加工处理、数据存储和传递、输出报表等基本功能。

此外，无论是电算化会计信息系统还是手工会计信息系统，它们都是会计信息系统，都具有数据量大、数据结构复杂、数据质量要求高等共性。

2. 两个信息系统的不同点

（1）数据收集方式不同。传统会计从收集各种原始凭证开始，根据原始凭证填制和审核记账凭证，再把反映经济业务的会计数据手工记录到记账凭证上。电算化会计则根据原始凭证或汇总原始凭证以键盘输入或语音输入的方式将数据输入到计算机中形成记账凭证，也可以通过扫描仪器将数据扫描录入。当原始数据在生产经营过程中产生时，可以通过自动装置或现场终端直接输入计算机，还可以通过计算机自动生成固定格式、固定内容的凭证（如计提固定资产折旧、有关费用的计提及年终转账等比较固定业务的处理）。

（2）数据处理方式不同。传统会计通常根据业务量的大小，分别由多人手工登记现金、银行、往来、费用、存货等各种明细账和总账，出现数据处理错误和数据之间的不平衡在所难免，需要进行总账和明细账的平行登记并且定期进行总账和明细账之间的核对。而在电算化会计系统中，这些数据处理均可由计算机成批或实时自动处理完成，数据的准确率和可靠性相对较高，账与账之间的核对就不是十分必要了。但为了便于计算机处理，所有会计科目、设备、材料物资、产品和零部件、职工、供销往来单位以及企业内部各个部门等都必须统一编号，作为其名称的代码；原始凭证一部分可以省略，需要保留的在格式和内容上要适应借助输入装置输入计算机的特点，要便于录入人员操作，还要考虑到一次输入、多方利用的需要，以避免重复输入。

（3）期末会计信息的报告方式不同。传统会计在期末时需要财会人员从账簿或其他资料中提取各种数据，并对其进行计算分析，计算出小计、合计等，并将其手工填列到固定格式或按使用者需要而设计的空白表格中编制出各种报表。而电算化会计系统只是采取一定的方法，将存储的账务处理等系统的数据信息通过自动提取或运算生成会计报表。根据使用者的需要，可以以屏幕显示、打印输出或软盘输出等方式精确地提供各种报表和数据。但打印输出会计报表，除按统一要求编制的对外会计报表外，还必须考虑日常管理需要的内部账表资料，其内容和格

式还要适应打印系统的功能和特点。

（4）会计数据存储的方式不同。传统会计信息系统中，会计数据的收集、加工处理及会计凭证、会计报告都是人工完成的，无论是记账凭证、账簿，还是会计报表都是以纸介质的形式存放的，其需要的纸张多、空间大，保管的难度较大。而在电算化会计信息系统中，无论是记账凭证、账簿还是会计报表都是以数据库文件的形式保存在磁性介质上，不再需要纸张和太大的空间，只需为数不多的磁盘、磁带或光碟，保管的难度、所需空间条件相对较小。

（5）会计数据的审核方式不同。传统会计数据的审核全部是人工进行的，因而工作的效率和准确率受到会计人员本身素质和潜能的影响。而在电算化会计系统中，大部分数据的审核可以通过在计算机中设置一定的勾稽关系，让其实时地或成批自动地完成，可极大地提高审核工作的效率。

（6）会计内部控制的方法与技术不同。内部控制是为了保证财产安全，加强财务报告的可靠性，提高工作效率所采取的计划、方法、规程等。传统会计的内部控制基于手工数据处理方式，已经形成了一整套特有的方法和技术，如按会计事务的需要，分为不同的专业组（例如材料组、成本组、工资组、资金组、综合组等），实物保管与账务处理相互分离、相互牵制，明细账与总账相互分离并相互核对等，通过账证相符、账账相符、账实相符等内部控制来保证数据的正确。电算化会计信息系统除了会计人员以外，还有计算机软硬件技术人员和操作人员，按数据的形态划分为数据信息收集组、凭证编码组、数据处理组、信息分析组、系统维护组等，内部控制扩大到对人员、计算机设备、数据和程序等各个方面，而且要求更为严密。在电算化会计信息系统中，主要在计算机的使用权限、输入原始数据的校验、数据处理的正确性、数据信息的保管等方面采取适当的控制措施。

（7）错账更正方法不同。在手工会计信息系统中，账簿记录的错误可用画线更正法和红字冲销法更正。电算化会计信息系统中，只能采用红字冲销法来进行修改。

（8）账务处理程序不同。在手工会计信息系统中，为了提高会计核算工作的效率和质量，节省人力和物力，各单位可以根据实际情况，选择使用记账凭证、科目汇总表、汇总记账凭证、多栏式日记账、日记总账账务处理程序等不同的会计核算组织形式。但是不同的账务处理程序并不是会计数据处理本身所要求的，而是手工处理的局限性所致，是为了减少或简化转抄工作，避免和减少各种错误。在电算化会计信息系统中，记账工作完全由计算机代替，由于计算机具有高速、准确处理数据的能力，因此，手工记账程序和方法失去了原本的意义。实现会计电算化的任何单位，不必考虑选用何种账务处理程序，只要会计软件提供的记账程序是正确的，会计人员就可以指挥计算机及时、准确地完成记账工作。

（9）会计工作的侧重点不同。由于会计信息系统和决策支持系统的建立，会计职能出现了转化和扩展，工作重点由过去的以编制会计报表的方式向有关各方提供信息，转向利用会计数据加强企业内部的经营管理；由过去单纯事后核算和分析，转向全面核算；由过去会计部门只是提供财务信息，转化为干预生产、推动经营和参与决策，发挥会计在企业经营管理中的重要作用。

在手工条件下，许多复杂、实用的会计模型，如最优经济订货批量模型、多元回归分析模型等很难在企业管理中得以实施，大部分预测、决策工作需要依赖管理者个人的主观判断。计算机在会计中的应用，使得这些会计模型具备了实施的条件。管理人员借助管理软件工具便可以将已有的会计管理模型在计算机中得以实现，同时又可以不断研制和建立新的计算机管理模型，使管理人员可以迅速地存储、传递以及读取大量的会计核算信息和资料，并毫不费力地代替人脑进行各种复杂的数量分析、规划求解，及时、准确、全面地进行会计管理、分析和决策工作。这样，可以使会计职能成为一种跨事前、事中和事后 3 个阶段，集核算、监督、控制、分析、预测于一体的全方位、多功能的管理活动。

五、电算化会计信息系统的功能结构

一个实用的电算化会计信息系统，通常由若干个子系统（功能模块）组成。每个子系统处理特定部分的信息，各个子系统之间通过信息传递相互支持、相互依存，形成了一个完整的系统。所谓电算化会计信息系统的功能结构就是指电算化会计信息系统由哪些子系统组成，每个子系统完成哪些功能，以及各个子系统的相互关系。

电算化会计信息系统按功能层次可以划分为三种类型：核算型、管理型和决策型。目前，国内绝大多数企业使用的会计信息系统属于核算型和管理型。

1. 核算型会计信息系统的功能结构

核算型会计信息系统主要是以规范会计核算业务，减轻会计人员手工劳动为目的。因此，核算型会计信息系统主要由总账系统（账务处理系统）、报表处理系统、工资核算系统、固定资产核算系统等子系统组成，其基本功能模块及各子系统之间的关系如图 1-1 所示。

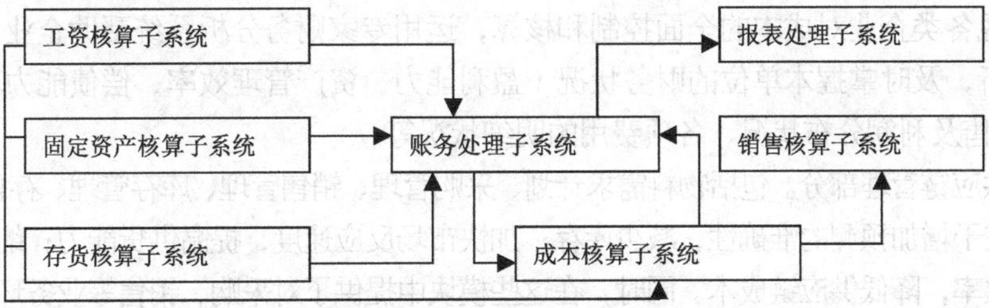

图 1-1　核算型系统基本功能模块及各子系统之间的关系

（1）账务处理子系统。收集原始会计数据，完成全部记账、算账、转账、结账、出纳管理等工作，生成序时账簿、总分类账和各种明细分类账簿，进行账簿查询及打印输出，能完成和其他业务子系统之间的数据交换，并可向报表子系统提供数据。

（2）工资核算子系统。以职工个人的原始工资资料为基础，完成工资计算、工资费用的汇总和分配工作，计算个人所得税，生成工资结算单、工资条、工资汇总表等，同时可以完成职工福利费的计算提取工作，并自动生成凭证供账务处理子系统使用。

（3）固定资产核算子系统。对房屋、设备等固定资产的增减变动进行核算，完成折旧的计算、提取与分配，生成固定资产卡片、明细账、折旧计算表等，并自动生成凭证供账务处理子系统使用。

（4）存货核算子系统。完成存货的购进、入库、货款支付的核算以及发出、结存核算，提供库存状况。生成存货采购明细账、存货明细账、存货发出明细账等，并自动生成凭证供账务处理子系统使用。

（5）销售核算子系统。实现销售核算，包括销售收入、销售费用、销售税金、销售利润的核算。生成销售明细账、商品明细账、应收账款明细账、销售费用、销售成本、销售利润等各种明细账簿，并可将业务自动生成凭证供账务处理子系统使用。

（6）成本核算子系统。实现费用的归集和分配，及时准确地计算出产品的总成本和单位成本，输出成本计算的各种表格，并自动生成凭证供账务处理子系统使用。

（7）报表处理子系统。实现各种会计报表的定义和编制，并可以进行报表分析和报表汇总。该系统生成的会计报表包括对外会计报表和对内会计报表。

2. 管理型会计信息系统的功能结构

管理型会计信息系统一般是集业务处理与财务管理于一体的系统。该系统可以跨部门使用，使企业各种经济活动信息可以充分共享，最大限度地消除企业各部门的信息"孤岛"现象；实现了业务与财务的一体化管理，有效地实现了对资金使用和财务风险的控制，并能提供较充分的财务分析信息。因而，这种会计信息系统应用比较广泛，也为企业真正实施企业资源计划系统打下基础。

这种财务业务一体化的管理型会计信息系统的功能结构主要由财务会计部分、管理会计部分、供应链管理部分、集团财务管理部分组成。

（1）财务会计部分。主要包括账务处理（总账）、应收款管理、应付款管理、工资管理、固定资产管理、报表管理、财务分析、现金流量表等模块。这些模块从不同的角度，实现了从预算到核算再到报表分析的财务管理的全过程。其中，账务处理（总账）模块是财务系统中最核心的模块，企业所有的核算最终在总账中体现。

（2）管理会计部分。主要包括项目管理、成本管理、专家财务分析等模块，通过项目和成本管理实现各类企业对成本的全面控制和核算，运用专家财务分析系统帮助企业对各种报表及时进行分析，及时掌握本单位的财务状况（盈利能力、资产管理效率、偿债能力和投资回报能力等）、销售及利润分布状况、各项费用的明细状况等。

（3）供应链管理部分。包括物料需求计划、采购管理、销售管理、库存管理、存货核算等模块，主要功能在于增加预测的准确性，减少库存；加快市场反应速度，提高供货能力；缩短工作周期，提高生产效率，降低供应链成本。同时，在这些模块中提供了对采购、销售等业务环节的控制，以及对库存资金占用的控制，对存货出入库成本的核算，使企业的管理模式更符合实际情况。

（4）集团财务管理部分。主要包括资金管理、行业报表、合并报表等模块及分行业的解决方案。资金管理模块实现对企业内外部资金的计息与管理；行业报表模块和合并报表模块等则为行业和集团型的用户进行统一管理提供了工具。

管理型会计信息系统主要功能模块及其相互间的关系如图 1-2 所示。从图中可以看出账务处理系统（总账系统）是整个会计信息系统的核心与基础，其他系统中产生的凭证数据都必须传递给总账系统，在总账系统中审核记账后反映到会计报表中。

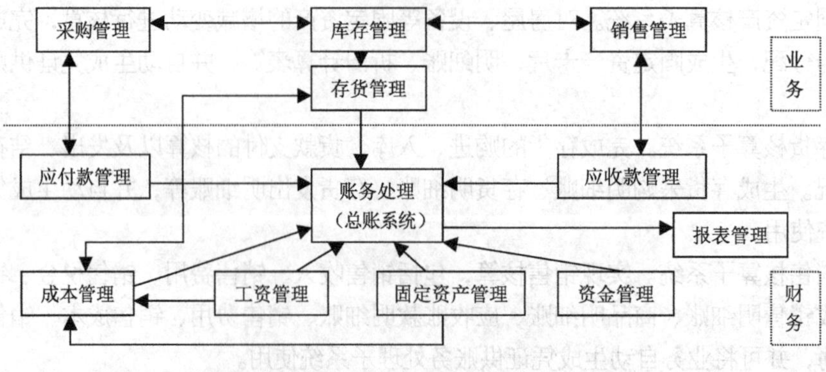

图 1-2 管理型会计信息系统主要功能模块及其相互间的关系

任务二　实施会计电算化

一、建立会计电算化管理制度

1. 会计电算化内部管理制度建立的原则

实行电算化以后，会计工作的工具、会计信息的表现形式、会计档案的存储介质、会计工作的程序都将发生巨大的变化。针对这些特点，会计管理工作中的有关内部管理制度也必须做出相应的调整，以便适应电算化的需要。

建立电算化内部管理制度，既要遵守手工方式下建立内部管理制度的原则，也要充分考虑计算机信息系统管理的特点；既要有利于保证计算机进行会计核算数据的真实性、正确性和完整性，保证会计工作秩序的正常进行，维护单位财产和货币资金的安全与完整，也要有利于保证工作中的计算机硬件设备、计算机软件和计算机中会计数据的安全可靠。

2. 建立会计电算化内部管理制度应注意的问题

（1）单位领导应高度重视。实行会计电算化以后，会计工作岗位和会计人员必须进行相应的调整，电算化系统也涉及其他相关部门。因此，单位领导应协调好各部门之间的关系，共同建立、完善并执行会计电算化内部管理制度。

（2）财务部门负责具体工作。内部管理制度的建立由财务部门在岗位确定的基础上具体负责实施。

（3）以国家法律和规章制度为依据。建立会计电算化内部管理制度时，应首先遵守《会计法》《企业会计准则》《企业财务通则》《会计基础工作规范》《会计电算化工作规范》《会计档案管理办法》等法规制度的相关要求。

（4）以本单位当前实际情况为基础，考虑今后业务发展的要求。内部管理制度应满足当前实际需要，同时考虑到今后业务发展的规划。

（5）注重制度条款的合理性，管理制度应简便易行，可操作性强。内部管理制度的每一项条款应合理、清晰、全面、具体、通俗易懂，便于会计人员操作执行，并可以作为业务考核的相关标准。

（6）兼顾会计电算化系统和其他业务系统的协调。在已经建立管理信息系统的单位，应该注意内部管理制度和其他业务系统的协调一致，不得相互矛盾或冲突，以便于实现资源共享。

（7）制度建立以后，应加强对所有会计人员的培训学习，并坚持自觉执行。制度的执行是关键，应通过培训和学习，使所有相关人员熟悉制度内容，并自觉地在实际工作中加以遵守。

3. 会计电算化内部管理制度的内容

按照《会计电算化工作规范》开展会计电算化的单位，应根据工作需要制定下列会计电算化内部管理制度。

（1）会计电算化岗位责任制度。为适应会计电算化后会计工作重点的转移和岗位的变动，需要对财会人员的工作内容和任务以及相互分工做出调整。会计人员工作岗位划分为：会计主管、系统管理员、系统操作员、制单、复核及审核、会计报表、档案管理、出纳。以上岗位中系统管理员不得兼管出纳工作，出纳人员不得兼任操作人员。

核算系统由系统管理员、会计电算化操作员、数据审核员和会计管理员组成。系统管理员负责核算系统运行环境的建立，组织协调系统的日常运行操作，提出软件修改的意见；发现和解决操作故障，及时纠正数据差错；负责检查和督促系统各类人员的工作；负责系统的安全保密工作；负责对系统硬件设备的检查及故障处理工作；确保系统的正常运行，负责数据及程序的正确性和适应性的维护；发生不可处理的错误，应及时与销售单位技术人员取得联系，及时解决发生的错误。该岗位一般由计算机专业人员负责。会计电算化操作员负责所分管的财会工作，做好分管的原始凭证的汇集和记账凭证编制及预处理工作；负责审查输入凭证的预处理，整理输入凭证、编制记账凭证、进行核算工作；负责系统的操作运行，负责数据录入、打印各种账表数据，严格遵守操作规程，并负责数据正确性的校核，发现故障应及时报告系统管理员。同时应做好会计数据的备份。该岗位由具有资格证的会计人员负责。数据审核员负责对输入凭证的代码及数据的完整性和正确性的审核，保证输出账表数据的完整性和正确性，由不是输入凭证的另一人负责。会计管理员负责存档数据软盘、程序软盘、账表、凭证和各种资料的保管工作，做好软件、数据及资料的安全保密工作；做好会计数据的备份工作。会计主管和出纳员的职责与手工方式下的职责一样，区别在于必须对会计电算化比较了解，并充分利用会计电算化提供的各种会计资料。

（2）会计电算化操作管理制度。

① 系统使用管理。为保证会计电算化系统的安全可靠运行，必须对系统的操作使用做出严格的控制。

在会计电算化系统投入运行前，由系统管理员确定本电算化系统的合法有权使用人员及其操作权限，并报单位主管审核批准后在系统内授予其使用权。运行中需要增减使用人员，按同样手续办理。

对各使用人员明确划分使用操作权限，形成适当的分工牵制，健全内部控制制度。

本会计电算化系统原则上专机专用，谢绝无关人员使用机器做其他工作。

设立“计算机使用登记簿”，任何人均须登记方可用机。

任何人员不得直接打开数据库文件进行操作，不允许随意增删改数据、原程序和数据库文件结构。

出纳人员不允许进行系统性的操作。

操作人员应严格在规定范围内对系统进行操作，负责数据的输入、运算、记账和打印有关账表。

存档数据、软盘、账表和文档资料等由系统管理员按规定指派专人统一复制、核对和保管。

系统管理员必须做好日常检查监督工作，发现不规范使用应及时制止，并采取措施避免同样情况再次发生。

② 上机操作规程。操作人员必须是合法有权使用人员，经过培训合格并经系统管理员正式认可后，才能上机操作。

操作人员上机操作前后，应进行上机操作登记，必须填写真实姓名、上机时间、操作内容，供系统管理员检查核实。

操作人员上机前应做好各项准备工作，尽量减少占用机器时间，提高工作效率。

操作人员的操作密码应注意保密，不能随意泄露，密码要不定期变更。

操作人员必须严格按操作权限操作，不得越权或擅自上机操作。

操作人员应严格按照凭证输入数据，不得擅自修改凭证数据（专职会计员，则应保证输入的数据与凭证数据的一致性)。如发现差错，应在输入前及时反映给凭证编制人员或系统管理员。已输入计算机的数据，在记账前发现差错，可按凭证进行修改，如在记账后发现差错，必须另做凭证，以红字冲销纠正，输入机内，任何人不能随意修改账目。

每次上机工作完毕后都要做好工作备份，以防发生意外事故。备份的数据软盘，应由财务处保管，下次上机备份要与机内数据复核无误后方可开始运行。

在系统运行过程中，操作人员如要离开工作现场，必须在离开前退出系统，以防止其他人员越权操作。

任何人如有伪造，非法涂改变更，故意毁坏命令程序、数据文件、账册、软盘等行为，依照《会计法》，将受到行政处分，情节严重的要追究法律责任。

③ 账务处理程序。账务系统初始化：在初次建立会计电算化系统时，需要进行系统初始化工作，在会计主管授权下进行会计科目、账本格式、凭证类型、期初余额等项内容的设定。

账务系统更改：系统正常运行期间，任何对账务系统的修改变动，必须得到会计主管的批准。

凭证处理：会计电算化系统输入的记账凭证分为两种，即机制记账凭证和手工编制的记账凭证。记账凭证要严格按照国家财会制度规定编制，对不真实、不合理的原始数据和凭证不予受理，对记载不确切、不完整的原始数据和凭证应予以退还，并要求更改和补充。为适应会计电算化系统的正常运行，编制记账凭证还必须做到：机制记账凭证直接通过机内程序转到账务处理系统进行记账、编报表等业务处理。机制记账凭证编制前，要认真审核原始凭证的合法性、正确性，输入计算机及打印出的记账凭证必须做到科目使用正确，数字准确无误。打印出的机制记账凭证需加盖制单人、审核人、记账员及财务部负责人章，连同所附原始凭证装订成册妥善保管。手工编制的记账凭证必须做到：a.原始凭证必须是合法凭证，经济业务内容、摘要应规范化，措词要确切，其中标准摘要按规范填写正确。b.账户使用正确。c.借贷方金额相等。d.原始凭证同记账凭证金额一致。e.转账凭证必须填写清楚借方和贷方科目代码。对会计分录的摘要内容必须唯一，即一种摘要内容，只能对应一个最细的明细科目，据此确定其隶属于哪一个一级、二级、三级科目。要求摘要内容简洁、扼要，用尽量少的字表达出该笔业务的内容。凡能归入标准摘要的业务内容，应尽量使用标准摘要。对于新的业务内容可按上述原则编写新的标准摘要，并注明所对应的科目名称及科目代码。记账凭证编号必须连续。编号间断时应在断号后第一张凭证上说明断号原因并签字盖章。现金日记账和银行日记账可以由机器直接登记，出纳人员不登记账簿。为工作方便，出纳人员可以自设备查辅助账。

记账凭证的审核与保管：记账凭证必须经凭证审核员严格审核无误后方可进行登账处理。操作员每输入一张凭证，结束前要自审一次无误后再按结束键。输入计算机的凭证、单据应由制单人、审核员、记账员、财务部负责人签字后方为有效凭证。已输入的凭证应在输入操作完毕装订成册后，交会计档案资料保管员存档保管。同一张凭证，制单和复核不能是同一个人。

账表打印和结账：现金、银行存款日记账需要每天打印，并应与出纳库存现金核对无误。银行余额调节表每月打印一次。科目汇总表、总分类账和各种明细分类账每月打印一次。在结账前按有关规定做好当月各类账务数据和报表的备份工作。月底，以上工作正确完成后，由系统管理员进行结账，系统自动生成下月期初余额。每年年末必须将全部账簿打印输出，装订成册，作为会计档案保存。

会计报表：单位应根据账簿数据准确编制或由计算机自动生成会计报表。账表之间的数据必须衔接一致。会计报表、计算表、分析表，按各核算子系统及管理要求和时间打印输出，经有关财会负责人审核无误后签字盖章方可生效。单位上报会计主管部门的会计报表格式与要求，按会计主管部门的统一设计和布置。单位必须以软盘和书面形式上报报表，软盘和书面报表的数据必须一致，书面报表必须由机器打印并按规定由有关人员签字盖章。

（3）计算机硬件、软件管理制度。系统维护管理包括硬件维护和软件维护两部分。

硬件维护：一般情况下，硬件维护主要由销售厂家负责，企业只负责一些简单的日常维护工作。因此，企业可以不配备专职的硬件维护人员，由软件维护人员或其他人员兼任即可。硬件维护的主要内容是在系统运行过程中出现硬件故障时，及时进行故障分析，做好检查记录；在设备需要更新、扩充和修复时由系统管理员和维护员共同研究决定，并由维护员实施安装和调试。硬件维护应注意以下两点：

① 机房内硬件必须指定专人负责；

② 机房内硬件由系统维护员定期全面检查，并做好检查记录，发现问题的硬件应及时修理或更换。

软件维护：软件维护主要包括正确性维护、适当性维护和完善性维护 3 种。正确性维护是指诊断和改正错误的过程；适当性维护是企业的会计工作发生变化时，对软件进行的修改活动；完善性维护是指为了满足企业新的需求对软件进行的修改活动。对于使用商品化软件的企业，软件维护工作由销售厂家负责，使用单位只负责操作维护，可以不配备专职维护员，而由指定的系统操作员兼任；对于自行开发软件的企业，应配备专职系统维护员，负责系统的硬件设备和软件的维护工作，发现故障及时排除，以确保系统的正常运行。软件维护应注意以下几点：

① 软件维护由专人负责，非指定软件维护人员不得从事软件维护；

② 重大软件维护项目应事先报请会计主管和系统管理员批准，经同意后才能进行维护；

③ 做好详细维护记录；

④ 系统参数，如系统运行环境、会计科目级次、编码结构、使用权限等不得随意变动，若确需变动，应事先报请会计主管和系统管理员批准。

（4）电算化会计档案管理制度。电算化会计信息系统中的会计档案包括以书面形式存放的会计凭证、会计账簿和会计报表，存储在磁性介质上的会计数据，以及系统开发运行过程中编制的各种文档、结构图、流程图和原程序等。良好的会计电算化档案管理是系统连续、稳定运行的保证，是电算化会计信息系统维护的保证，是系统数据信息安全的重要保证，也是会计信息得以充分利用、更好地为管理服务的保证。会计电算化档案管理制度主要包括以下几点：

① 及时收集各种会计档案、并做好收集记录；

② 严格执行会计档案的调阅规定，调阅会计档案必须经过会计主管和系统管理员批准，调阅人不得擅自复制会计档案；

③ 妥善管理磁性介质上的会计数据，注意防热、防磁、防霉、防潮；

④ 会计档案销毁按国家有关制度进行；

⑤ 会计数据应做双备份并分别存放在两个不同的建筑物内。

二、选择电算化会计软件

电算化会计软件是指一系列指挥计算机执行会计工作的程序以及存储数据或信息的文档资料，它是会计电算化信息系统的重要组成部分。

1. 电算化会计软件的取得方式

目前，电算化会计软件取得的方式主要有自行开发、委托开发、购买商品化会计软件几种。此外，还有联合开发或购买与二次开发相结合等方式。目前，我国的商品化会计软件市场日益完善，软件的功能也日趋完善。一般情况下，如果单位对会计核算没有特殊要求，可以尽量采用商品化软件，如账务处理系统、报表系统等。如果商品化软件功能不能满足需要，可以采用购买以后二次开发或者委托开发的方式，如进销存、成本等业务系统。自行开发电算化系统不仅需要考虑开发技术力量，还要考虑实施以后的维护和升级问题，由于人员变动等各种因素，往往不能及时进行，所以这种方式尽量不要采用。

2. 商品化会计软件的选择

购买商品化会计软件是会计电算化的发展趋势之一。一般会计业务较少、处理简单的单位应使用商品化软件，就是会计业务处理较复杂的大中型企业，也可以购买商品化软件，而对于本单位特殊的需求，再进行二次开发，丰富商品化软件的功能。这样既省时，又省费用，是实现会计电算化的有效途径。

目前市场上的商品化会计软件既有国内软件厂商的产品，又有国外软件厂商的产品。版本众多，在性能、价格、适应性上各具特点，有着比较大的差异。选择会计软件时，应考虑以下因素。

（1）会计软件的功能

① 主要功能：完成会计业务的一般工作，正确处理会计业务，进行会计凭证填制，登记会计账簿，输出财会信息等工作。一般商品化软件，主要处理功能都比较齐全，不管是账务子系统还是其他子系统，都不可缺少地拥有输入功能、处理功能和输出功能，但格式和处理方法各有不同。

② 辅助功能：这是为主要功能服务的，以方便主要处理功能的圆满完成。没有这些功能，主要处理功能也照样能完成，但这些辅助功能使系统应用起来更加方便。辅助功能包括提示功能、帮助功能、引导操作功能、全屏编辑功能、辅助计算器等一切有利于用户使用软件系统的所有功能。

③ 服务功能：这是有别于其他系统的特殊功能之一，它能保证会计信息系统的正常运行，包括重建索引文件以恢复被破坏的数据秩序，复制会计数据档案以防其丢失，恢复会计信息系统及其遗失或已被破坏的数据，清理存储空间等功能。

④ 控制功能：完成内部控制在会计信息系统中的任务，制约会计信息系统按规范的、正确的会计工作流程进行处理，并防止非法的和错误的输入、输出以及操作处理。系统控制功能包括输入数据的正确性控制（包括性质、长度、范围等），输出内容使用的控制，处理顺序和方式的正确性控制，使用权限的控制等。虽然控制功能不像其他功能可以直接从界面上看出，但它们确实存在于整个系统中，而且是必不可少的。控制功能越丰富，系统安全性越高，系统正常运行就越有保证。

各会计软件的主要功能基本上是一致的，这是因为开发设计这些软件时所遵循的《会计核算软件基本功能规范》，对会计核算软件必须具备的功能和完成这些功能的基本步骤等内容进行了统一的规定和要求。因此，选择会计软件时主要考虑的是其他几方面功能的差异。

（2）本单位财会业务的特点。

① 行业特点：每个行业的会计工作都有其特殊性，财政部在制定会计制度时，也是分行业分别制定的，从而决定了各单位购买财会软件时，必须考虑各行业的特点。例如，工业企业与

商品流通企业的会计工作，在具体核算上，其内容和标准就不尽相同。通用商品化软件的某些功能是可以在某几个行业甚至各行业中通用的，但通用性越强，对各行业、各单位具体情况的个性满足程度就越差。

② 企业规模：企业规模的大小决定了会计业务需要处理的数据量的多少，会计核算精确度的高低，以及是否分级核算，这些将决定购买软件的性质和功能。例如，企业日（或月）处理凭证的总数，企业会计科目的分级与长度，会计数据的最大值与最小值，每月所要保存的会计数据量，以及企业的规模及会计工作的分工等。

（3）软件的技术性能。软件的技术性能包括使用的数据库系统安全可靠性和易使用性，后者指软件系统易学易用易懂的性能。可以考察如下几方面。

① 界面的友好性。会计软件的界面是否简洁明了，提示是否清楚丰富，所用语言是否符合财会人员的习惯，输入、输出的格式是否规范，这些构成了界面友好性的主要内容。

② 易适应性。指软件能很好地适应企业财务处理的具体情况，并在企业财务工作内容发生变化时，也能方便地适应这些变化的程度，如科目的变化，报表格式及内容的变化，各种比率的变化，以及核算内容的变化等。此外，可维护性、可审计性、可移植性等亦需加以考虑。

另外，软件运行平台、软件运行环境，如网络环境、数据库环境也是选择商品化软件的重要因素。

（4）售后服务。购买商品化会计软件，售后服务至关重要。一般软件商都为用户提供售后服务。

一般情况下，知名软件商的产品通用性较好，售后服务好，维护能力强，但价格较高，并且许多项目是有偿维护。

（5）费用。商品化会计软件的购置费用一般包括：软件价格；实施费用（包括培训和安装费用）；售后服务费用；其他配套费用，如专为商品化会计软件配置的系统软件及防病毒软件的购置费用；扩充和升级费用，如网络版软件增加工作站的费用、软件版本升级费用等。考虑费用问题时，不能仅以总费用高低来进行选择，应与软件的质量和满足需要的程度综合考虑，以求选择既能满足会计处理的要求，性能价格比又是最优的软件。

目前，市场上商品化会计软件品种很多，主要品牌有用友、金蝶、安易、金算盘、小蜜蜂等。

丰源公司经过综合考虑，最终决定选择用友 T3 软件，购买了所有模块，并从 2013 年 1 月 1 日起开始启用除老板通、移动商务以外的用友通所有模块。

习题与实训

一、填空题

1. 会计数据主要记录在______、______和______之中。
2. 会计信息按使用层次可分为______、______和______三大类。
3. 会计信息系统按会计数据处理技术不同分为______和______。
4. ______年______月，美国通用电器公司首次利用电子计算机计算职工薪金的举动，标志着______的产生。
5. 会计电算化又可称______、______、______等。
6. 狭义的会计电算化信息系统是指______。

7. 存储会计信息的磁性介质主要有______、______和______等。

8. 会计电算化信息系统的物理结构由硬件系统、______、______、会计规程和会计数据五个要素组成。

9. 在账务处理中心方式下，账务处理系统是数据的______和______的中心。

10. 会计电算化信息系统中各子系统之间的关系主要表现为______。

二、单选题

1. 记账凭证相对于______就是会计信息。
   A. 原始凭证 B. 会计账簿 C. 会计报表 D. 会计科目

2. 编制记账凭证属于______。
   A. 采集会计数据 B. 加工会计数据 C. 存储会计数据 D. 输出会计信息

3. 会计信息系统的英文缩写是______。
   A. AIS B. MIS C. DFD D. ERP

4. 在______年，我国第一次正式提出了“会计电算化”的概念。
   A. 1954 B. 1979 C. 1981 D. 1995

5. 记账属于数据流程中的______。
   A. 输入部分 B. 存储部分 C. 处理部分 D. 输出部分

6. 会计电算化改变了______。
   A. 会计准则 B. 会计目标 C. 会计工具 D. 会计主体

7. 我国会计电算化发展的现状是______。
   A. 代理记账 B. 试点、研制 C. 普及、推广 D. 会计专用机

8. 会计电算化后，主要采用______会计核算程序。
   A. 记账凭证 B. 汇总记账凭证 C. 科目汇总表 D. 综合账务处理

9. 在会计核算系统中，______属于核心子系统。
   A. 账务处理系统 B. 报表管理系统 C. 工资核算系统 D. 固定资产核算系统

10. 账务处理系统与成本核算系统之间存在______。
   A. 单向发送数据 B. 单向接收数据 C. 双向传递数据 D. 不能传递数据

三、多选题

1. 会计数据与会计信息之间的关系表现为______。
   A. 既有联系 B. 又有区别 C. 相互转换 D. 相互独立

2. 信息系统的基本功能有______等。
   A. 采集数据 B. 加工数据 C. 存储信息 D. 传输信息

3. 会计电算化后，会计数据输入的方式有______等。
   A. 手工直接录入 B. 装载辅机数据 C. 本系统自动产生 D. 外系统自动转入

4. 会计电算化后，会计信息输出的方式有____等。
   A. 屏幕查询 B. 打印输出 C. 磁盘复制 D. 网络发送

5. 会计电算化后，会计的职能扩展为______。
   A. 会计核算 B. 会计监督 C. 参与决策 D. 开发会计软件

6. 会计电算化后，会计数据实现了______。
   A. 集中收集 B. 统一处理 C. 重复登记 D. 信息共享

7. 下面说法正确的是______。

A. 取得和审核原始凭证是采集会计数据

B. 按照会计制度编制记账凭证是加工会计数据

C. 登记账簿和编制报表是存储会计信息

D. 对内对外及时财务报告是传输和利用会计信息

8. 从处理会计业务的功能来看，会计电算化大致经历了______三个发展阶段。

A. 单项业务电算化　　B. 会计核算电算化

C. 会计管理电算化　　D. 会计手段电算化

9. 会计电算化发展趋势是____。

A. 网络化　　B. 集成化　　C. 智能化　　D. 通用化

10. 在会计电算化信息系统中，子系统之间的数据传递方式目前有______。

A. 账务处理中心方式　　B. 直接传递方式

C. 集中传递方式　　D. 分散传递方式

四、判断题

1. (　　) 会计数据实质上就是会计信息。

2. (　　) 会计账簿对于记账凭证是会计信息，对于会计报表来说则是会计数据。

3. (　　) 由于会计工作的基本方法与信息系统的基本功能相似，因此，会计本身就是一个信息系统。

4. (　　) 加工处理数据是实现信息系统目标的核心功能。

5. (　　) 从会计电算化的发展趋势来看，AIS 就是会计电算化信息系统。

6. (　　) 会计核算软件能够实现财务核算、生产与销售管理的全面电算化。

7. (　　) 会计信息系统具有数据加工处理的方法灵活多样等特征。

8. (　　) 会计电算化提高了会计数据的共享性和及时性。

9. (　　) 账务处理系统虽然是会计电算化信息系统的中枢系统，但它只能接收数据而不能发送数据。

10. (　　) 报表管理系统与账务处理系统必须有数据接口，否则将不能实现编报电算化。

五、简答题

1. 图示并简要说明会计信息系统数据处理的一般流程。
2. 简述会计电算化的作用。
3. 简述会计电算化信息系统的特征。
4. 在账务处理中心方式下，图示各个核算子系统之间的数据传递关系。

项目二

总账管理

学习目标

知识目标

- 了解用友通系统总账管理的主要功能及其与其他业务模块之间的关系
- 掌握系统管理中设置操作员、建立账套、设置操作员权限和系统启用的方法
- 掌握基础操作中各种基础档案设置的方法
- 掌握总账管理中初始设置、日常业务处理和期末业务处理的方法

能力目标

- 能够根据业务要求设置操作员、建立账套、设置操作员权限和进行系统启用
- 能够根据业务要求完成基础档案的设置工作
- 能够根据业务要求完成总账管理中初始设置、日常业务处理和期末业务处理工作

工作情境

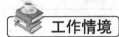

李娜是某职业学院会计专业三年级的学生，目前在山东丰源家具公司财务岗位实习，该公司为一般纳税人的工业企业，增值税率17%，适用2007年新会计准则，其主营业务为生产加工家具，2013年1月1日开始启用除老板通、移动商务以外的用友通所有模块，启用日期为2013年1月1日。

该公司财务软件设置的操作员有三人：张三为账套主管，主要职责是审核凭证；李娜为一般财务人员，拥有除凭证审核以外的全模块操作权限；周静为出纳，拥有出纳、总账的管理权限。

该公司存货有分类，客户、供应商无分类，无外币核算业务。会计科目编码方式：4222，其他为默认。

1. 总账管理系统主要业务

（1）建立账套。

① 账套信息。

账套号：002；账套名称：山东丰源家具公司；数据库文件路径和数据库日志文件路径采用系统默认路径或自行确定；启用会计期：2013年1月；会计期间设置：1月1日至12月31日。

② 单位信息。

单位名称：山东丰源家具公司；单位简称：丰源公司。

③ 核算类型。

记账本位币为人民币，代码：RMB；企业类型是工业企业；行业性质为2007年新会计准则；账套主管为demo；按行业性质预置科目。

④ 基础信息。

该企业无外币核算，进行经济业务处理时，存货有分类，客户、供应商无分类。

⑤ 分类编码方案。

科目编码级次：4222；其他为默认。

⑥ 数据精度。

小数点位数：2。

其他选择系统默认设置。

（2）设置操作员："101 张三"为账套主管，"102 李娜"拥有002账套"总账"的操作权限，"103 周静"拥有002账套"总账"和"现金管理"的操作权限。

（3）设置凭证参数：允许修改他人填制的凭证；凭证编码方式采用系统编号；凭证要求打印凭证页脚姓名；可查询他人凭证；现金流量项目必录；实行预算控制；凭证按科目、摘要相同方式合并。

（4）设置账簿参数：取软件系统的默认值。

（5）设置基础档案。

① 设置部门档案如表2-1所示。

表2-1 部门档案

部门编码	部门名称	部门属性
1	财务部	财务管理
2	办公室	综合管理
3	采购部	采购
4	销售部	营销
5	生产车间	生产

② 设置职员档案如表2-2所示。

表2-2 职员档案

人员编号	姓名	部门	人员类别
101	张三	1财务部	管理人员
102	李娜	1财务部	管理人员
103	周静	1财务部	管理人员
201	赵浩	2办公室	管理人员
301	李明	3采购部	管理人员
401	王强	4销售部	管理人员
501	刘华	5生产车间	生产人员

③ 设置客户档案如表2-3所示。

表2-3 客户档案

客户编码	客户名称	客户简称	地址
001	滨海市城乡超市	城乡超市	滨海市人民路26号
002	滨海市集美家具城	集美家具城	滨海市滨海大道237号

④ 设置供应商档案如表2-4所示。

表 2-4 供应商档案

供应商编码	供应商名称	供应商简称	地址
001	滨海市海淀木材城	海淀木材城	滨海市沿海路 78 号
002	滨海市西门子厨具店	西门子厨具店	滨海市中心路 56 号

⑤ 设置凭证类别如表 2-5 所示。

表 2-5 凭证类型

类别字	类别名称	限制类型	限制科目
01	收款凭证	借方必有	1001，1002
02	付款凭证	贷方必有	1001，1002
03	转账凭证	凭证必无	1001，1002

⑥ 设置结算方式如表 2-6 所示。

表 2-6 结算方式

结算方式名称	结算方式编码	是否票据管理
现金	1	否
现金支票	2	是
转账支票	3	是

⑦ 设置会计科目如表 2-7 所示。

表 2-7 会计科目

科目编码	科目名称	余额方向	备注
1001	库存现金	借	现金总账科目
1002	银行存款	借	银行总账科目 日记账科目
100201	—工商银行存款	借	
1122	应收账款	借	客户往来辅助核算
112201	—城乡超市	借	
112202	—集美家具城	借	
1221	其他应收款	借	个人辅助核算
122101	—个人借款	借	
1403	原材料	借	
140301	—木材	借	
140302	—海绵	借	
1405	库存商品	借	
140501	—沙发	借	
140502	—衣柜	借	

续表

科目编码	科目名称	余额方向	备注
140503	—写字台	借	
140504	—西门子厨具	借	
2202	应付账款	贷	供应商往来辅助核算
220201	—海淀木材城	贷	
220202	—西门子厨具店	贷	
2221	应交税费	贷	
222101	—应交增值税	贷	
22210101	—进项税额	贷	
22210102	—销项税额	贷	
4104	利润分配	贷	
410401	—未分配利润	贷	
6601	销售费用	借	部门辅助核算
660101	—工资	借	
660102	—广告费	借	
660103	—折旧费	借	
6602	管理费用	借	部门辅助核算
660201	—工资	借	
660202	—业务招待费	借	
660203	—差旅费	借	
660204	—咨询费	借	

⑧ 输入期初余额如表 2-8 所示。

表 2-8 期初余额表

科目编码	科目名称	方向	期初余额
1001	库存现金	借	2 188.33
1002	银行存款	借	46 850.00
100201	—工商银行存款	借	46 850.00
1122	应收账款	借	13 455.00
112201	—城乡超市	借	5 850.00
112202	—集美家具城	借	7 605.00
1221	其他应收款	借	2 000.00
122101	—个人借款	借	2 000.00
1403	原材料	借	4 700.00
140301	—木材	借	3 000.00
140302	—海绵	借	1 700.00
1405	库存商品	借	6 500.00
140502	—衣柜	借	4 500.00
140504	—西门子厨具	借	2 000.00
1601	固定资产	借	110 000.00

续表

科目编码	科目名称	方向	期初余额
1602	累计折旧	贷	10 925.00
2202	应付账款	贷	3 170.00
220201	—海淀木材城	贷	1 170.00
220202	—西门子厨具店	贷	2 000.00
2211	应付职工薪酬	贷	5 000.00
4001	实收资本	贷	100 000.00
4104	利润分配	贷	66 598.33
410401	—未分配利润	贷	66 598.33

（6）填制凭证。

① 2013 年 1 月 1 日，开出号码为 7 890 的现金支票从银行提取现金 5 000 元，备发工资，根据这笔业务填制记账凭证。

② 2013 年 1 月 25 日，采购部李明报销差旅费 1 500 元，交回现金 500 元，根据这笔业务填制记账凭证。

③ 收到城乡超市的银行支票一张（票号：2589），偿还前欠的货款 5 850 元。

④ 1 月 12 日，借入短期借款 10 000 元，年利率 15%，期限 3 个月，到期一次还本付息。

⑤ 1 月 18 日，生产产品领用木材 2 000 元，车间一般性消耗领用木材 300 元。

⑥ 1 月 24 日，销售西门子橱具一套，卖价 2 800 元，增值税 476 元，收到转账支票送存银行，票号 666。同时结转已销商品成本 2 000 元。

（7）出纳签字。

（8）审核凭证。

（9）登记账簿。

（10）查询账簿。

（11）定义转账凭证。

（12）生成转账凭证。

（13）期末对账与结账。

2. 工作情境分析

若要完成丰源家具公司总账核算工作，需分成以下几项工作任务。

（1）建立账套与权限管理。启动系统管理，设置操作员，建立账套，启用系统。

（2）初始设置。即进行总账系统初始化设置，包括设置基础档案、会计科目、凭证类别、结算方式和录入期初余额。

（3）日常业务处理。日常业务处理工作主要包括填制凭证、审核凭证、出纳签字和记账工作。

（4）账簿管理。完成记账工作后，就形成了正式的会计账簿。系统提供了账簿的查询功能，包括查询总账、明细账及凭证等账、证、表资料的联查。

（5）期末处理。在会计期末需要完成的一些特定的会计工作，包括期末转账业务、试算平衡、对账以及结账等。

任务一 建立账套与权限管理

用友网络财务软件与传统的财务软件产品有着根本的不同，它是由多个产品组成，各个产品之间相互联系，数据共享，完整实现财务、业务一体化的管理。而传统的财务软件产品则往往强调集成，所有的功能都集成在一个产品之中，产品和产品之间不能进行数据交流和数据共享。

由于用友网络财务软件所含的各个产品是为同一个主体的不同方面服务的，并且产品与产品之间相互联系、数据共享，因此，就要求这些产品具备如下特点：具备公用的基础信息；拥有相同的账套和年度账；操作员和操作权限集中管理；业务数据共用一个数据库。

要想满足上述要求，就要设立一个独立的产品模块，也就是系统管理模块，来对所属的各个产品进行统一的操作管理和数据维护。具体来说，系统管理模块主要能够实现如下功能：对账套的统一管理，包括建立、修改、引入和输出；对账套中年度账的统一管理，包括建立、清空、引入、输出和结转上年数据；对操作员及其权限的统一管理以及设立统一的安全机制，包括数据库的备份、功能列表和上机日志等。与此相适应，在下属的各个产品中就不再做这些操作了，它们将主要集中于自身的业务操作。

一、启动系统管理

启动系统管理的操作包括启动系统管理模块并进行注册，即登录进入系统管理模块。在系统管理中可以建立账套，设置操作员及操作员权限等。

系统允许以两种身份注册进入：一是以系统管理员的身份，二是以账套主管的身份。

- 以系统管理员身份注册进入，可以建立、引入和输出账套，设置用户、角色和权限，设置备份计划，监控系统运行过程，清除异常任务等。
- 以账套主管的身份进入系统，可以修改、创建、清空、引入账套，输出年度账，完成各子系统的年末结转，以及设置该账套操作员的权限。

由于首次运行该软件时还没有建立核算单位的账套，因此选择由系统默认的管理员 admin 登录。

【例 2-1】 以系统管理员的身份启动系统管理。

操作步骤：

（1）选择“开始”|“程序”|“畅捷通 T3 系列管理软件”|“畅捷通 T3”|“系统管理”命令，或者直接双击桌面上的系统管理图标，进入“畅捷通 T3 会计从业资格考试专版【系统管理】”窗口，如图 2-1 所示。

（2）在“系统管理”窗口中，单击“系统”|“注册”，打开“注册【控制台】”对话框，如图 2-2 所示。

（3）选择服务器。单击“服务器”文本框，文本框右端出现按钮，单击它，打开“网络计算机浏览”对话框。如果在客户端登录，则选择服务端的服务器名称；如果本身就在服务端或是单机用户，则选择本地服务器。

（4）输入操作员及密码。单击“用户名”文本框，输入用友 T3 默认的系统管理员“admin”（系统管理员是用友 T3 应用系统中权限最高的操作员，他对系统数据安全和运行安全负责，因此，企业安装用友 T3 应用系统后，应该及时更改系统管理员的密码，以保障系统的安全性）；单击“密码”文本框，用友 T3 默认系统管理员的密码为空。

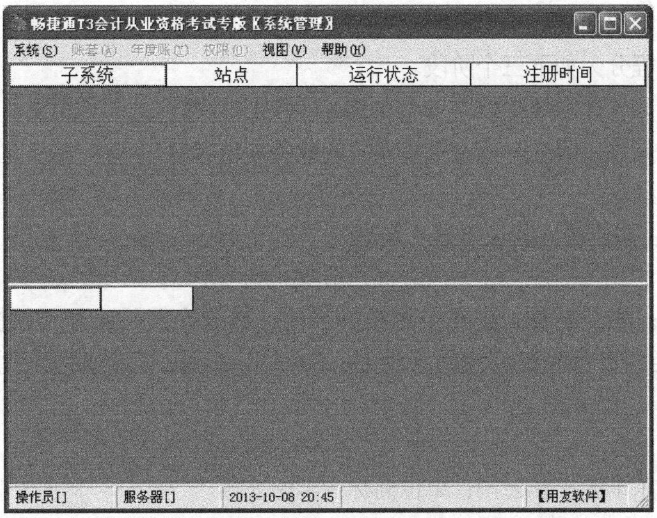

图 2-1 启动系统管理

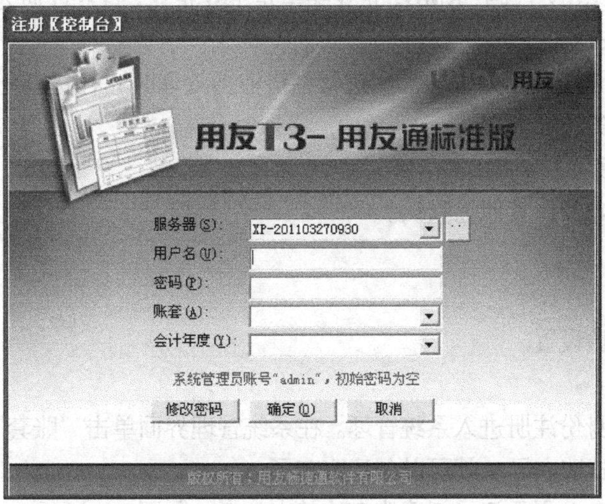

图 2-2 注册【控制台】

更改系统管理员密码的方法是：在系统管理员“注册【控制台】”对话框中，输入操作员密码后，单击【修改密码】按钮，打开“设置操作员口令”对话框，在“新口令”文本框中输入欲设置的系统管理员密码，在“确认新口令”文本框中再次输入相同的密码，单击【确定】按钮返回“注册【控制台】”窗口，密码更改成功。

（5）单击【确定】按钮，即以系统管理员的身份进入“畅捷通 T3”窗口。

提示

● 在教学过程中，由于学生共用计算机，建议不为系统管理员设置密码。

二、账套管理

1. 建立账套

建立账套就是在系统中建立企业的基本信息、核算方法、编码规则等，也称为建账，在此基础上才能启用“畅捷通 T3”应用系统的各个子功能，进行日常业务处理。

建立账套的过程分为如下三个阶段。

（1）增设账套。先在系统中建立一个账套，即数据库文件。

（2）设置账套属性。即进一步设置该账套的业务处理参数。

（3）正式启用账套。

【例 2-2】 为山东丰源家具公司建立账套。

（1）账套信息。

账套号：002；账套名称：山东丰源家具公司；数据库文件路径和数据库日志文件路径采用系统默认路径或自行确定；启用会计期：2013 年 1 月；会计期间设置：1 月 1 日至 12 月 31 日。

（2）单位信息。

单位名称：山东丰源家具公司；单位简称：丰源公司。

（3）核算类型。

记账本位币为人民币，代码：RMB；企业类型是工业企业；行业性质为 2007 年新会计准则；账套主管为 demo；按行业性质预置科目。

（4）基础信息。该企业无外币核算，进行经济业务处理时，存货有分类，客户、供应商无分类，无外币核算业务。

（5）分类编码方案。

科目编码级次：4222；其他为默认。

（6）数据精度。

小数点位数：2。

其他选择系统默认设置。

操作步骤：

以系统管理员的身份注册进入系统管理。在系统管理界面单击“账套”|“建立”，进入“创建账套”界面，跟随建账向导，就可以创建账套了。

（1）输入账套信息。用于记录新建账套的基本信息，如图 2-3 所示。

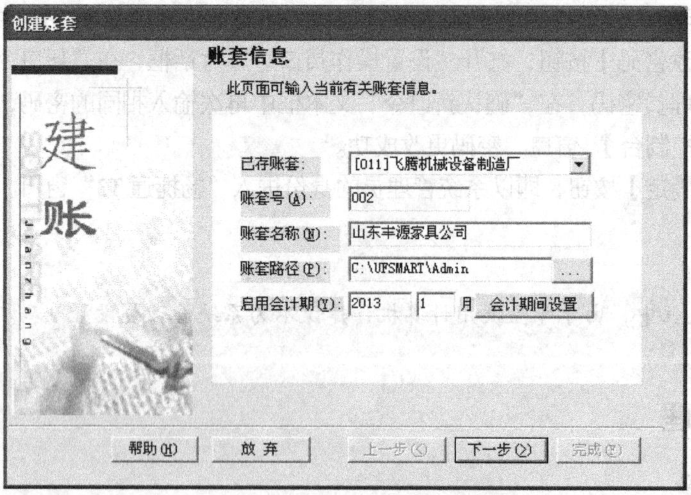

图 2-3 创建账套—账套信息

相关知识

账套：一个应用单位具有一套独立的账簿体系称为一个账套。会计核算软件允许用一套软件同时为多个应用单位进行会计核算管理，具有多账套管理功能。

已存账套：系统将已经存在的账套以下拉列表框的形式在此栏目中显示，用户只能参照，而不能输入或修改。

账套号：用来输入新建账套的编号，账套号为 3 位。系统提供默认的账套号，用户可以修改，账套号的取值范围为 001～999，用户输入的账套号不能与系统内已有的账套号相重。本例输入“002”。

账套名称：用来输入新建账套的名称，用户必须输入，且不能超过 40 个字符。本例输入“山东丰源家具公司”。

账套路径：用来输入新建账套所要被保存的路径，本例采用系统默认路径。

启用会计期：用户必须输入新建账套将被启用的时间。系统缺省为计算机的系统日期，可用鼠标单击【会计期间设置】按钮，设置账套的启用年度和月度。

（2）输入完成后，单击【下一步】按钮，进入“单位信息”设置对话框。

（3）输入单位信息。用于记录本单位的基本信息，包括单位名称、单位简称、单位地址、法人代表、邮政编码、联系电话、传真、电子邮件、税号、备注等，如图 2-4 所示。

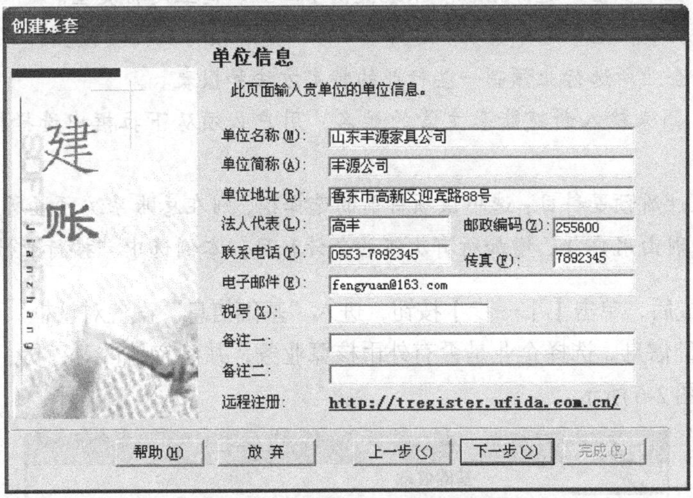

图 2-4　创建账套—单位信息

相关知识

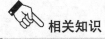

单位名称：用户单位的全称必须输入。企业全称只在发票打印时使用，其他情况全部使用企业的简称。

单位简称：用户单位的简称。

备注：输入用户认为有关该单位的其他信息。

其他栏目都属于任选项。

（4）输入完成后，单击【下一步】按钮，进入“核算类型”设置对话框。

（5）输入核算信息。用于记录本单位的基本信息，包括本币代码、本币名称、账套主管、行业性质、企业类型、是否按行业预置科目等，如图 2-5 所示。

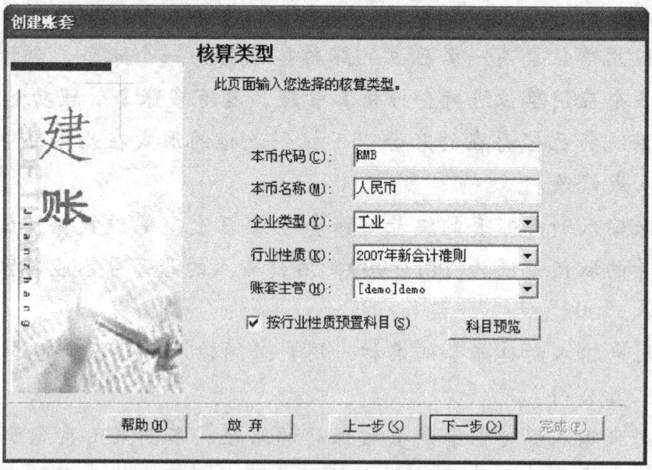

图 2-5 创建账套—核算类型

相关知识

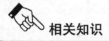

本币代码：用来输入新建账套所用的本位币的代码。本例默认为“人民币”的代码“RMB”。

本币名称：用来输入新建账套所用的本位币的名称，本例默认为“人民币”。

企业类型：从下拉框中选择输入。系统提供了工业、商业两种类型。

行业性质：从下拉框中选择输入。这为下一步“是否按行业性质预置科目”确定了科目范围，系统会根据企业所选行业预制一些行业的特定方法和报表。

账套主管：用来输入新建账套主管的姓名，用户必须从下拉框中选择输入。本例选择“demo”。

是否按行业性质预置科目：选中该项目前的选择框，则在总账系统预置所属行业的标准科目；如果不选，则由用户自己增加所有次级的会计科目。本例选中“按行业性质预置科目”。

（6）输入完成后，单击【下一步】按钮，进入“基础信息”设置对话框。

（7）输入基础信息。选择企业是否有外币核算业务，并确定是否对存货、客户和供应商进行分类管理，如图 2-6 所示。

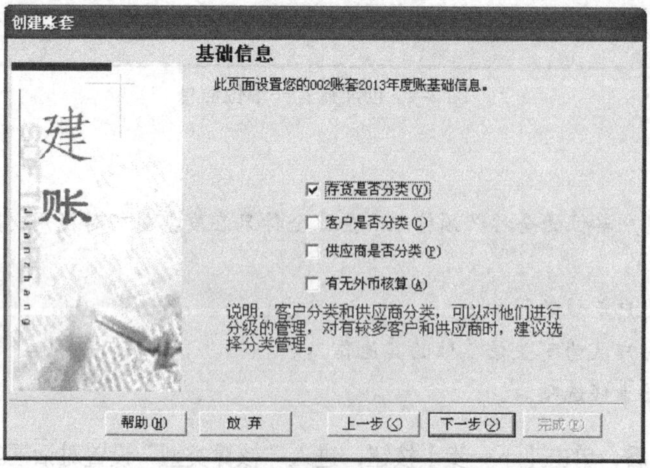

图 2-6 创建账套—基础信息

相关知识

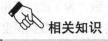

存货是否分类：如果单位的存货较多且类别繁多，可以选择对存货进行分类管理；如果单位的存货较少且类别单一，可以不进行存货分类。

客户是否分类：如果单位的客户较多，可以选择对客户进行分类管理，否则可以不分类。

供应商是否分类：如果单位的供应商较多，可以选择对供应商进行分类管理，否则可以不分类。

是否有外币核算：如果单位有外币业务，如用外币进行交易或用外币发放工资等，需要选择此选项。

本例中存货有分类，客户、供应商无分类，无外币核算业务。

（8）单击【下一步】按钮，进入“创建账套—业务流程”对话框，如图 2-7 所示。

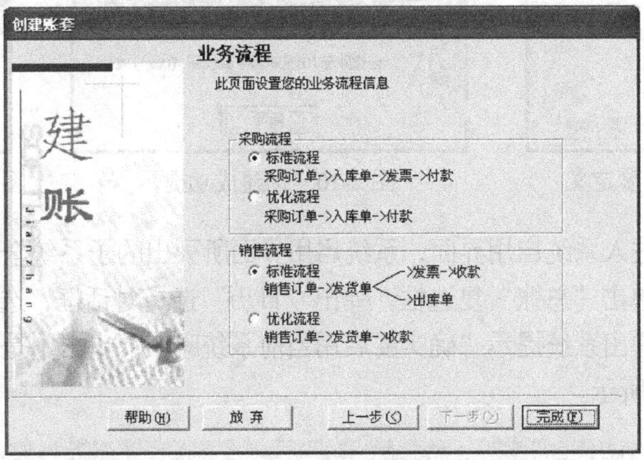

图 2-7　创建账套—业务流程

（9）单击【完成】按钮，系统提示“可以创建账套了吗”，单击【是】按钮，完成上述信息设置，等候几分钟，系统自动打开“分类编码方案”对话框。

（10）设置分类编码方案。为了便于用户进行分级核算、统计和管理，本系统可以对基础数据的编码进行分级设置，可分级设置的内容包括：科目编码级次、客户分类编码级次、部门编码级次、地区分类编码级次、存货分类编码级次、货位编码级次、收发类别编码级次、结算方式编码级次、供应商分类编码级次，如图 2-8 所示。

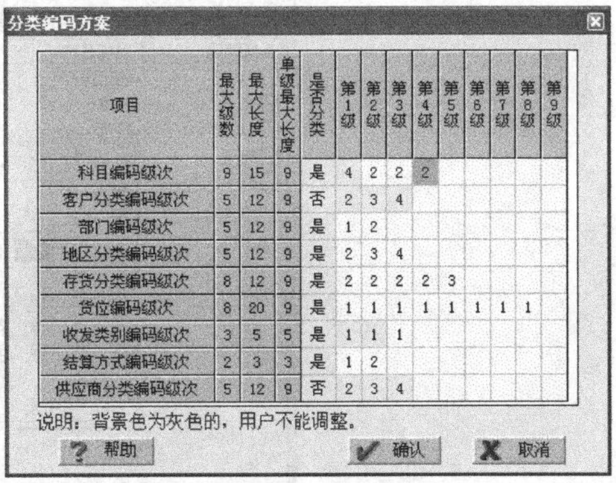
分类编码方案

项目	最大级数	最大长度	单级最大长度	是否分类	第1级	第2级	第3级	第4级	第5级	第6级	第7级	第8级	第9级
科目编码级次	9	15	9	是	4	2	2	2					
客户分类编码级次	5	12	9	否	2	3	4						
部门编码级次	5	12	9	是	1	2							
地区分类编码级次	5	12	9	是	2	3	4						
存货分类编码级次	8	12	9	是	2	2	2	2	3				
货位编码级次	8	20	9	是	1	1	1	1	1	1	1	1	
收发类别编码级次	3	5	5	是	1	1	1						
结算方式编码级次	2	3	3	是	1	2							
供应商分类编码级次	5	12	9	否	2	3	4						

说明：背景色为灰色的，用户不能调整。

帮助　确认　取消

图 2-8　分类编码方案

相关知识

编码级次和各级编码长度的设置将决定用户单位如何编制基础数据的编号，进而构成用户分级核算、统计和管理的基础。各项编码级次的设置应遵从系统定义的规则，设置方法基本相同，只需要单击要修改的编码方案中的级次单元格。背景显示为蓝色，就可以按数字键修改系统默认的位数。

需要注意的是，设置的编码方案级次不能超过最大级次；同时系统限制最大长度，只能在最大长度范围内增加级数，改变级长；若需要删除级长，必须从最末一级开始删除。

（11）数据精度定义。由于各用户企业对数量、单价的核算精度要求不一致，为了适应各用户企业的不同需求，系统提供了自定义数据精度的功能。在系统管理部分需要设置的数据精度主要有：存货数量小数位、存货单价小数位、开票单价小数位、件数小数位、换算率小数位。各栏位只能输入 0~6 的整数，系统默认值为 2，如图 2-9 所示。

本例全部采用系统默认值。设置完成后，单击【确认】按钮，弹出“创建账套{山东丰源家具公司：[002]}成功”提示，如图 2-10 所示。

单击【确定】按钮，系统弹出“是否立即启用账套”提示，如图 2-11 所示。

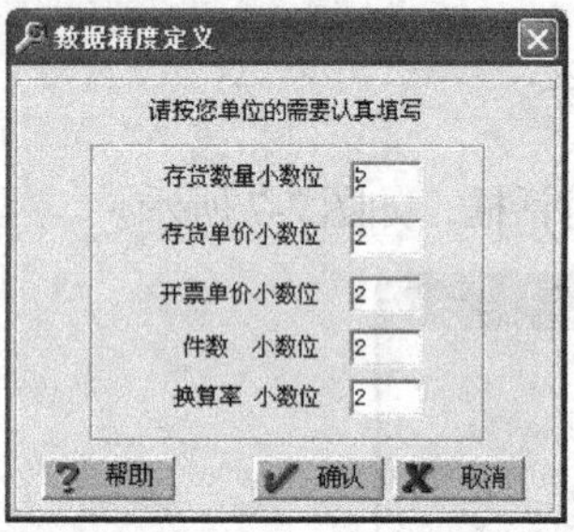

图 2-9 数据精度定义

图 2-10 创建成功提示

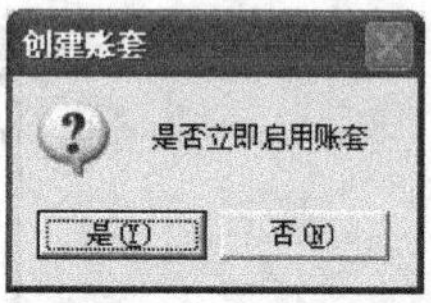

图 2-11 启用账套提示

单击【是】按钮进入系统启用界面，系统启用界面所列出的子系统全部是已安装的子系统，未安装的不予列示。单击“总账”复选框，弹出“日历”选择对话框，选择日期为 2013-01-01。单击【确定】按钮，弹出系统提示“确实要启用当前系统吗？”单击【是】按钮，完成“总账”系统启用，如图 2-12 所示。

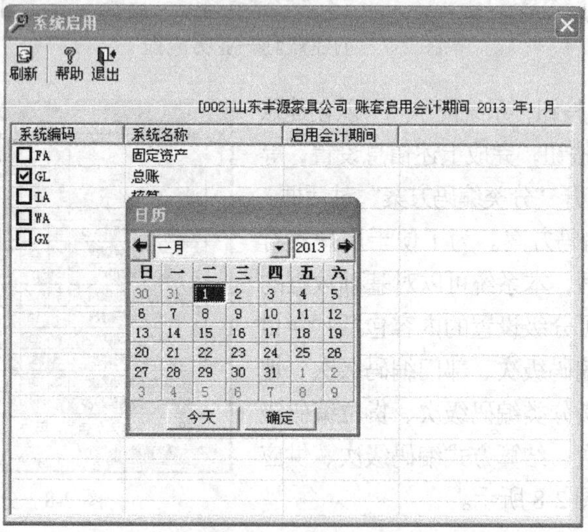

图 2-12 系统启用

2. 修改账套

系统运行过一段时间之后，如果发现账套的某些信息需要修改或补充，可以通过修改账套功能来完成。

只有账套主管才有权使用账套修改功能。

【例 2-3】 以系统默认的账套主管“demo”身份登录注册系统管理，选择“002”账套，将账套设置为“客户有分类”。

操作步骤：

（1）在“系统管理”窗口中，单击“系统”|“注册”，打开“注册【控制台】”对话框。

（2）在“用户名”文本框中输入“demo”，密码为空，单击“账套”下拉列表框的下三角按钮，选择“[002]山东丰源家具公司”，如图2-13所示。

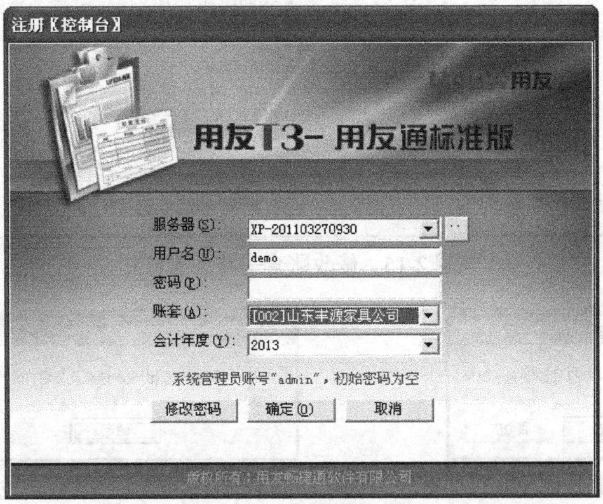

图2-13　账套主管登录注册界面

（3）单击【确定】按钮。

（4）选择“账套”|“修改”命令，打开“修改账套”对话框，如图2-14所示。

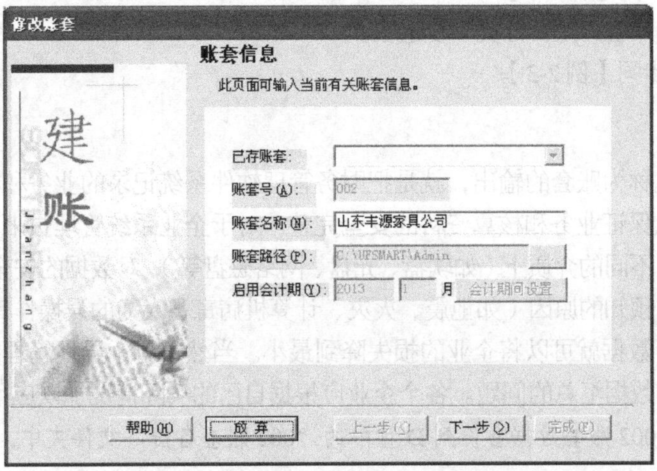

图2-14　“修改账套—账套信息”对话框

（5）单击【下一步】按钮，打开“单位信息”对话框，然后单击【下一步】按钮，打开“核算类型”对话框，接着单击【下一步】按钮，打开“基础信息”对话框。

（6）单击选中“客户是否分类”复选框，如图2-15所示。

（7）单击【完成】按钮，系统提示“确认修改账套了吗？”如图2-16所示。

（8）单击【是】按钮，确认“分类编码方案”对话框和“数据精确度定义”对话框后，系统提示修改账套成功，如图2-17所示。

（9）单击【确定】按钮退出修改账套界面。

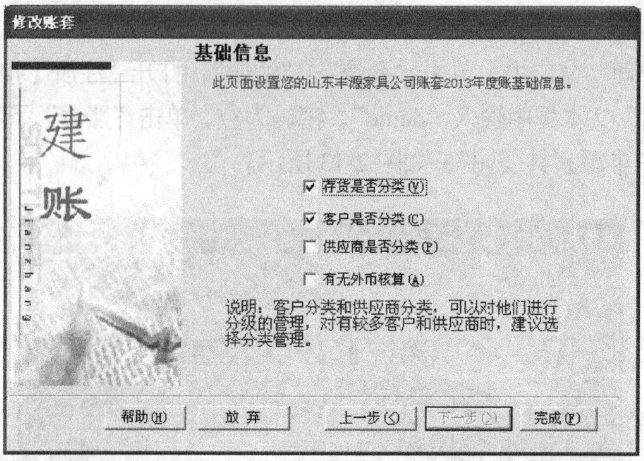

图 2-15 修改账套—基础信息

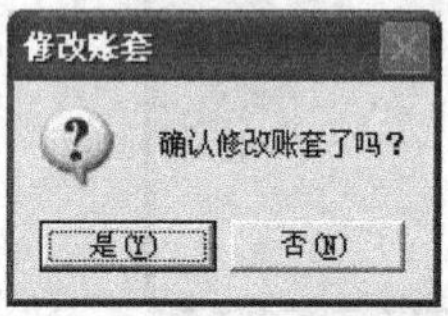

图 2-16 确认修改账套信息

图 2-17 确认修改账套成功

【例 2-4】 以系统默认的账套主管“demo”身份登录注册系统管理，选择“002”账套，取消账套设置的“客户有分类”。

操作步骤：

（1）～（5）步同【例 2-3】。

（6）单击取消“客户是否分类”复选框。

（7）～（9）步同【例 2-3】。

3. 备份账套

账套的备份也称为账套的输出，就是把财务管理软件系统记录的业务和核算数据以文件的形式另存起来，以保证业务和核算资料的安全完整。对于企业系统管理员来讲，定时将企业数据备份出来存储到不同的介质上（如软盘、光盘、网络磁盘等），对数据的安全性是非常重要的。如果企业由于不可预知的原因（如地震、火灾、计算机病毒、人为的误操作等），需要对数据进行恢复，此时备份数据就可以将企业的损失降到最小。当然，对于异地管理的公司，此种方法还可以解决审计和数据汇总的问题。各个企业应根据自己的实际情况加以应用。

【例 2-5】 将 002 账套数据备份到 D 盘中的“002 账套备份”文件夹中。

操作步骤：

（1）在 D 盘建立“002 账套备份”文件夹。

（2）以系统管理员身份注册，进入系统管理模块。然后单击“账套”|“备份”命令，打开“账套输出”对话框。

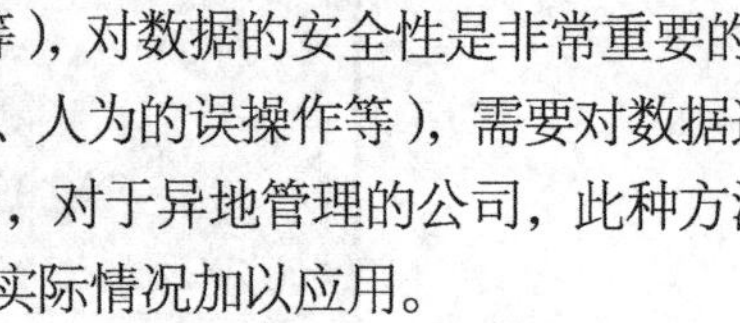

图 2-18 “账套输出”对话框

（3）在“账套号”下拉列表中选择需要输出的账套，单击【确认】按钮进行输出，如图 2-18 所示。此时系统会进行输出的工作，在系统进行输出过程中系统显示一个进度条，任务完成后，系统会提示输出的路径（此处系统只允许选择本地的磁盘路径，如 D:\002 账套备份）。选择输出路径，如图 2-19 所示。单击【确认】按钮完成输出，系统提示“硬盘备份完毕!”如图 2-20 所示。

（4）单击【确定】按钮，系统提示“备份/恢复数据时，建议您使用用友安全通进行杀毒”，如图 2-21 所示。

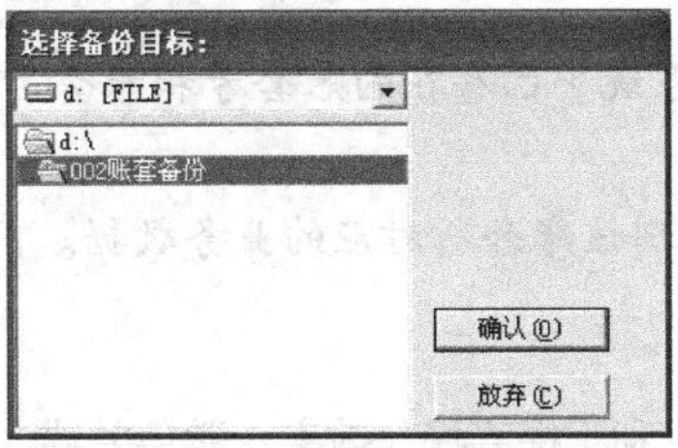

图 2-19　“选择备份目标”对话框

图 2-20　备份完毕提示

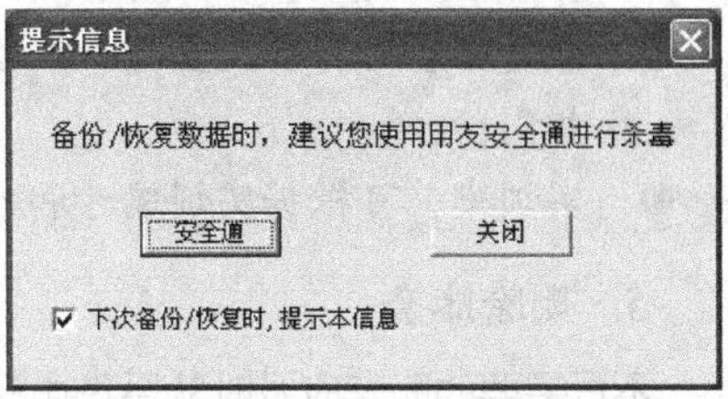

图 2-21　建议使用安全通进行杀毒提示

（5）单击【关闭】按钮。

提示

- 只有系统管理员（Admin）有权限进行账套输出；
- 如果将“删除当前输出账套”同时选中，在输出完成后系统会确认是否将数据源从当前系统中删除的工作；
- 在删除账套时，必须关闭所有系统模块。

4. 恢复账套

恢复账套，就是把保存好的业务核算数据引入到软件系统中来，该功能可以用来恢复被破坏的软件系统业务记录。

在实验室环境下，如果计算机安装有还原软件，则每次实训上机时，需通过恢复账套，将有关实验数据引入系统，才能继续后面的实训操作。

【例 2-6】 将已备份到 D 盘中的“002 账套备份”文件夹中的“UF2KAct.Lst”数据恢复到硬盘中。

操作步骤：

（1）以系统管理员身份注册，进入系统管理模块。然后单击“账套”|“恢复”命令，出现建议使用安全通的提示。

（2）单击【关闭】按钮，打开“恢复账套数据”对话框。

（3）选择“D：\ 002 账套备份”中的数据文件“UF2KAct.Lst”，如图 2-22 所示。

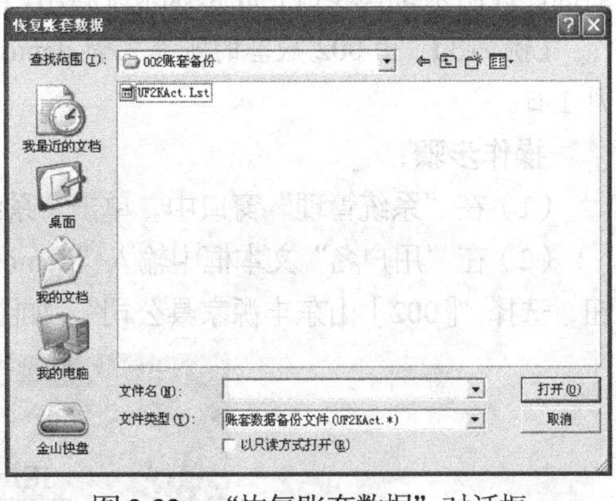

图 2-22　“恢复账套数据”对话框

（4）单击【打开】按钮，系统提示如图 2-23 所示。

（5）单击【是】按钮，出现一个恢复进程后系统弹出“账套 002 恢复成功”提示，如图 2-24 所示。

图 2-23　恢复数据系统提示

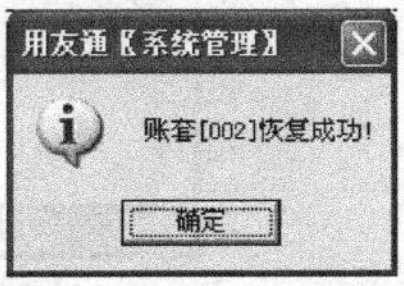

图 2-24　账套恢复成功

（6）单击【确定】按钮。

提示

- 备份的账套数据，只有在系统管理中进行恢复才能运行；
- 恢复账套时，所设置的“账套号”与“账套名”不能与系统中已存在的账套号和账套名相同；
- 实训中，可根据实训编号和内容设置账套名，以便于识别该账套所对应的业务数据。

5. 删除账套

不再需要的账套应及时从系统中删除，以节约硬盘空间，并有利于提高操作效率，避免差错。

【例 2-7】 在备份账套时删除账套。

操作步骤：

（1）以系统管理员身份注册，进入系统管理模块。然后单击“账套”|“备份”命令，打开“账套输出”对话框。

（2）在“账套号”下拉列表中选择需要输出的账套，勾选“删除当前输出账套”复选框，如图 2-25 所示。

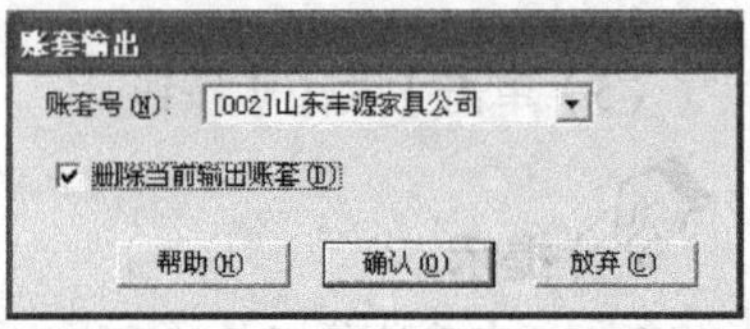

图 2-25 账套输出时同时删除账套

（3）单击【确定】按钮后将输出账套并从系统中删除账套。这里选择“放弃”，返回系统管理窗口。

三、系统启用

系统启用是指设定在畅捷通 T3 应用系统中的各个子系统开始使用的日期。只有启用后的子系统才能进行登录。系统启用有两种方法：一是在系统管理中创建账套时启用系统，系统管理员创建完成一个账套后，系统弹出提示信息对话框，系统管理员可以立即进行系统启用设置，前面已经由系统管理员完成总账系统启用；二是在账套建立完成后，由账套主管进行系统启用。

【例 2-8】 由 002 账套的账套主管 demo 启用核算、购销存管理模块，启用日期是 2013 年 1 月 1 日。

操作步骤：

（1）在“系统管理”窗口中，单击“系统”|“注册”，打开“注册【控制台】”对话框。

（2）在“用户名”文本框中输入“demo”，密码为空，单击“账套”下拉列表框的下三角按钮，选择“[002] 山东丰源家具公司”，如图 2-26 所示。

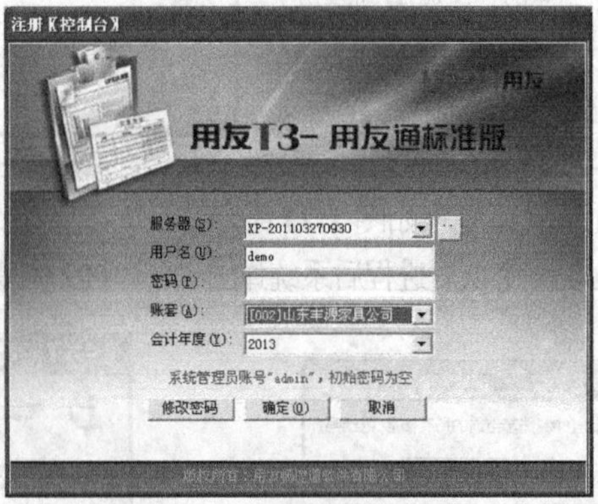

图 2-26 注册[控制台]窗口

（3）单击【确定】按钮。

（4）选择“账套”|“启用”，打开“系统启用”对话框，如图 2-27 所示。选择“核算”复选框，弹出“日历”对话框，选择日期为 2013-01-01。单击【确定】按钮，弹出系统提示“确实要启用当前系统吗？”单击【是】按钮，完成系统启用。

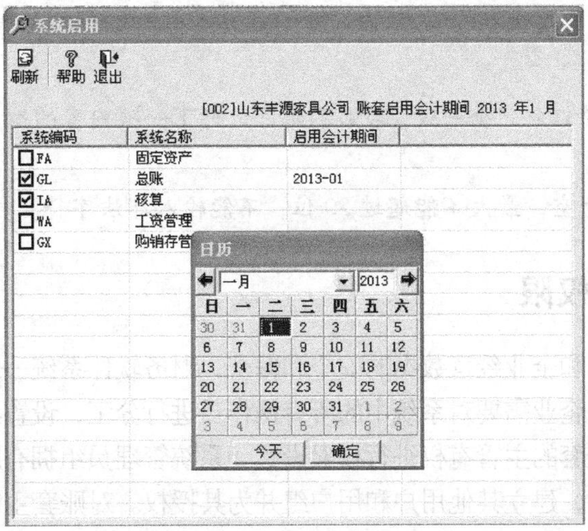

图 2-27　选择启用日期窗口

（5）重复步骤（4），完成购销存管理模块的启用设置。

四、设置操作员

操作员是指有权限登录系统，对应用系统进行操作的人员。每次注册登录应用系统，都要进行用户身份的合法性检查。只有设置了具体的操作员之后，才能进行相关的操作。

操作员管理主要完成用户的增加、删除、修改等维护工作。

【例 2-9】　在系统中增加如表 2-9 所示的操作员信息。

表 2-9　操作员信息

编号	姓名	口令	部门
101	张三	123456	财务部
102	李娜	123456	财务部
103	周静	123456	财务部

操作步骤：

（1）以系统管理员的身份注册进入系统管理，单击“权限”|“操作员”，进入“操作员管理”窗口。

（2）单击【增加】按钮，打开“增加操作员”对话框。输入用户编号、姓名、口令、所属部门等内容，如图 2-28 所示。单击【增加】按钮，保存新增设置。

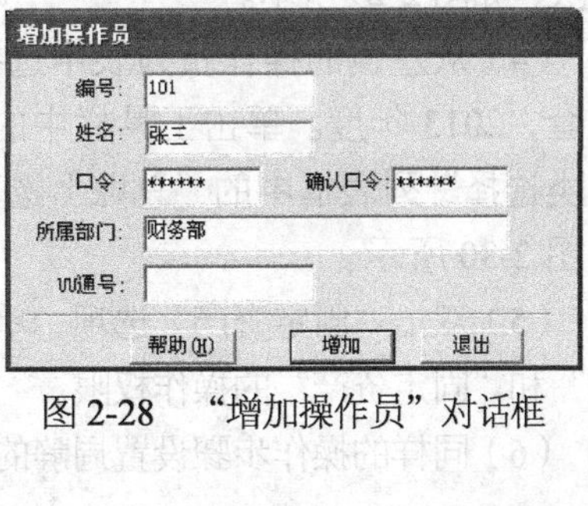

图 2-28　“增加操作员”对话框

相关知识

编号：必须输入，不能为空，最大不能超过 10 位，不能输入数字之外的非法字符。

姓名：必须输入，不能为空，最大不能超过 10 位，不能输入数字、字母、汉字之外的非法字符。

口令：可以为空，最长不能超过 20 位，输入时以隐含符号“*”代替输入信息。确认口令：不能输入非法字符。

必须与前面输入的口令完全一致，否则不允许进行下一项内容的输入，也不允许保存该用户信息。

所属部门：可以为空，最大不能超过 20 位，不能输入非法字符。

五、设置操作员权限

为了保证权责清晰和企业经营数据的安全和保密，财务软件系统一般按照分组、分级管理的原则进行用户管理。企业需要对系统中的所有操作员进行分工，设置各自相应的操作权限。只有系统管理员和该账套的主管有权进行权限设置。系统管理员组拥有所有的操作权限，可以指定某账套的账套主管，建立其他用户和用户组并为其授权。对账套主管只可以对所管辖账套的操作员进行权限指定。一个账套可以设定多个账套主管，账套主管自动拥有该账套的所有权限。操作员权限的设置包括增加、修改、删除操作员的权限。

操作员权限设置功能用于对已设置的操作员进行赋权。明细权限设置功能用于对总账模块中各操作员的凭证审核、科目制单及明细账查询打印权限进行设定。

1. 增加操作员权限

由于操作员权限是指某一个操作员拥有某一账套某些功能的操作权限，因此，在设置操作员和建立该核算账套后，可以在操作员权限设置功能中对非账套主管的操作员进行权限设置。

【例 2-10】 设置操作员“101 张三”为账套主管，“102 李娜”拥有 002 账套“总账”和“固定资产”的操作权限，“103 周静” 拥有 002 账套“总账”和“现金管理”的操作权限。

操作步骤：

（1）以系统管理员的身份注册进入系统管理，单击“权限”|“权限”，打开“操作员权限”对话框。

（2）从左侧的操作员列表中选择操作员，从“账套”下拉列表中选择 002 账套，2013 年度。

（3）从操作员列表中选中“101 张三”，选中“账套主管”复选框，系统弹出“设置操作员：[101]账套主管权限吗？”单击【是】按钮，则该操作员设为账套主管，具有所有子系统的操作权限，如图 2-29 所示。

（4）从左侧的操作员列表中选择操作员“102 李娜”，从“账套”下拉列表中选择 002 账套，2013 年度。单击工具栏中的【增加】按钮，打开“增加权限”对话框，双击“产品分类选择”列表框中的“总账”选项，系统在“明细权限选择”列表框中显示已增加权限，如图 2-30 所示。

（5）双击“固定资产”选项，单击【确定】按钮，则李娜具备 002 账套“总账”、“现金管理”和“固定资产”的操作权限。

（6）同样的操作步骤设置周静的操作权限。

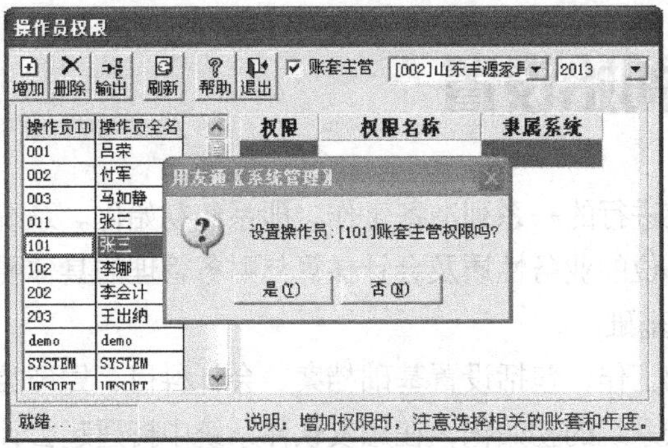

图 2-29 设置操作员权限

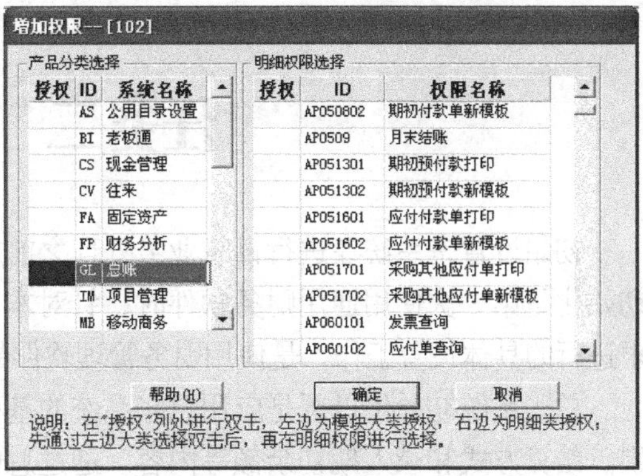

图 2-30 “增加权限”对话框

2. 修改操作员权限

修改操作员的权限包括设定或取消账套主管，修改某一个操作员的所有或部分权限。

【例 2-11】 取消操作员“102 李娜”对 002 账套“固定资产”模块的操作权限。

操作步骤：

（1）以系统管理员的身份注册进入系统管理，单击“权限”|“权限”，打开“操作员权限”对话框。

（2）从左侧的操作员列表中选择操作员，从“账套”下拉列表中选择 002 账套，2013 年度。

（3）从操作员列表中选中“102 李娜”，在权限显示区中选中“固定资产”的所有权限（先选择最上面一个，按住 Shift 键选择固定资产最下面一个权限），如图 2-31 所示。

（4）单击【删除】按钮，系统弹出“删除权限”提示对话框，如图 2-32 所示。

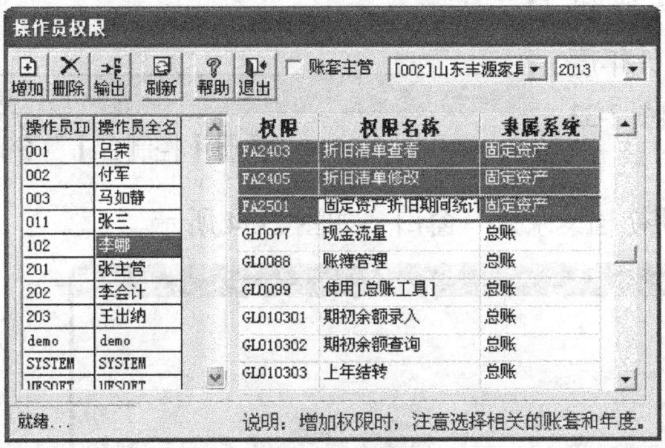

图 2-31 删除操作员权限

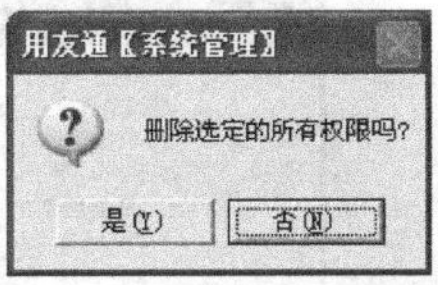

图 2-32 删除操作员权限

（5）单击【是】按钮，确认删除操作员“102 李娜”002 账套的“固定资产”模块的操作权限。

相关知识

1. “修改”功能是给操作员进行权限的分配，并且可以进行子功能的删除。

2. “删除”功能是将该操作员的所有权限删除。

3. 对于“账套主管”的分配，只需要将☑选中即可。只有以系统管理员（Admin）的身份才能进行账套主管的权限分配。如果以账套主管的身份注册，只能分配子系统的权限。但需要注意的是，系统一次只能对一个账套的某一个年度账进行分配，一个账套可以有多个账套主管。

4. 正在使用的用户权限不能进行修改、删除的操作。

任务二　初始设置

初始设置是系统在进行日常业务处理之前应进行的一系列准备工作，即系统初始化。系统初始化是第一次使用通用财务软件时，针对本单位的业务性质及会计核算与财务管理的具体要求进行的具体设置工作，是使用财务管理软件的基础。

总账系统初始化设置是应用总账系统的基础工作，包括设置基础档案、会计科目、凭证类别、结算方式和录入期初余额等内容。通过总账系统的初始化，在用友软件系统中搭建起会计核算的基本框架，以便下一步实施具体的、实质性的账务处理工作。

一、启动并注册企业门户

进行初始化设置首先要启动总账系统。

【例 2-12】 以操作员 101 的身份在 2013 年 1 月 1 日登录注册 002 账套。

操作步骤：

（1）单击“开始”|“程序”|“用友 T3 系列管理软件”|“用友 T3”|“用友 T3”，或者直接单击桌面上的用友 T3 的图标，打开“注册【控制台】”对话框。

（2）选择用户名“101”，输入密码“123456”，选择账套“002”，选择会计年度“2013”，输入操作日期“2013-01-01”，如图 2-33 所示。

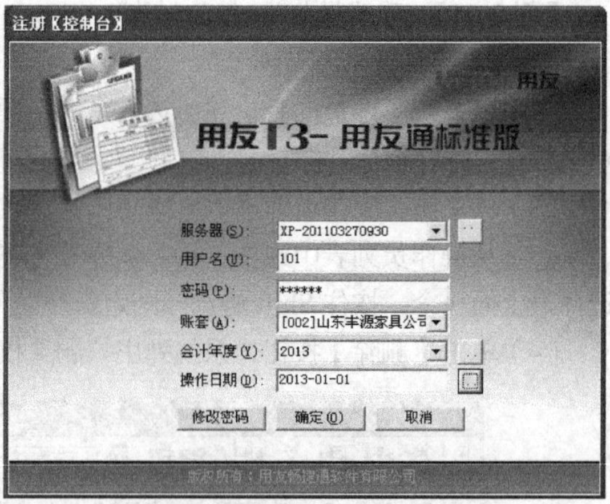

图 2-33　“注册【控制台】”窗口

（3）单击【确定】按钮，打开“期初档案录入”窗口，如图 2-34 所示。

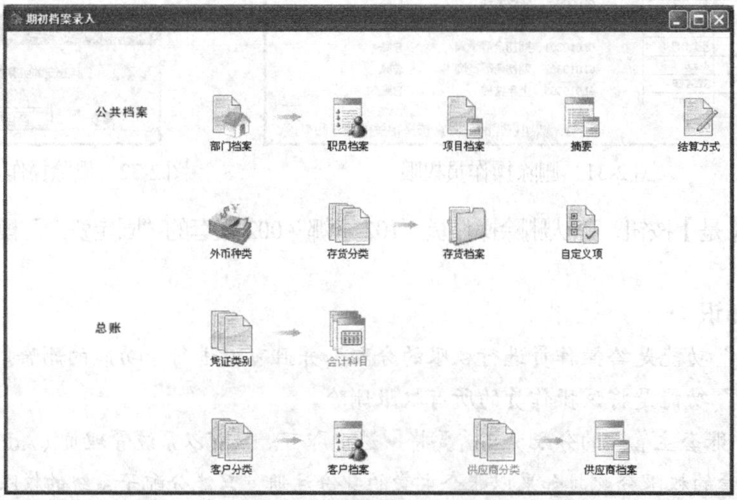

图 2-34　期初档案录入窗口

（4）单击【关闭】按钮，打开“畅捷通 T3 会计从业资格考试专版”窗口。

（5）单击“总账”选项，出现总账系统操作流程图，如图2-35所示。

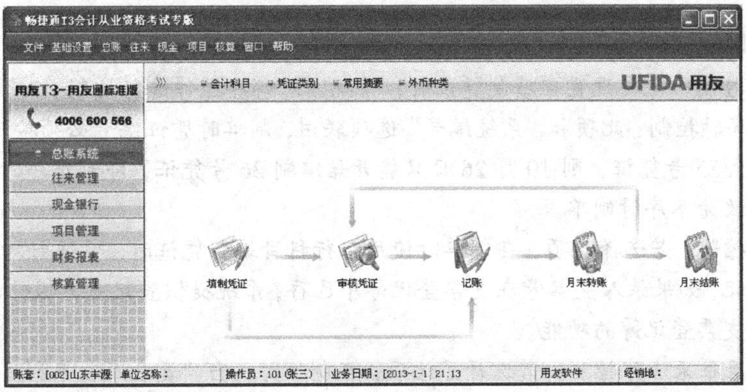

图2-35 总账系统操作流程图

二、设置系统参数

在首次启动总账系统时，需要确定反映总账系统核算要求的各种参数，使得总账系统适用于本单位的具体核算要求。总账系统的业务参数将决定总账系统的输入控制、处理方式、数据流向、输出格式等，设定后一般不能随意更改。

单击总账系统界面左侧系统菜单“设置”|“选项”，可进行参数的调整。选项功能包括“凭证”、“账簿”、“会计日历”和“其他”4个选项卡。

1. 凭证参数设置

【例2-13】 将002账套凭证参数设置如下：允许修改他人填制的凭证；凭证编码方式采用系统编号；凭证要求打印凭证页脚姓名；可查询他人凭证；现金流量项目必录；实行预算控制；凭证按科目、摘要相同方式合并。

操作步骤：

（1）在总账系统中，单击“总账”|“设置”|“选项”，打开“选项”对话框，显示有关凭证的参数信息，如图2-36所示。

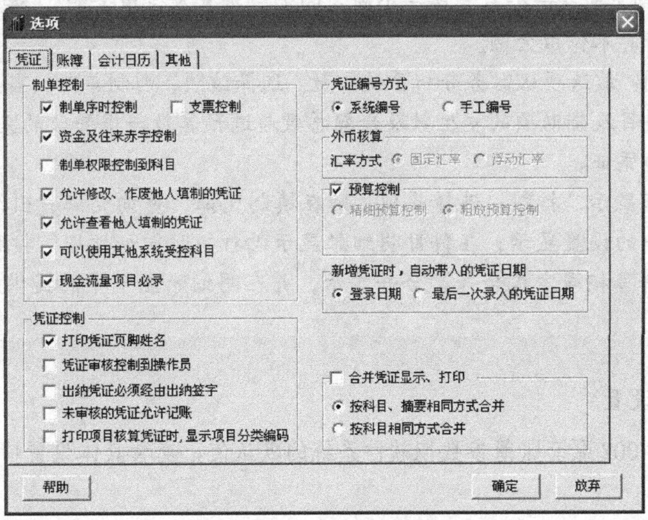

图2-36 设置凭证参数

（2）按要求进行凭证参数设置。

相关知识

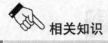

● 制单控制：主要设置在填制凭证时，系统应对哪些操作进行控制。

（1）制单序时控制：此项和“系统编号”选项联用，制单时凭证编号必须按日期顺序排列，10 月 25 日编至 25 号凭证，则 10 月 26 日只能开始编制 26 号凭证，即制单序时，如果有特殊需要可以将其改为不序时制单。

（2）支票控制：若选择此项，在制单时使用银行科目编制凭证时，系统针对票据管理的结算方式进行登记，如果录入支票号在支票登记簿中已存，系统提供登记支票报销的功能；否则，系统提供登记支票登记簿的功能。

（3）资金及往来赤字控制：若选择了此项，在制单时，当“资金及往来科目”或“全部科目”的最新余额出现负数时，系统将予以提示。

（4）制单权限控制到科目：要在系统管理的“功能权限”中设置科目权限，再选择此项，权限设置有效。选择此项，则在制单时，操作员只能使用具有相应制单权限的科目制单。

（5）允许修改、作废他人填制的凭证：若选择了此项，在制单时可修改或作废别人填制的凭证，否则不能修改。

● 凭证控制

（1）打印凭证页脚姓名：在打印凭证时，是否自动打印制单人、出纳、审核人、记账人的姓名。

（2）权限设置：如只允许某操作员审核其本部门操作员填制的凭证，则应选择“凭证审核控制到操作员”；若要求现金、银行科目凭证必须由出纳人员核对签字后才能记账，则选择“出纳凭证必须经由出纳签字”；如要求所有凭证必须由主管签字后才能记账，则选择“凭证必须经主管签字”；如允许操作员查询他人凭证，则选择“可查询他人凭证”。

● 凭证编号方式：系统在“填制凭证”功能中一般按照凭证类别按月自动编制凭证编号，即“系统编号”；但有的企业需要系统允许在制单时手工录入凭证编号，即“手工编号”。

● 外币核算：如果企业有外币业务，则应选择相应的汇率方式——固定汇率、浮动汇率。“固定汇率”即在制单时，一个月只按一个固定的汇率折算本位币金额。“浮动汇率”即在制单时，按当日汇率折算本位币金额。

● 预算控制：该选项从财务分析系统取数。选择该项，则制单时，当某一科目下的实际发生数导致多个科目及辅助项的发生数及余额总数超过预算数与报警数的差额，则报警。注意报警只针对总账的凭证。

● 合并凭证显示、打印：选择此项，则在填制凭证、查询凭证、出纳签字和凭证审核时，以系统选项中的设置显示；在科目明细账显示或打印时凭证按照“按科目、摘要相同方式合并”或“按科目相同方式合并”合并显示，并在明细账显示界面提供是否“合并显示”的选项。

2. 账簿参数设置

【例 2-14】 对 002 账套账簿参数取软件系统的默认值，查看具体设置情况。

操作步骤：

在“选项”对话框中，单击“账簿”选项卡，如图 2-37 所示，可查看有关账簿方面的参数设置。本例采用系统默认值，不进行修改。

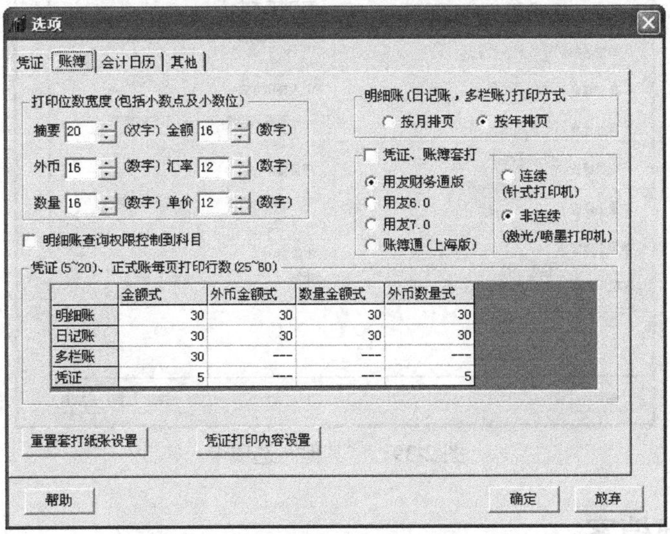

图 2-37 “账簿”选项卡

3. 会计日历设置

在“选项”对话框中，单击“会计日历”选项卡，如图 2-38 所示，可查看 002 账套启用会计年度和启用日期，以及各会计期间的起始日期和结束日期。系统默认的每月结账日期是月末，如果用户的每月结账日期不是月末可在“系统管理”中进行修改。

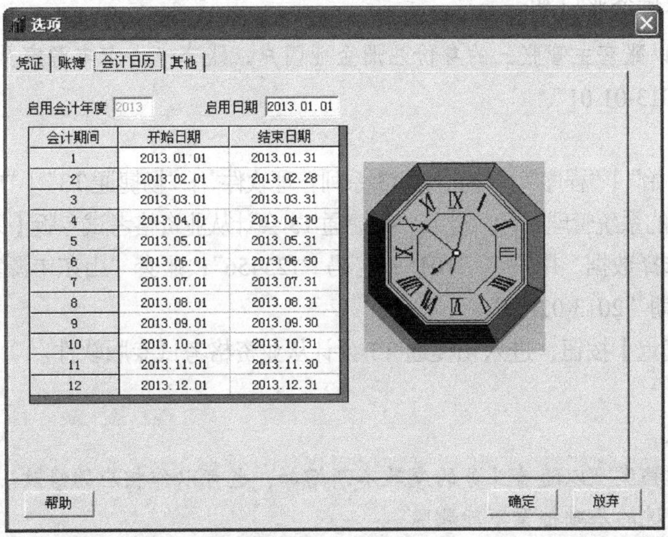

图 2-38 “会计日历”选项卡

4. 其他参数设置

在“选项”对话框中，单击“其他”选项卡，如图 2-39 所示，可进行有关其他选项方面的参数设置。本例采用系统默认值，可不进行修改。

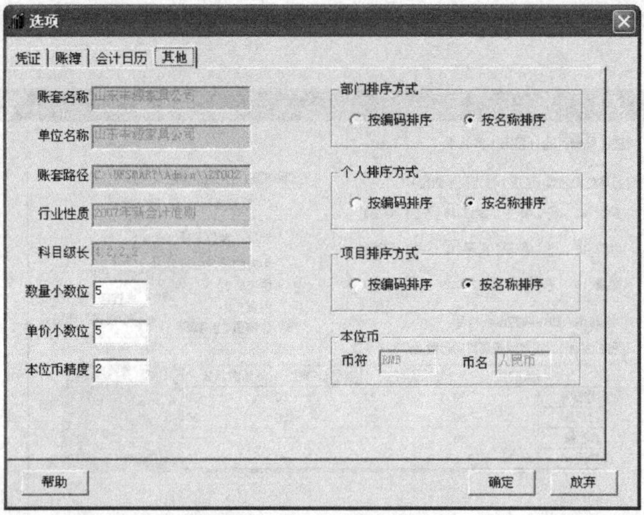

图 2-39 “其他”选项卡

三、设置基础档案

基础档案是指系统运行必需的基础数据。在用软件进行会计核算之前，要先建立部分基础档案，包括公共档案中的职员档案、部门档案、客户档案、供应商档案、外币档案、结算方式等，账务档案中的会计科目、凭证类别、常用摘要等，以及业务档案中的存货档案、仓库档案、收发类别、货位等。基础档案的设置可以在“企业门户”|“基础信息”|“基础档案”中设置，也可以在进入各个子系统后进行设置，其结果都是由各个模块共享。

1. 启动并注册企业门户

【例 2-15】 以账套主管张三的身份注册企业门户。账套“山东丰源家具公司”，会计年度“2013”，日期“2013-01-01”。

操作步骤：

（1）选择“开始”|“程序”|“畅捷通 T3 系列管理软件”|“畅捷通 T3”|“畅捷通 T3”命令或者直接双击桌面上的系统管理图标，进入“畅捷通 T3 会计从业资格考试专版【系统管理】”窗口。

（2）输入或选择数据。用户名“101”；密码“123456”；账套“山东丰源家具公司”，会计年度“2013”；日期“2013-01-01”。

（3）单击【确定】按钮，进入畅捷通 T3 会计从业资格考试专版软件。

相关知识

1. 这些基础档案可以随着业务的发展不断增加，也可以作相应的修改。

2. 已经使用过的基础档案不能删除。

3. 如果在建立账套的时候，选择了“存货、客户、供应商进行分类”，则要分别先建立存货、客户、供应商的分类，再建立具体的档案。如果没有选择分类，则可以直接建立相关档案。“是否分类”还可以用账套主管身份登录系统管理进行修改。

2. 设置部门档案

部门是指与企业财务核算或业务管理相关的职能单位。在会计核算中，往往需要按部门进行分类汇总和分析。设置部门档案即按照已经定义好的部门编码级次输入部门信息，包括部门编码、名称、负责人、部门属性等信息。

【例 2-16】根据表 2-10 设置“山东丰源家具公司”的部门档案。

表 2-10　　部门档案

部门编码	部门名称	部门属性
1	财务部	财务管理
2	办公室	综合管理
3	采购部	采购
4	销售部	营销
5	生产车间	生产

操作步骤：

（1）在“畅捷通 T3 会计从业资格考试专版”窗口，单击“基础设置”|“机构设置”|“部门档案”，打开“部门档案”设置窗口。

（2）在“部门档案”窗口中，单击【增加】按钮。

（3）输入数据，如图 2-40 所示。

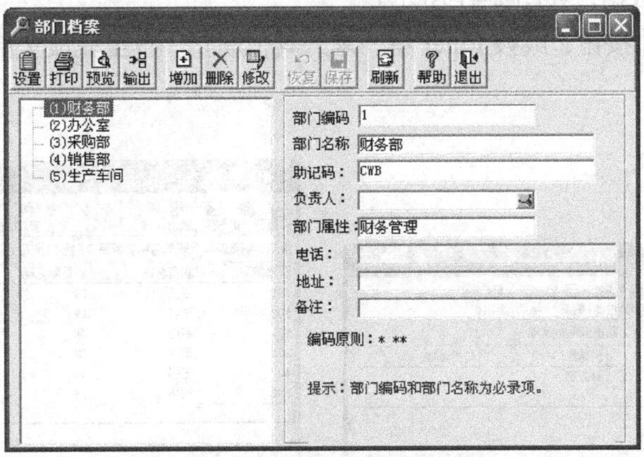

图 2-40　部门档案

（4）单击【保存】按钮。

提示

- 增加：第一个部门可以直接录入，第二个必须在第一个保存后单击“增加”按钮才能增加。
- 必录项：部门编码和部门名称必须录入。这里的编码必须唯一，名称不能重复。
- 字符要求：基础档案中的任一字段禁用以下字符：* _ % ‘ | ? < > & ; [ ]
- 保存：必须要单击【保存】按钮才能保存。
- 修改：选中某一部门，可以对其修改，但不能修改编码，即使没有使用过的部门。
- 删除：对于没有使用过的部门，可以删除。

3. 设置职员档案

职员档案主要用于设置要进行个人核算的往来个人的名称以及其他模块所涉及的职员名称，即记录本单位使用系统的职员列表，包括职员编号、名称、所属部门及职员属性。

【例 2-17】 根据表 2-11 设置“山东丰源家具公司”的职员档案。

表 2-11　　**职员档案**

人员编号	姓名	部门	人员类别
101	张三	1 财务部	管理人员
102	李娜	1 财务部	管理人员
201	赵浩	2 办公室	管理人员
301	李明	3 采购部	管理人员
401	王强	4 销售部	管理人员
501	刘华	5 生产车间	生产人员

操作步骤：

（1）在“畅捷通 T3 会计从业资格考试专版”窗口，单击“基础设置”|“机构设置”|“职员档案”，打开“职员档案”设置窗口。

（2）输入张三的数据，如图 2-41 所示。

（3）单击【增加】按钮，或按 Enter 键，录入其他职员，直至完成全部职员录入，如图 2-42 所示。

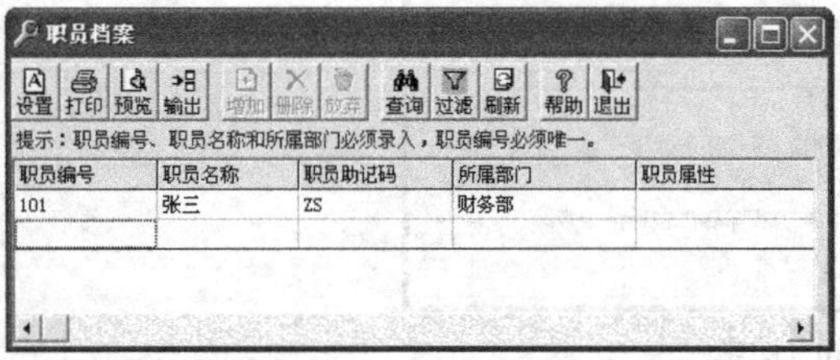

图 2-41　录入职员档案

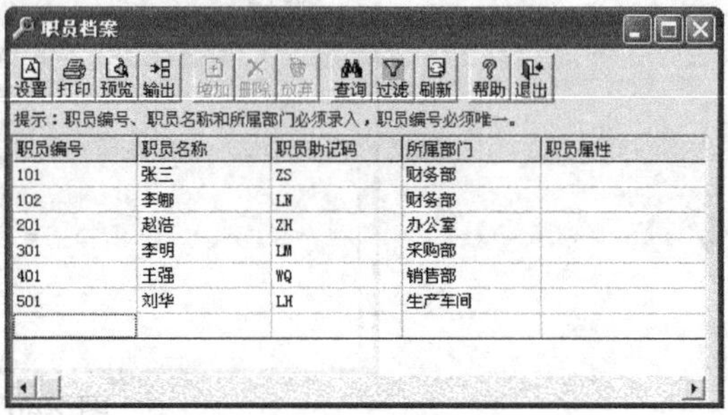

图 2-42　职员档案

（4）单击【退出】按钮。

（5）系统提示“是否保存对当前记录的修改”，单击【确定】按钮退出。

提示

- 增加：第一个人员直接录入，第二个必须在第一个录入完成后按回车键产生的新行中录入。
- 必录项：职员编号、职员名称、所属部门必须输入，编号必须唯一。
- 保存：录入完成，按回车键确认才能保存。
- 修改：要修改某个人员信息，直接双击对应的单元格进行修改。
- 删除：对于没有使用的人员，选中后单击【删除】按钮。

4. 设置客户档案

企业如果需要进行往来管理，那么必须将企业中客户的详细信息录入客户档案中。建立客户档案直接关系到对客户数据的统计、汇总和查询等分类处理。在销售管理等业务中需要处理的客户的档案资料，应先行在本功能中设定，平时如有变动应及时在此进行调整。如果在建账时选择了客户分类，就必须先建立客户分类，再增加客户档案；若对客户没有进行分类管理的需求，可以直接建立客户档案。客户档案卡片包括“基本”、“联系”、“信用”、“其他”4个选项卡。

【例 2-18】 根据表 2-12 设置“山东丰源家具公司”的客户档案，客户无分类。

表 2-12　　客户档案

客户编码	客户名称	客户简称	地址
001	滨海市城乡超市	城乡超市	滨海市人民路 26 号
002	滨海市集美家具城	集美家具城	滨海市滨海大道 237 号

操作步骤：

（1）在“畅捷通 T3 会计从业资格考试专版”窗口，单击“基础设置”|“往来单位”|“客户档案”，打开“客户档案”设置窗口。

（2）在“客户档案”窗口中，单击【增加】按钮，打开“客户档案卡片”对话框。

（3）输入客户档案信息，如图 2-43 所示。

（4）单击【保存】按钮。

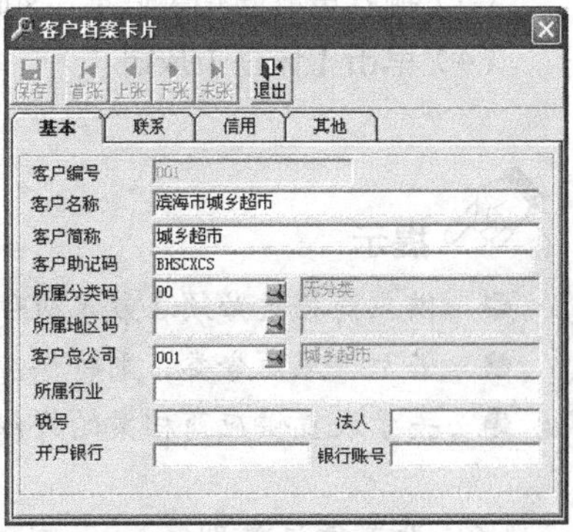

图 2-43　客户档案

提示

- 客户档案必须在最末级客户分类下增加；
- 客户分类编码必须与所设定的编码级次结构相符；
- 客户编号、名称和简称必须输入，客户分类码必须唯一，简称不能重复。其余可以忽略，“联系”选项卡内容可以为空；
- 销售管理系统或应收账款核算系统启用后，“信用”选项卡中的应收余额由系统自动维护；
- 输入各项内容后，必须单击【保存】按钮，否则表示放弃；
- 选中某条记录，单击【修改】按钮可进行修改，但不能修改编码；
- 对于没有使用的客户档案，选中后可单击【删除】按钮将其删除。

5. 设置供应商档案

企业如果需要进行往来管理，那么必须将企业中供应商的详细信息录入供应商档案中。建立供应商档案直接关系到对供应商数据的统计、汇总和查询等分类处理。在采购管理等业务中需要处理的供应商户的档案资料，应先行在本功能中设定，平时如有变动应及时在此进行调整。如果在建账时选择了供应商分类，就必须先建立供应商分类，再增加供应商档案；若对供应商没有进行分类管理的需求，可以直接建立供应商档案。供应商档案卡片包括“基本”、“联系”、

"信用"和"其他"4 个选项卡。

【例 2-19】 设置"山东丰源家具公司"的供应商档案如表 2-13 所示，供应商无分类。

表 2-13 供应商档案

供应商编码	供应商名称	供应商简称	地址
001	滨海市海淀木材城	海淀木材城	滨海市沿海路 78 号
002	滨海市西门子厨具店	西门子厨具店	滨海市中心路 56 号

操作步骤：

（1）在"畅捷通 T3 会计从业资格考试专版"窗口，单击"基础设置"|"往来单位"|"供应商档案"，打开"供应商档案"设置窗口。

（2）在"供应商档案"窗口中，单击【增加】按钮，打开"供应商档案卡片"对话框。

（3）输入供应商档案信息，如图 2-44 所示。

（4）单击【保存】按钮。

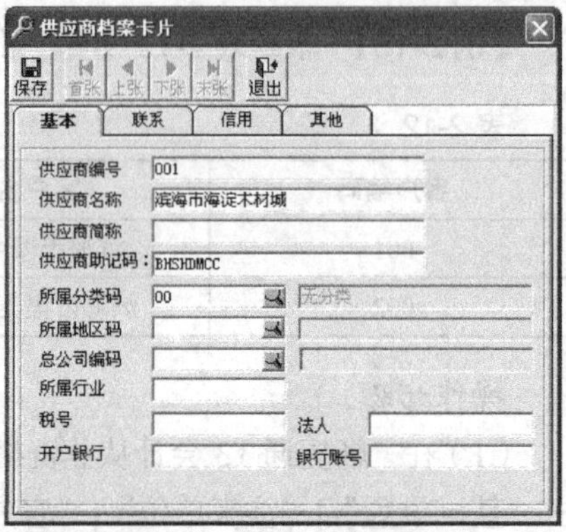

图 2-44 供应商档案

提示

- 供应商档案必须在最末级供应商分类下增加；
- 若无供应商分类，则将供应商归入无供应商分类；
- 关于设置供应商档案的详细内容请参照设置客户档案的操作步骤。

6. 设置凭证类别

根据企业管理和核算要求，将会计凭证进行分类编制，系统提供了设置凭证类别的功能，以便于管理、记账和汇总。但是，无论如何分类，都不会影响记账结果。

第一次使用总账系统，首先应正确选择凭证类别的分类方式。用户可以按照本单位的需要对凭证进行分类。以下是几种常用分类方式。

（1）记账凭证。

（2）收款、付款、转账凭证。

（3）现金、银行、转账凭证。

（4）现金收款、现金付款、银行收款、银行付款、转账凭证。

（5）自定义凭证类别。

选择某一分类方式后，可以设置该种凭证的限制条件，以便提高凭证信息的准确性。凭证类别的限制条件是指限制凭证类别的使用范围。

借方必有：制单时，此类凭证借方至少有一个限制科目有发生额。

贷方必有：制单时，此类凭证贷方至少有一个限制科目有发生额。

凭证必有：制单时，此类凭证无论借方还是贷方至少有一个限制科目有发生额。

凭证必无：制单时，此类凭证无论借方还是贷方不可有一个限制科目有发生额。

无限制：制单时，此类凭证可使用所有合法的科目，可以是任意级次的科目，科目之间用逗号分隔，数量不限，也可参照输入，但不能重复输入。

【例 2-20】 企业凭证分“收、付、转”3 类，根据表 2-14 进行凭证类型设置。

表 2-14　　凭证类型

类别字	类别名称	限制类型	限制科目
01	收款凭证	借方必有	1001，1002
02	付款凭证	贷方必有	1001，1002
03	转账凭证	凭证必无	1001，1002

操作步骤：

（1）在“畅捷通 T3 会计从业资格考试专版”窗口，单击“基础设置”|“财务”|“凭证类别”，打开“凭证类别预置”对话框，如图 2-45 所示。

（2）选择“收款凭证、付款凭证、转账凭证”选项。

（3）单击【确定】按钮，打开“凭证类别”对话框，输入限制类型和限制科目。

（4）单击收款凭证“限制类型”的下三角按钮，选择“借方必有”；在“限制科目”栏输入“1001,1002”。同理，设置付款凭证和转账凭证的限制类型，如图 2-46 所示。

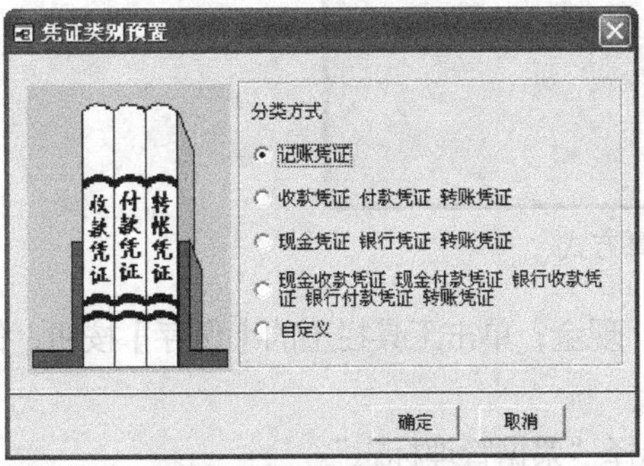

图 2-45　预置凭证类别

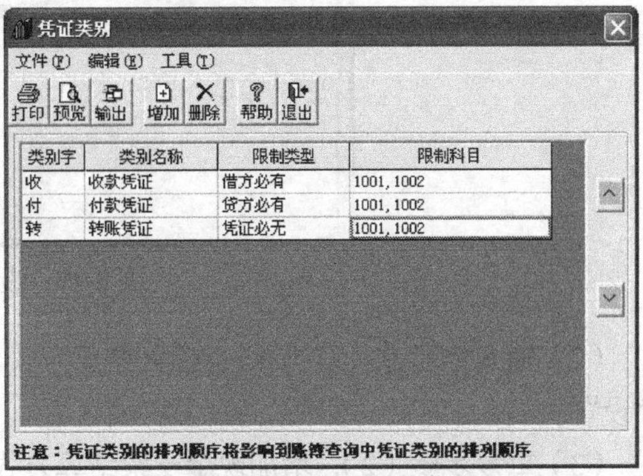

图 2-46　凭证类别限制设置

（5）设置完成后，单击【退出】按钮。

提示

- 限制科目的数量不限，科目之间用英语状态下的逗号分隔；
- 设定以上限制后，某些类别的凭证在制单时对科目有一定限制，在保存录入凭证时系统会自动进行检查。

7. 设置结算方式

结算方式设置的主要内容包括结算方式编码、结算方式名称、票据管理标志等。

结算方式编码用以标识某结算方式。用户必须按照结算方式编码级次的先后顺序进行输入，输入值必须唯一。

结算方式名称是指其汉字名称，用于显示输出。用户根据企业的实际情况，必须输入所用结算方式的名称，输入值必须唯一。

票据管理标志是为出纳对银行结算票据的管理而设的功能，类似于手工系统中的支票登记簿的管理方式。用户可根据实际情况，选择该结算方式下的票据是否要进行票据管理。

【例 2-21】 根据表 2-15 所给的资料定义结算方式。

表 2-15 结算方式

结算方式名称	结算方式编码	是否票据管理
现金	1	否
现金支票	2	是
转账支票	3	是

操作步骤：

（1）在“畅捷通 T3 会计从业资格考试专版”窗口，单击“基础设置”|“收付结算”|“结算方式”，打开“结算方式”设置窗口，如图 2-47 所示。

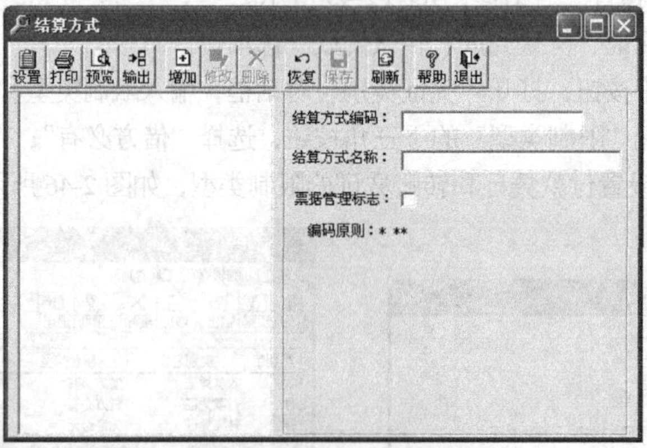

图 2-47 设置结算方式

（2）输入结算方式编码：1；输入结算方式名称：现金；单击工具栏上的【保存】按钮，保存设置。

（3）重复步骤（2），增加现金支票结算方式，选择“票据管理标志”。

（4）重复步骤（3），增加转账支票结算方式，选择“票据管理标志”。

（5）单击工具栏上的【保存】按钮，再单击【退出】按钮。

提示

- 结算方式的编码必须符合编码原则；
- 结算方式的录入必须唯一；
- 可以根据实际情况选择是否需要票据管理标志。

8. 设置会计科目

设置会计科目是会计工作的重要内容之一，是在总账系统中将本单位会计核算中使用的会计科目进行设置的工作。一级会计科目必须符合国家会计制度的规定，而明细科目可根据本单位实际情况，在满足核算和管理的要求以及报表数据来源的基础上自行设定。

本功能完成对会计科目的设立和管理，用户可以根据业务的需要方便地增加、插入、修改、查询和打印会计科目。

（1）增加会计科目。如果用户需建立的会计科目体系与所选行业标准会计科目基本一致，则可以在建立账套时选择预置标准会计科目，这样在会计科目初始设置时，只需对不同的会计科目进行修改，对缺少的会计科目进行增加处理即可。如果用户需建立的会计科目体系与所选行业标准会计科目相差较多，则可在系统初始设置时选择不预留行业会计科目，这样可以根据自己的需要自行设置全部会计科目。

在建立会计科目时，输入的基本内容包括：会计科目编码、科目名称、科目类型、辅助账标识等项目。

① 会计科目编码：一级科目编码按财政部规定；明细科目编码按照参数设置中对科目编码级次和级长的规定进行设置。通常的方法是同级科目按顺序排列，以序号作为本级科目编码，加上上级科目编码，组成本级科目全编码。

② 会计科目名称：会计科目名称是指会计科目的汉字名称。科目汉字名称是证、账、表上显示和打印的标志，是企业与外部交流信息所使用的标志。输入科目名称时尽量避免重名，以免影响科目运用的准确性。

③ 科目类型：按会计科目性质对会计科目进行划分，根据会计制度规定，科目类型分为 5 大类，即资产、负债、所有者权益、成本、损益。

④ 账页格式：规定每个科目的会计账页格式，账页格式一般有金额式、外币金额式、数量金额式、数量外币式等种类。

⑤ 辅助账类：在建立会计科目时，对有辅助核算要求的科目，需要设置相应的辅助核算标识，以便在输入凭证时，系统根据辅助核算标识，输入相应的附加业务信息。辅助核算可以为管理者提供更准确、全面的会计信息。辅助账主要包括数量核算、外币核算、个人往来核算、客户与供应商往来核算、部门核算和项目核算等。

【例 2-22】 增加会计科目“100201—工商银行存款”，并设置为日记账、银行账科目。

操作步骤：

① 在“畅捷通 T3 会计从业资格考试专版”窗口，单击“基础设置”|“财务” |“会计科目”，打开“会计科目”对话框，如图 2-48 所示。

② 在“会计科目”对话框中，执行“编辑”|“增加”命令，或单击工具栏上的【增加】按钮，或按 F5 键，打开“会计科目_新增”对话框，如图 2-49 所示。

图 2-48 “会计科目”对话框

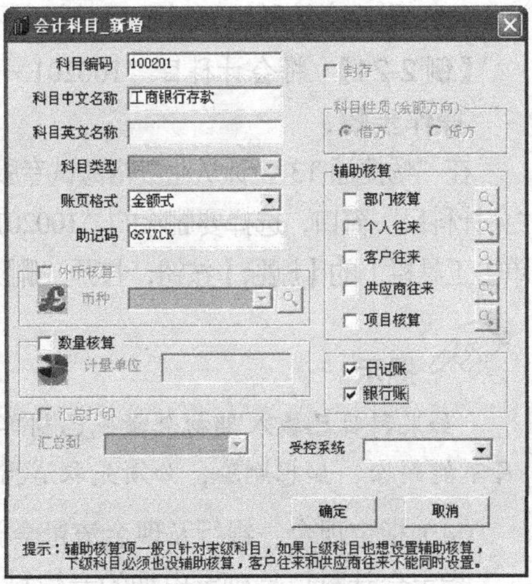

图 2-49 新增会计科目

③ 在“科目编码”文本框中输入“100201”，在“科目中文名称”文本框中输入“工商银行存款”，勾选“日记账”和“银行账”复选框，单击【确定】按钮保存。

提示

增加会计科目时，要遵循先建上级再建下级的原则，会计科目编码的长度及每级位数要符合编码规则，编码不能重复。设置一级会计科目必须符合国家会计制度的规定，而明细科目则可根据各单位实际情况自行设定。既要设置总账科目，又要设置明细科目，不能只有下级科目而没有上级科目。会计科目要保持相对稳定，会计年中不能删除。设置会计科目要考虑到与子系统的衔接。

（2）修改会计科目。如果需要对原有会计科目的某些项目进行修改，如科目名称、账页格式、辅助核算、汇总打印、封存标识等，可以通过“修改”功能来完成。

【例 2-23】 将“100201 一工商银行存款”科目修改成“100201 一建设银行存款”。

操作步骤：

① 在“畅捷通 T3 会计从业资格考试专版”窗口，单击“基础设置”|“财务”|“会计科目”，进入“会计科目”窗口，选择要修改的科目，单击“查看”|“修改”命令，或单击工具栏上的【修改】按钮，或双击该科目，打开“会计科目_修改”对话框，如图 2-50 所示。

② 单击【修改】按钮，进入修改状态。

③ 将“科目中文名称”改为“建设银行存款”，然后单击【确定】按钮保存。

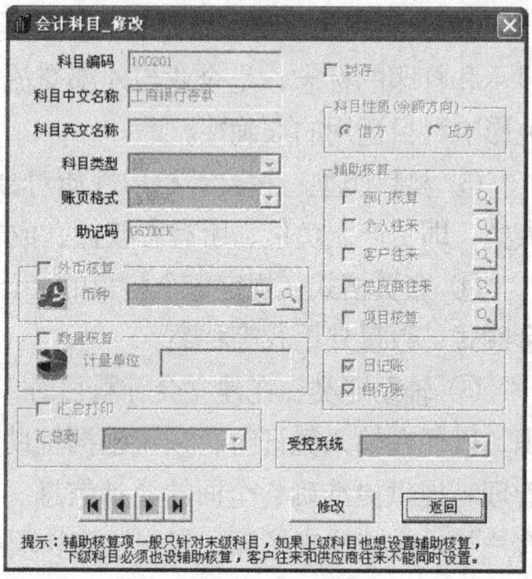

图 2-50 修改会计科目

提示

没有会计科目设置权限的用户只能在此浏览科目的具体定义，而不能进行修改。修改科目应遵循“自下而上”的原则，即先删除下一级科目，然后修改本级科目。已经输入余额的科目，不能直接修改，只有先删除本级及其下级科目的期初余额后，才能修改该科目。

（3）删除会计科目。对于目前暂时不需要或者不适用的会计科目，可以将其删除。

【例 2-24】 将会计科目“100201 一建设银行存款”删除。

操作步骤：

在“畅捷通 T3 会计从业资格考试专版”窗口，单击“基础设置”|“财务” |“会计科目”，进入“会计科目”窗口，选择要删除的“100201—建设银行存款”科目，单击“编辑”|“删除”命令，或单击工具栏上的【删除】按钮，打开“删除记录”对话框，单击【确定】按钮，即可将该科目删除。

提示

如果科目已输入期初余额或已制单，则不能删除。另外，被指定为现金银行科目的会计科目不能删除，如想删除，必须先取消指定。

（4）指定现金、银行及现金流量会计科目。

指定会计科目是确定出纳的专管科目。被指定为现金、银行总账科目的，在出纳功能中可以查询现金、银行日记账，进行银行对账，以及在制单中进行支票控制和资金赤字控制，从而实现现金、银行存款管理的保密性。

一般情况下，现金科目要设为日记账；银行存款科目设为银行账和日记账。

【例 2-25】 将“1002—银行存款”指定为银行总账科目。

操作步骤：

（1）在“畅捷通 T3 会计从业资格考试专版”窗口，单击“基础设置”|“财务” |“会计科目”，进入“会计科目”对话框，选择要指定的科目“1002—银行存款”，单击“编辑”|“指定科目”命令，打开“指定科目”对话框。

（2）单击选中“银行总账科目”按钮。

（3）在“待选科目”列表框中选择“1002—银行存款”科目。

（4）单击【>】按钮或双击该科目，将“1002—银行存款”科目添加到“已选科目”列表框中，如图 2-51 所示。

（5）单击【确认】按钮，保存设置。

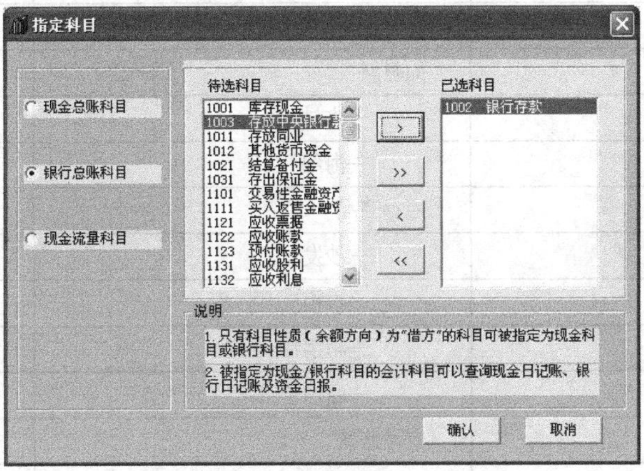

图 2-51 “指定科目”对话框

提示

已被制过单或已输入期初余额的科目不能修改或删除。只有先删除使用该科目的凭证，并将该科目及其下级科目余额清零，才能修改或删除该科目。

（5）设置辅助核算会计科目。

【例 2-26】 将“1221—其他应收款”设置为个人辅助核算会计科目。

操作步骤：

（1）在“畅捷通 T3 会计从业资格考试专版”窗口，单击“基础设置”|“财务” |“会计科目”，打开“会计科目”对话框。选择要修改的科目，单击“查看”|“修改”命令，或单击工具栏上的【修改】按钮，或双击该科目，打开“会计科目_修改”对话框。

（2）勾选“个人往来”复选框，如图 2-52 所示。

（3）单击【确定】按钮，保存设置。

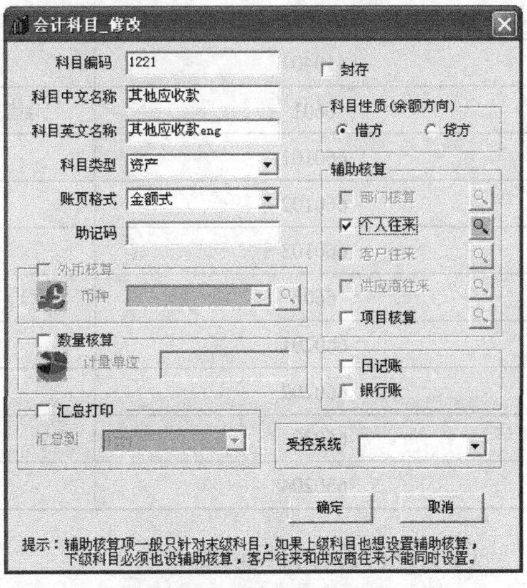

图 2-52 修改会计科目

【练习】 完成下列设置。

（1）增加如表2-16所示的会计科目。

表2-16 增加会计科目表

科目编码	科目名称	余额方向
1002	银行存款	借
100201	—工商银行存款	借
1122	应收账款	借
112201	—城乡超市	借
112202	—集美家具城	借
1221	其他应收款	借
122101	—个人借款	借
1403	原材料	借
140301	—木材	借
140302	—海绵	借
1405	库存商品	借
140501	—沙发	借
140502	—衣柜	借
140503	—写字台	借
140504	—西门子厨具	借
2202	应付账款	贷
220201	—海淀木材城	贷
220202	—暂估应付款	贷
2221	应交税费	贷
222101	—应交增值税	贷
22210101	—进项税额	贷
22210102	—销项税额	贷
4104	利润分配	贷
410401	—未分配利润	贷
6601	销售费用	借
660101	—工资	借
660102	—广告费	借
660103	—折旧费	借
6602	管理费用	借
660201	—工资	借
660202	—业务招待费	借
660203	—差旅费	借
660204	—咨询费	借

（2）进行会计科目设置。

① 现金、银行存款指定会计科目。

② 应收账款（1122）：客户往来辅助核算。

③ 其他应收款（1221）：个人往来辅助核算。

④ 应付账款（2202）：供应商往来辅助核算。

⑤ 管理费用（6602）、销售费用（6601）：部门辅助核算

9. 输入期初余额

当第一次使用总账系统时，首先应将原系统各账户的年初余额或启用月份的月初余额，以及年初到该月的累计发生额计算清楚，然后输入到总账系统中。

“期初余额”功能包括：年初输入科目期初余额或调整余额；核对期初余额，并进行试算平衡。

（1）输入期初余额。输入余额时必须注意调整有关科目余额的方向，如果借贷标志不能变，余额可用“−”号表示。用户只需输入最低级科目的余额，非末级科目的余额系统自动计算。如果在年中某月开始建账，需要输入启用月份的月初余额，以及年初到该月的借贷方累计发生额，系统自动计算年初余额。在输入期初余额时，如果某科目涉及辅助核算，则必须输入辅助账的期初数据。

【例 2-27】 根据表 2-17 所示资料输入期初余额。

表 2-17 期初余额表

科目编码	科目名称	余额方向	期初余额
1001	库存现金	借	2 188.33
1002	银行存款	借	46 850.00
100201	—工商银行存款	借	46 850.00

操作步骤：

① 在“畅捷通 T3 会计从业资格考试专版”窗口，单击“总账”|“设置”|“期初余额”，进入“期初余额录入”对话框。如图 2-53 所示。

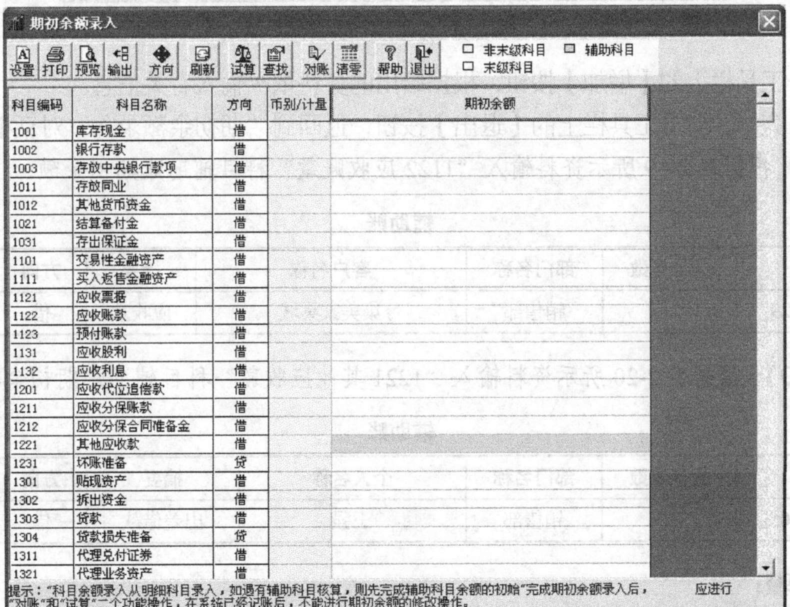

图 2-53 “期初余额录入”对话框

② 将光标定位在“1001 库存现金”科目的期初余额栏，输入期初余额“2188.33”。

③ 继续录入“1002 银行存款”会计科目的期初余额。

提示：输入余额和方向时，不能对科目进行增、删、改的操作。如要增、删、改科目，必须在设置会计科目功能中进行。凭证记账后，期初余额变为浏览只读状态，不能再修改。

修改余额时，直接输入正确数据即可。

【例 2-28】 根据表 2-18 所示资料输入“1122 应收账款”科目辅助账期初余额。

表 2-18　　辅助账

日期	凭证号数	部门名称	客户名称	摘要	方向	期初余额
2012. 11. 06	20	销售部	城乡超市	应收款	借	5 850.00

操作步骤：

① 在“期初余额录入”对话框中，双击“1122 应收账款”科目的“期初余额”栏，进入“客户往来期初”窗口，如图 2-54 所示。

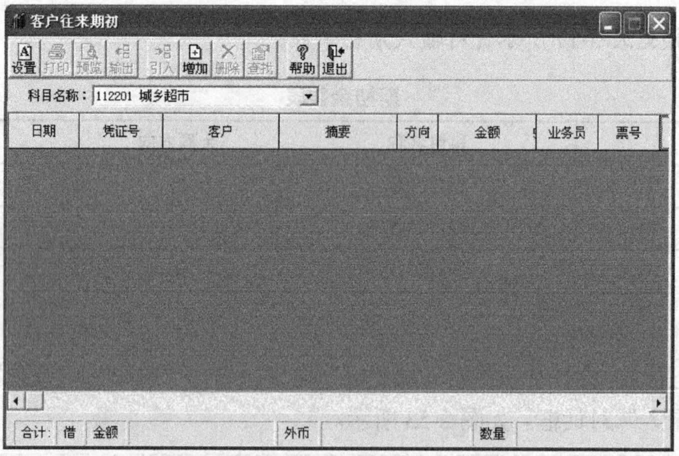

图 2-54　客户往来期初

② 单击工具栏上的【增加】按钮，根据给出的资料依次输入有关信息。

③ 输入完毕，单击工具栏上的【退出】按钮，返回到“期初余额录入”对话框。

【练习】 根据表 2-19 所示资料输入“1122 应收账款”科目辅助账期初余额。

表 2-19　　辅助账

日期	凭证号数	部门名称	客户名称	摘要	方向	期初余额
2012. 11. 29	28	销售部	集美家具城	应收款	借	7 605.00

【例 2-29】 根据表 2-20 所示资料输入“1221 其他应收款”科目辅助账期初余额。

表 2-20　　辅助账

日期	凭证号数	部门名称	个人名称	摘要	方向	期初余额
2012. 12. 05	16	销售部	王强	出差借款	借	2 000.00

操作步骤：

① 在“期初余额录入”对话框中，双击“1221 其他应收款”科目的“期初余额”栏，进入“个人往来期初”窗口，如图 2-55 所示。

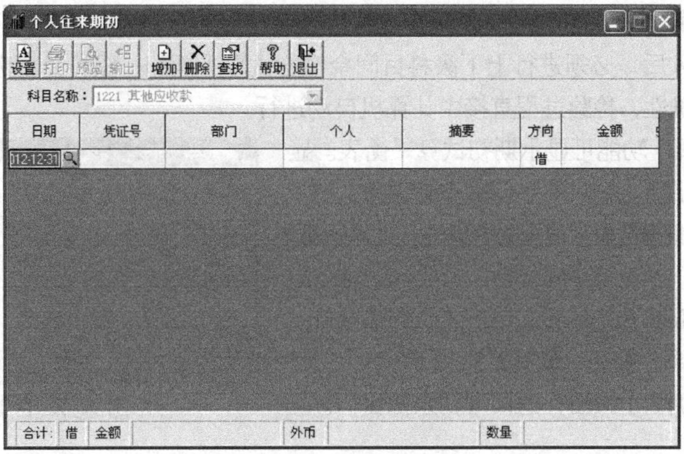

图 2-55　个人往来期初

② 单击工具栏上的【增加】按钮，根据给出的资料依次输入有关信息。

③ 输入完毕，单击工具栏上的【退出】按钮，返回到“期初余额录入”对话框。

【练习】 根据表 2-21 所示资料输入“2202 应付账款”科目辅助账期初余额。

表 2-21　　辅助账

日期	凭证号数	部门名称	供应商名称	摘要	方向	期初余额
2012.12.08	19	采购部	海淀木材城	采购材料	借	1 170.00
2012.12.23	56	采购部	西门子厨具店	采购材料	借	2 000.00

【练习】 根据表 2-22 所示资料输入期初余额。

表 2-22　　期初余额表

科目编码	科目名称	余额方向	期初余额	备注
1403	原材料	借	4 700.00	木材 30 吨，单价 100 元；海绵 85 块，每块 20 元
1405	库存商品	借	6 500.00	衣柜 15 台，单位成本 300 元；西门子厨具 1 套 2 000 元
1601	固定资产	借	110 000.00	
1602	累计折旧	贷	10 925.00	
2211	应付职工薪酬	贷	5 000.00	
4001	实收资本	贷	100 000.00	
4104	未分配利润	贷	66 598.33	

（2）调整余额方向。一般情况下，软件默认资产类科目的科目性质为借方，负债及所有者权益类科目的科目性质为贷方。但是有一部分调整科目，如“坏账准备”、“累计折旧”等科目的余额方向与同类科目性质相反。在录入会计科目余额时，系统提供了调整余额方向的功能。

【例 2-30】 将“材料成本差异”余额的方向由“借”调整为“贷”。

操作步骤：

① 在“期初余额录入”对话框中，单击“材料成本差异”科目的所在行，再单击【方向】按钮，打开“调整余额方向”对话框，如图 2-56 所示。

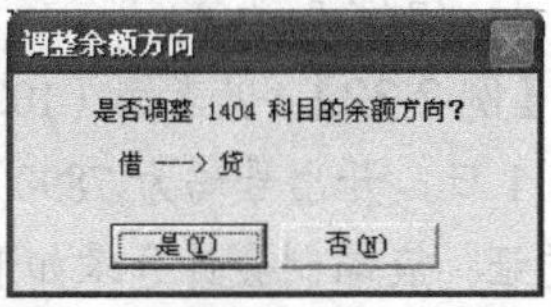

图 2-56　“调整余额方向”对话框

② 确定需要调整的方向，单击【是】按钮返回到“期初余额录入”对话框，此时将“材料成本差异”科目的余额方向调整为“贷”方。

（3）试算平衡。

期初余额输入后，必须进行上下级科目间余额的试算平衡和一级科目余额试算平衡，以保证初始数据的正确性，检验过程直接由计算机自动进行。

系统的“试算”功能可显示期初试算平衡表。显示试算结果是否平衡，如果不平，需重新调整。

【例 2-31】 根据已输入的期初余额进行试算平衡。

操作步骤：

（1）所有余额输入完毕后，单击【试算】按钮，屏幕显示期初试算平衡表，如图 2-57 所示。

（2）单击【确认】按钮，返回期初余额窗口。

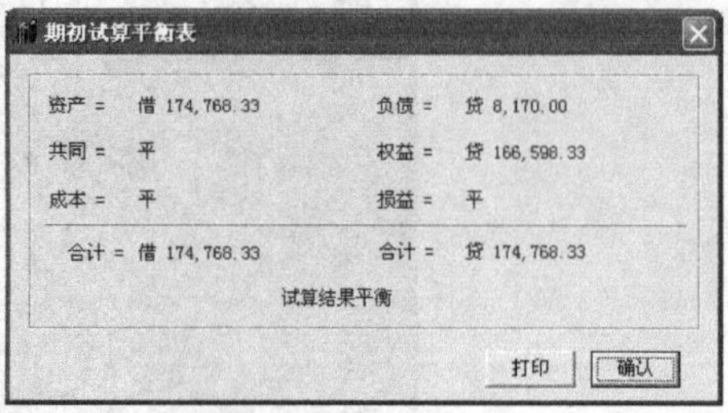

图 2-57　试算平衡

提示

期初余额试算不平衡，不能记账，但可以填制凭证。已经记过账，则不能再录入或修改期初余额，不能执行“结转上年余额”的功能。

任务三　日常业务处理

初始化设置完成后，就可开始进行日常账务处理了。总账系统日常业务处理的任务包括填制凭证、审核凭证、出纳签字和记账，查询和打印输出各种凭证、日记账、明细账和总分类账，同时对个人往来和单位辅助账进行管理。

日常业务处理首先从填制凭证开始。记账凭证是总账系统处理的起点，也是所有查询数据的最主要的来源，电子账簿的准确与完整完全依赖于记账凭证，因而使用者要确保记账凭证输入的准确完整。

一、填制凭证

日常业务处理首先从填制凭证开始。在实际工作中可直接在计算机上根据原始凭证填制记账凭证，也可以先由人工制单后集中输入。填制凭证是电算化方式下工作量较大的一项内容。

通常，一张凭证中可填写的行数是没有限制的，可以是简单分录，也可以是复合分录，但每一张凭证应该只记录一笔经济业务。

记账凭证的内容一般包括两部分：一是凭证头部分，包括凭证类别、凭证编号、凭证日期、附件张数等；二是凭证正文部分，包括摘要、会计分录、金额等。如果输入会计科目有辅助核算要求，则应输入辅助核算内容。

1. 增加凭证

【例 2-32】 以李娜（102）的身份登录 002 账套填制记账凭证。山东丰源家具公司 2013 年 1 月 1 日，开出号码为 7890 的现金支票从银行提取现金 5 000 备发工资，根据这笔业务填制记账凭证。应编制会计分录如下：

借：库存现金（1001）　　5 000

　　贷：银行存款—工商银行存款（100201）　　5 000

操作步骤：

（1）在“畅捷通 T3 会计从业资格考试专版”窗口，单击总账菜单下的“凭证”|“填制凭证”进入“填制凭证”窗口，如图 2-58 所示。单击工具栏上的【增加】按钮（或按 F5 键）增加一张新凭证。

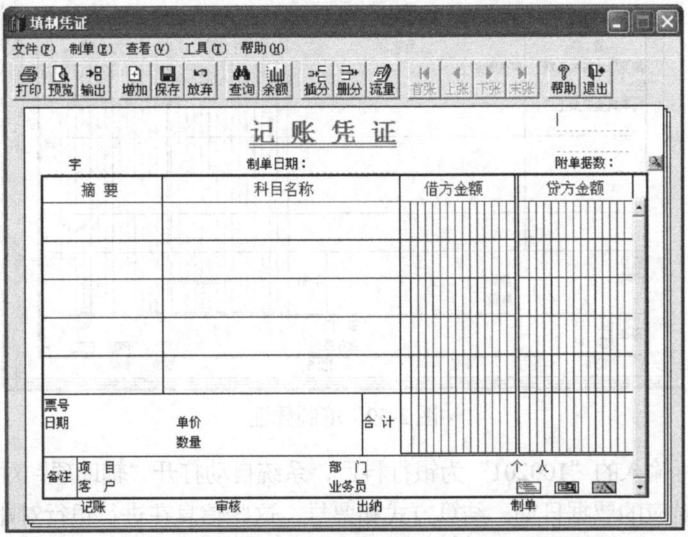

图 2-58 “填制凭证”窗口

（2）输入凭证类别。初始化时已定义的凭证类别代码或名称，用户只需从下拉列表框中选择，本例选择“02 付款凭证”。

（3）输入凭证编号。一般采用系统自动编号，由计算机按凭证类别对每月凭证自动进行顺序编号。编号由凭证类别编号和凭证顺序编号组成，如“付字 0001”表示本月第 1 号付款凭证。

（4）输入凭证日期。凭证日期包括年月日，由于日期的正确性将影响经济业务在明细账和日记账中的顺序，所以日期应随凭证号递增而递增。凭证日期应大于等于启用日期，不能超过业务日期。本例输入“2013.1.1”。

（5）输入附件张数。附件张数指本张凭证所附原始单据张数。本例输入“1”。

（6）输入摘要。摘要是对本凭证所反映的经济业务内容的说明，凭证每行必须有摘要内容。本例输入“提取现金备发工资”。

（7）输入会计科目。输入科目时，一般输入科目编码，计算机将根据科目编码自动切换为对应的会计科目名称。会计科目可以输入科目助记码或单击参照按钮选择输入。输入的科目编码必须在建立科目时已经定义，而且是最底层的科目编码。本例输入“1001”。

（8）确定方向输入金额。每一科目的发生额均应有它的方向，即借方或贷方。金额不能为“零”，红字以“-”号表示。本例在借方输入金额“5 000.00”。

（9）当前新增分录完成后，按回车键，系统将摘要自动复制到下一分录行，继续输入下一行。输入结果如图 2-59 所示。

（10）按键盘上的【=】按钮，系统自动计算出贷方金额。

凭证下方的制单人签字由系统根据登录总账系统时输入的操作员姓名自动输入。

输入完成后如果借贷方均无辅助账科目，单击工具栏上的【保存】按钮。

如果在科目设置时定义了相应的“辅助账”，则在输入每笔分录的同时，输入辅助核算的内容。如果一个科目同时兼有几个核算要求时，则要求同时输入有关内容。

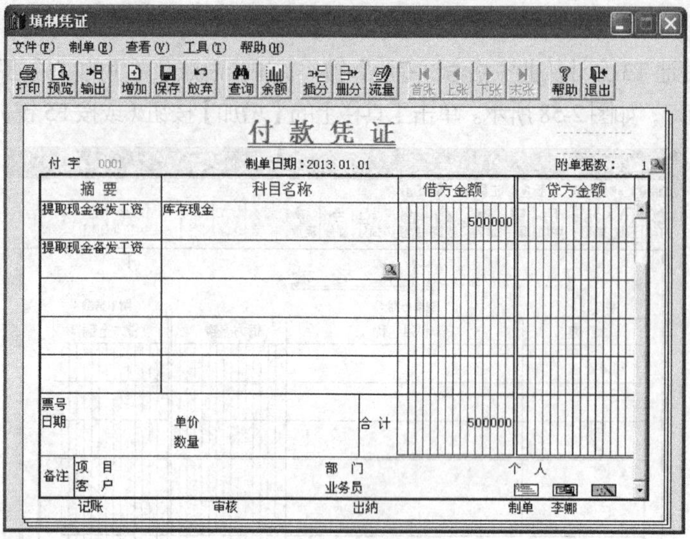

图2-59 填制凭证

如上例第二行输入的“100201”为银行科目，系统自动打开“辅助项”对话框，如图2-60所示，要求输入对应的票据日期、结算方式和票号，这些信息在进行银行对账时使用。这些信息可按回车键通过，但如果在初始设置中选择了支票控制，该结算方式设有支票管理，则银行账辅助信息不能为空，而且该支票的标号应在支票登记簿中有记录。

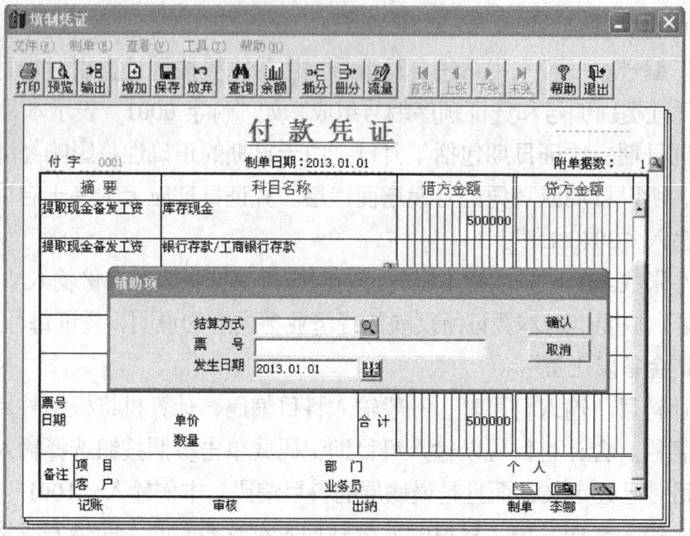

图2-60 输入银行科目辅助项

【例2-33】 2013年1月25日，采购部李明报销差旅费1 500元，交回现金500元，根据这笔业务填制记账凭证。应编制会计分录如下：

借：管理费用—差旅费（660203） 1 500

　　贷：其他应收款—个人借款（122101） 1 500

借：库存现金（1001） 500

　　贷：其他应收款—个人借款（122101） 500

操作步骤：

（1）参照【例2-32】输入凭证类别、凭证编号、凭证日期、附件张数、摘要、会计分录、金额等。

（2）当输入分录的借方科目“660203”时，由于该科目为部门辅助核算科目，需要在“辅助项”对话框中输入部门辅助信息，如图 2-61 所示。输入部门“采购部”，单击【确认】按钮返回。当输入分录的贷方科目“122101”时，由于该科目为个人往来辅助核算科目，需要在“辅助项”对话框中输入辅助信息，如图 2-62 所示。在“辅助项”对话框中，依次输入部门、个人、票号和发生日期，单击【确认】按钮返回。

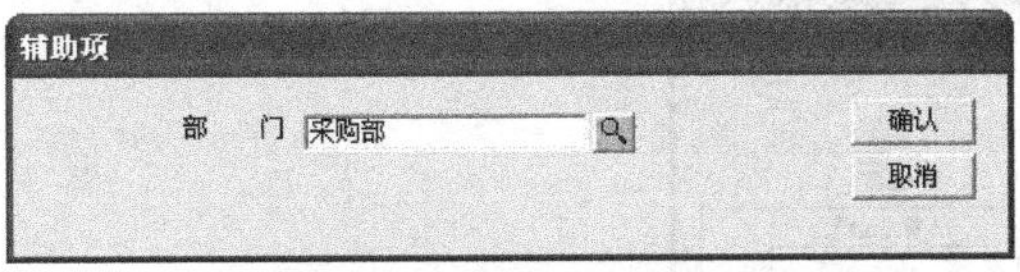

图 2-61 输入管理费用辅助项

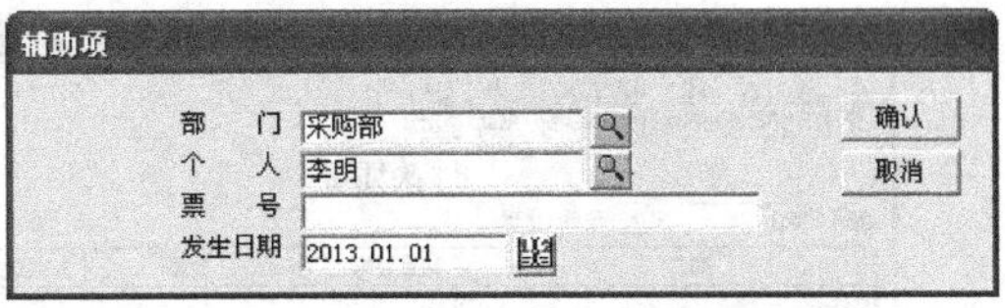

图 2-62 输入管理费用辅助项

（3）输入完成保存凭证时，会出现一个“凭证”提示窗口，如图 2-63 所示。单击【是】按钮完成凭证保存。

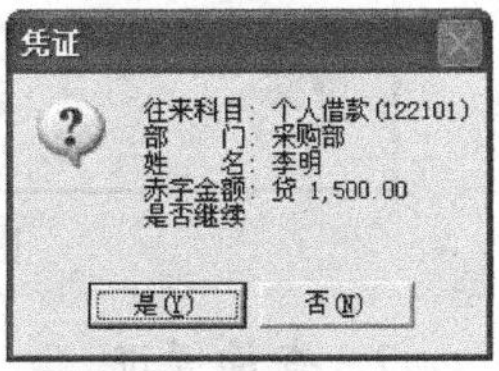

图 2-63 凭证提示窗口

在输入个人信息时，若不输入部门名称，只输入个人名称时，系统将根据所输入的个人名称自动输入其所属的部门。

【练习】 收到城乡超市的银行支票一张（票号：2589），偿还前欠的货款 5 850 元。应编制会计分录如下：

借：银行存款—工商银行存款（100201）　　5 850

贷：应收账款—城乡超市（122101）　　5 850

用友系统提供了增加常用摘要和调用常用摘要功能。在日常填制凭证的过程中，因为业务的重复性发生，经常会有许多摘要完全相同或大部分相同。如果将这些常用摘要存储起来，在填制会计凭证时可随时调用，必将大大提高业务处理效率。

操作步骤：

以账套主管“101 张三”的身份登录进入“畅捷通 T3 会计从业资格考试”窗口，单击基础设置菜单下的“常用摘要”选项进入“常用摘要”设置窗口，输入摘要编码、摘要正文和相关科目，这些内容在调用后还可以修改补充。如果某条常用摘要对应某科目，则可在“相关科目”处输入，那么在填制凭证时，在采用常用摘要的同时对应科目被调入，可提高凭证输入效率。在制单输入摘要时，可输入常用摘要编号进行调用，或单击【参照】按钮或按 F2 键调出常用摘要选择窗，将光标移到要调用的常用摘要，单击【选入】按钮或按 F3 键选入要调用的常用摘要。

用友系统还提供了生成常用凭证和调用常用凭证功能。在日常填制凭证的过程中，经常会有许多凭证完全相同或部分相同，如果将这些常用的凭证存储起来，在填制会计凭证时可随时调用，必将大大提高业务处理的效率。

操作步骤：

（1）增加常用凭证。在“畅捷通 T3 会计从业资格考试专版”窗口，单击总账菜单下的“凭证”|“常用凭证”进入“常用凭证”编辑窗口，如图 2-64 所示。单击【增加】按钮，新增一张常用凭证，输入编码、说明、凭证类别、附单据数。单击工具栏上的【详细】按钮，然后单击工具栏上的【增加】按钮，输入详细信息，如图 2-65

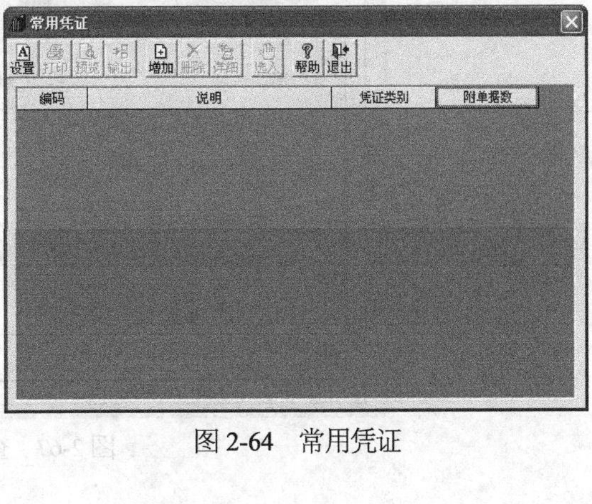

图 2-64 常用凭证

所示。单击【退出】按钮保存并返回。

（2）调用常用凭证。在制单时，单击“制单”|“调用常用凭证”（或按 F4 键），屏幕显示“调用常用凭证”对话框，如图 2-66 所示。输入常用凭证的编号，或单击参照按钮或按 F2 键选择要调用的常用凭证，单击【选入】按钮或按 F3 键，即可调出该常用凭证。若调入的常用凭证与待编制的凭证不符时，可将其修改成所需的凭证。

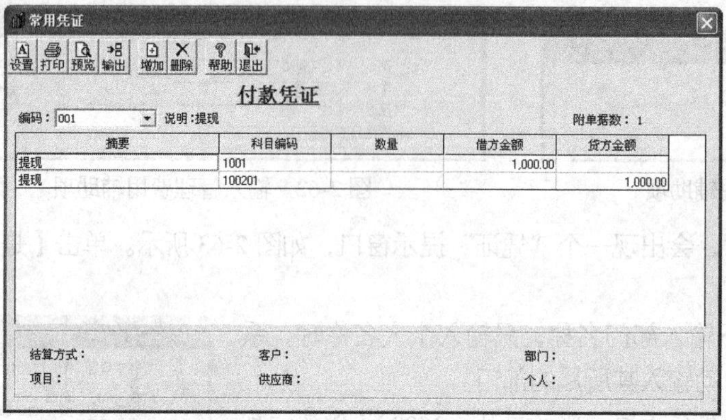

图 2-65　常用凭证——详细信息

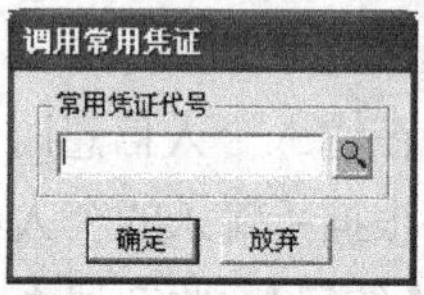

图 2-66　调用常用凭证

2. 查询凭证

在制单过程中，可以通过查询功能，对凭证进行查看，以便随时了解经济业务发生的情况，保证填制凭证的正确性。

通过“填制凭证”窗口中的【查询】功能或者单击“总账”|“凭证”|“查询凭证”，输入查询条件后，可查看到当前科目最新余额、外部系统制单信息、联查明细账等。通过单击【余额】按钮可查到当前光标所在科目包含所有已保存的记账凭证的最新余额。

【例 2-34】 在“填制凭证”窗口中，查询 1 月份全部记账凭证。

操作步骤：

（1）在“填制凭证”窗口中，单击工具栏上的【查询】按钮，打开“凭证查询”对话框，如图 2-67 所示。

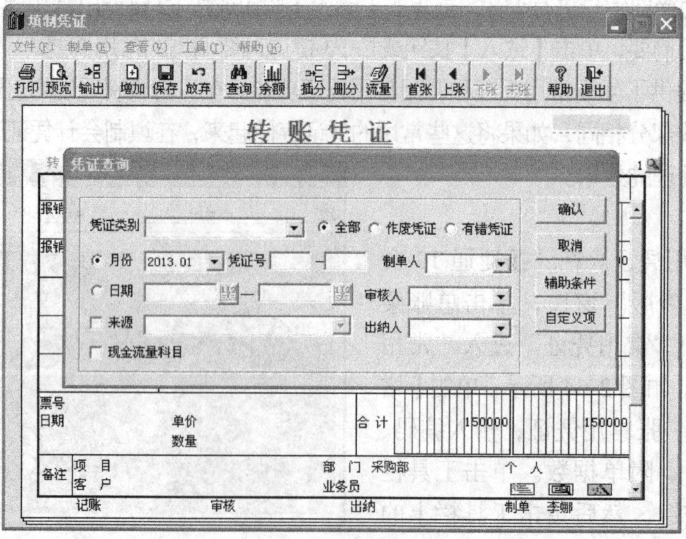

图 2-67　查询凭证

（2）单击“凭证类别”框的下三角按钮，在下拉列表中选择“付款凭证”选项。

（3）选择查询月份为“2013.1”。

（4）在“凭证号”文本框中输入“0001”，其他栏目可为空。

（5）单击【确认】按钮，屏幕显示符合条件的凭证列表，如图 2-68 所示。

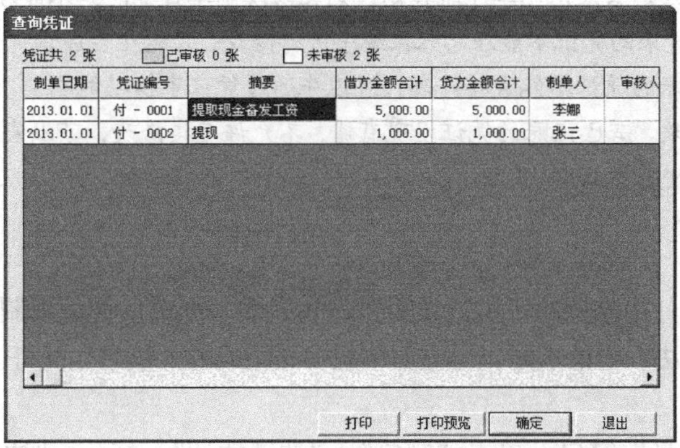

图 2-68 查询到的凭证列表

（6）双击选中的凭证，即可打开该凭证详细查看，如图 2-69 所示。

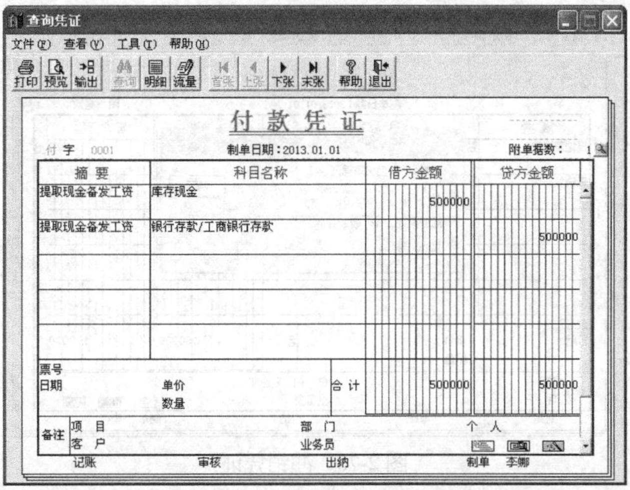

图 2-69 查询到的凭证

提示

如果要专门查询某一段时间的凭证，可选择“日期”，此时凭证号范围不可选。“全部”、“作废凭证”或“有错凭证”三者任选其一。如凭证来源为空表示查询来自所有系统的凭证。如选择按科目、摘要、金额等辅助信息进行查询，可按【辅助条件】按钮输入辅助查询条件。如要按科目自定义项查询，可按【自定义项】按钮输入自定义项查询条件。

3. 修改凭证

凭证输入时，尽管系统提供了多种控制错误的措施，但错误凭证是难免的，记账凭证的错误必然影响系统的核算结果。为更正错误，系统提供了对错误凭证修改的功能。

如果发现已经输入但未审核的机内记账凭证有错误，可以随时进行修改：在“填制凭证”

窗口，单击【查询】按钮，找到需修改的凭证，对错误内容直接修改后，单击工具栏上的【保存】按钮，就完成了修改。

提示

凭证编号不能修改。若采用制单序时控制，则在修改制单日期时，不能在上一张凭证的制单日期之前。外部系统传过来的凭证不能在总账系统中进行修改，只能在生成该凭证的系统中进行修改。已通过审核但还未记账的凭证不能直接修改，可以先通过凭证审核功能取消审核后，再通过凭证的编辑功能进行直接修改。若已记账的凭证发现有错，不允许直接修改，可以采用“红字凭证冲销法”或者“补充凭证法”进行更正。

4. 冲销凭证

红字冲销法是会计中常用的一种错误更正方法，即根据错误凭证填制一张“红字”凭证全额冲销错误凭证的方法，如果需要，再重新编制一张正确的“蓝字”凭证。

操作步骤：

（1）在“填制凭证”窗口，单击“制单”|“冲销凭证”，打开 “冲销凭证”对话框，如图 2-70 所示。

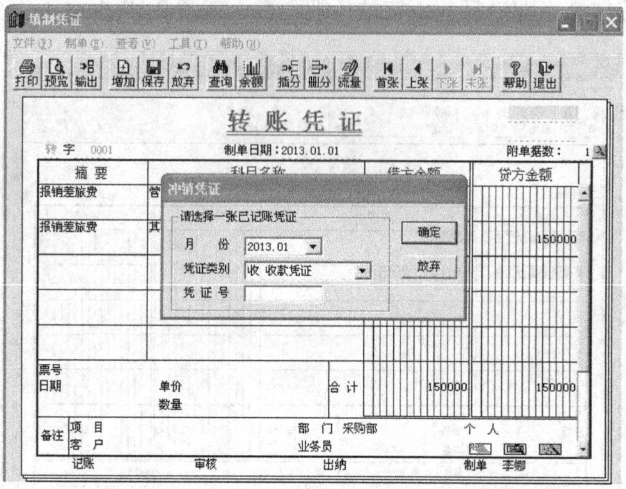

图 2-70 冲销凭证

（2）在“冲销凭证”对话框中，依次输入月份、凭证类别和凭证号。

（3）单击【确定】按钮，系统自动生成一张红字冲销凭证。

通过红字冲销法增加的凭证，应视同正常凭证进行保存和管理。

5. 作废和删除凭证

如果遇到有非法的凭证需要作废时，可以使用“作废/恢复”功能，将这些凭证进行作废。作废凭证仍保留凭证内容及编号，只显示“作废”字样。作废凭证不能修改，不能审核。在记账时，已作废的凭证应参与记账，否则月末无法结账，但不对作废凭证做数据处理，相当于一张空凭证。账簿查询时，查不到作废凭证的数据。

【例 2-35】 作废及恢复付字 0002 号凭证。

操作步骤：

（1）在“填制凭证”窗口中，单击工具栏上的【查询】按钮，打开“凭证查询”对话框，

找到要作废的凭证，选择“制单”|“作废/恢复”命令。

（2）凭证左上角会显示“作废”字样，表示该凭证已作废，如图 2-71 所示。

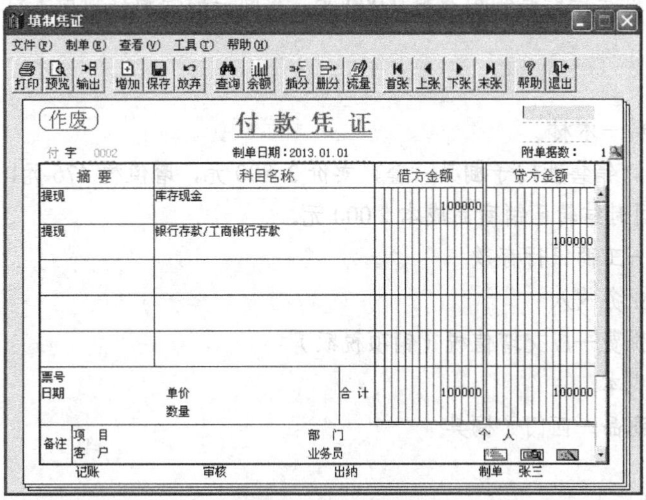

图 2-71 作废凭证

若当前凭证已恢复，可单击“制单”|“作废/恢复”，取消作废标志，并将当前凭证恢复为有效凭证。

如果不想保留作废凭证时，则可以通过“整理凭证”功能，将其彻底删除，并对未记账凭证重新编号，如图 2-72 所示。

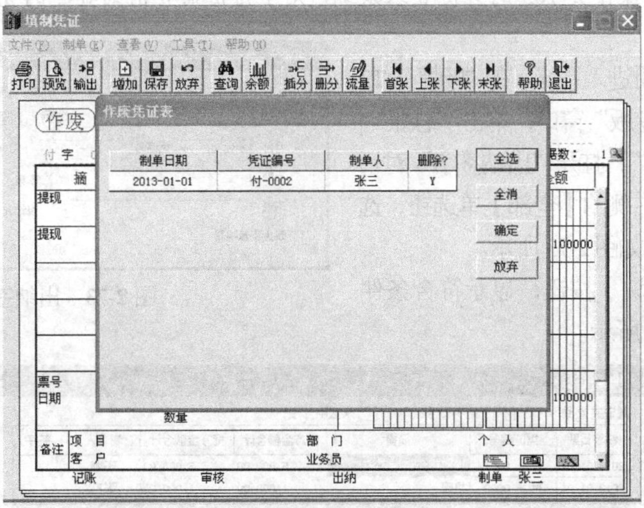

图 2-72 整理凭证

提示

只能对未记账凭证作凭证整理。已记账凭证作凭证整理，应先恢复本月月初的记账前状态，再做凭证整理。

【练习】 完成下列业务的凭证填制工作。

（1）1 月 12 日，借入短期借款 10 000 元，年利率 15%，期限 3 个月，到期一次还本付息。

借：银行存款—工商银行存款　　10 000

　　贷：短期借款　　10 000

（2）1 月 18 日，生产产品领用木材 2 000 元，车间一般性消耗领用木材 300 元。

借：生产成本　　2 000

　　制造费用　　300

　　贷：原材料—木材　　2 300

（3）1 月 24 日，销售西门子橱具一套，卖价 2 800 元，增值税 476 元，收到转账支票送存银行，票号 666。同时结转已销商品成本 2 000 元。

借：银行存款—工商银行存款　　3 276

　　贷：主营业务收入　　2 800

　　　　应交税费—应交增值税（销项税额）　　476

借：主营业务成本　　2 000

　　贷：库存商品—西门子橱具　　2 000

二、出纳签字

会计凭证填制完成之后，如果该凭证是出纳凭证，且在系统“选项”中选择“出纳凭证必须经由出纳签字”，则应由出纳核对签字。

通过“出纳签字”功能可对制单员填制的带有现金或银行科目的凭证进行检查核对，主要核对出纳凭证的出纳科目的金额是否正确。

【例 2-36】 以操作员 103 的身份登录系统，对 1 月份需要出纳签字的凭证进行签字。

操作步骤：

（1）出纳员注册进入系统，在“畅捷通 T3 会计从业资格考试专版”窗口，单击“总账”|“凭证”|“出纳签字”，打开“出纳签字”对话框，选择凭证类别右侧的【全部】单选钮，选择月份“2013.01”，如图 2-73 所示。

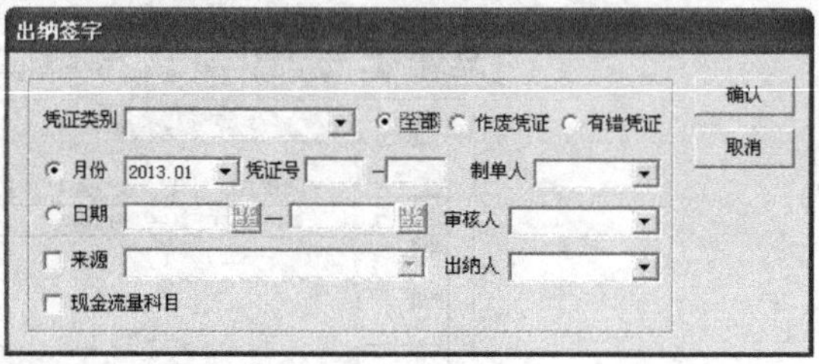

图 2-73 出纳签字

（2）单击【确认】按钮，显示符合条件的凭证，如图 2-74 所示。

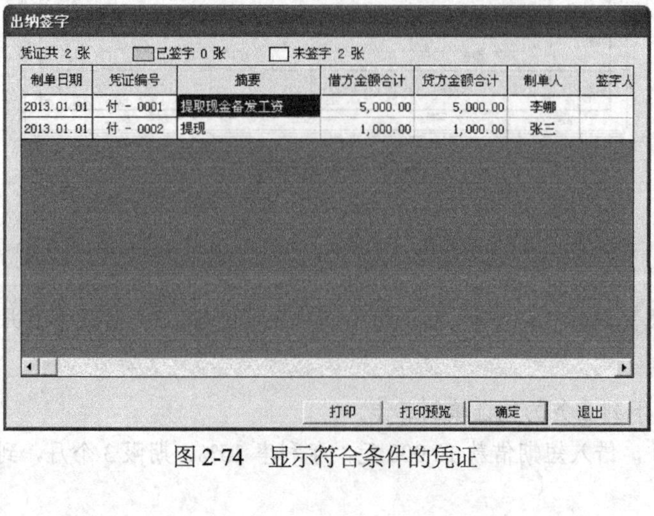

图 2-74 显示符合条件的凭证

（3）单击【确定】按钮，打开一张需要签字的凭证。

（4）检查核对无误后，单击工具栏上的【签字】按钮后，凭证下方出纳处显示当前操作员姓名，表示这张凭证出纳已签字，如图 2-75 所示。若想对已签字的凭证取消签字，单击工具栏上的【取消】按钮即可。

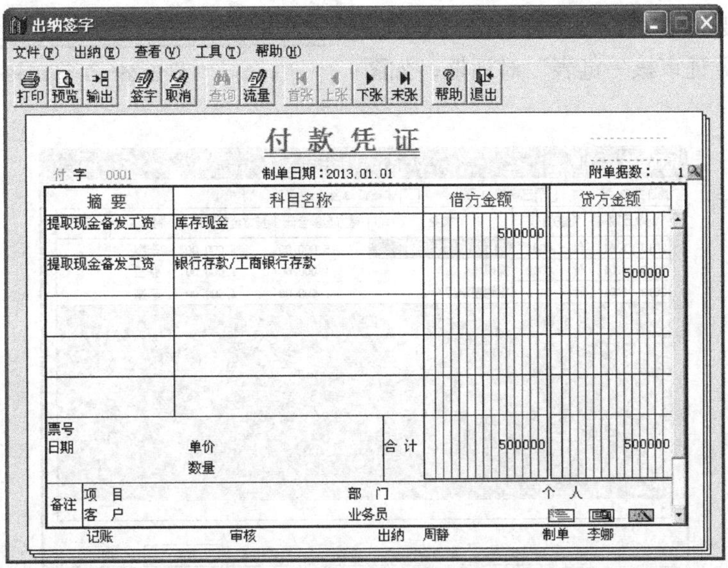

图 2-75 已完成出纳签字的凭证

提示

企业可根据实际需要在“选项”设置中选择或取消“出纳凭证必须经由出纳签字”的设置。凭证一旦签字，就不能被修改、删除，只有取消签字后才可以修改或删除。取消签字只能由出纳员自己进行，可以进行成批出纳签字，也可以成批取消签字。如果在录入凭证时没有录入结算方式和票据号，出纳签字时可以补录“结算明细”。

为了加强对会计人员制单的管理，系统提供“主管签字”功能，会计人员填制的凭证必须经主管签字才能记账。

主管签字的操作步骤参见出纳签字。

三、审核凭证

审核是指由具有审核权限的操作员按照会计制度规定，对制单人填制的记账凭证进行合法性检查。主要审核记账凭证是否与原始凭证相符，会计分录是否正确等。审查认为错误或有异议的凭证，应交与填制人员修改后再次审核。只有经过审核的记账凭证才能作为正式凭证进行记账处理。

审核凭证可以采用屏幕审核或对照审核的方法。

屏幕审核是直接根据原始凭证，对屏幕上显示的记账凭证进行审核，对正确的记账凭证，执行审核命令，由计算机在凭证上填入审核人名字；对错误的记账凭证，不予审核或执行标错命令进行标错。

【例 2-37】 以账套主管张三的身份登录总账系统对已输入的凭证进行审核签字。

操作步骤：

（1）以账套主管张三的身份登录总账系统。

（2）在“畅捷通 T3 会计从业资格考试专版”窗口，单击“总账”|“凭证”|“审核凭证”，打开“凭证审核”对话框，如图 2-76 所示。

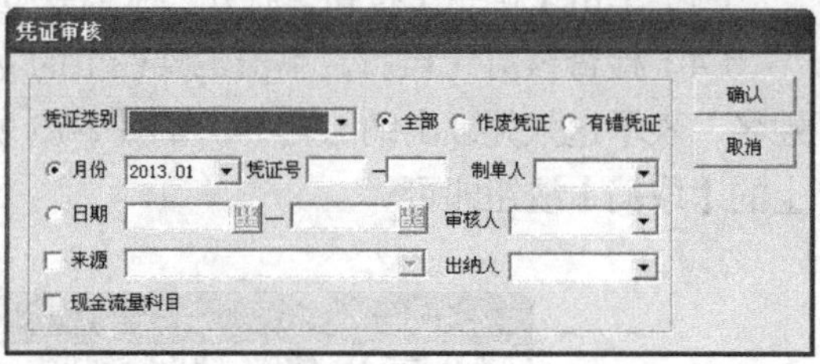

图 2-76 凭证审核—1

（3）选择要审核的凭证范围，单击【确定】按钮，打开“凭证审核一览表”对话框，如图 2-77 所示。

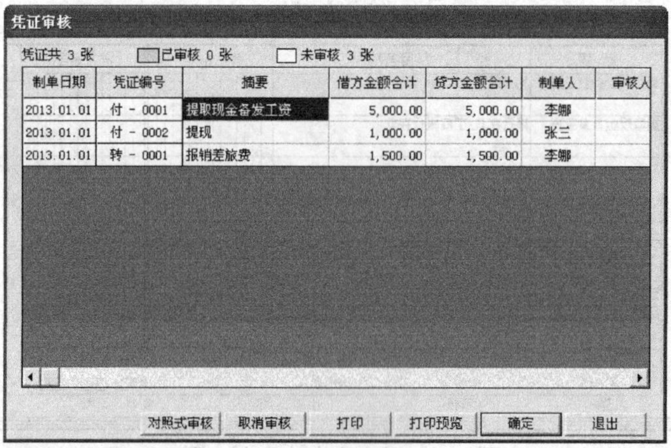

图 2-77 凭证审核—2

（4）双击要审核的凭证或选中要审核的凭证后单击【确定】按钮，进入“审核凭证”窗口。

（5）对当前显示的凭证进行检查后，单击工具栏中的【审核】按钮，系统自动在审核处签上张三的名字。

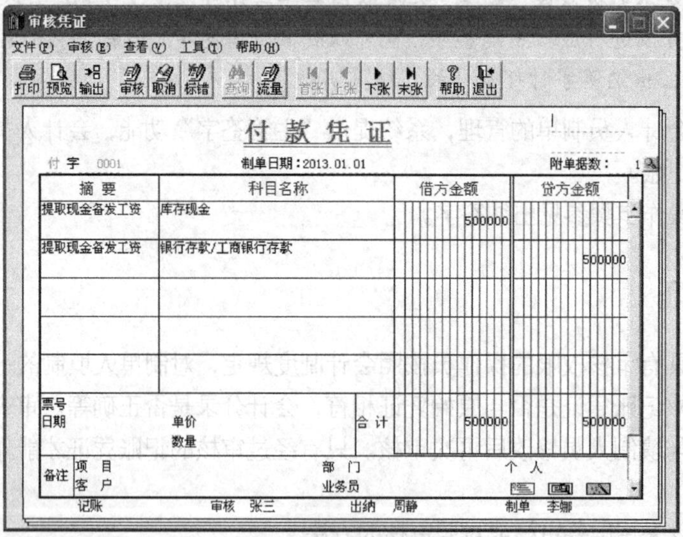

图 2-78 凭证审核—3

（6）单击工具栏中的【上张】或【下张】按钮，可以查找上一张或下一张要审核的凭证。全部凭证审核完毕后，单击【退出】按钮退出。

若想对已审核的凭证取消审核，单击【取消】按钮即可取消审核。

提示

审核人和制单人不能是同一个人；取消审核签字只能由审核人自己进行；凭证一经审核，就不能被修改、删除，只有取消审核签字后才能进行修改或删除；如果在“选项”中选择了“凭证审核控制到操作员”，审核人除了要具有审核权外，还需要有对凭证制单人的审核权，这个权限在“基础设置”的“数据权限”中设置；作废凭证不能被审核，也不能被标错。

也可以采用对照审核的方式审核凭证，可通过对凭证的二次输入，达到系统自动审核凭证的目的，确保经济业务处理不会发生输入错误。

记账凭证经审核签字后，即可用来登记总账和明细账、日记账、部门账、往来账、项目账以及备查账等。

四、登记账簿

登记账簿即记账，它是以会计凭证为依据，将经济业务全面、系统、连续地记录到账簿中去，是会计核算的主要方法之一。在会计电算化情况下，记账是由有记账权限的操作员发出记账指令，由计算机按照预先设计的记账程序自动进行合法性检验、科目汇总、登记账簿等操作。

1. 记账

【例 2-38】 由张三将 2013 年 1 月份已审核的记账凭证，进行记账处理。

操作步骤：

（1）在“畅捷通 T3 会计从业资格考试专版”窗口，单击“总账”|“凭证”|“记账”，打开“记账—选择本次记账范围”对话框，如图 2-79 所示。

（2）输入要进行记账的凭证范围。记账范围可以输入数字“—”和“,”。如果不选，系统自动默认为所有凭证。

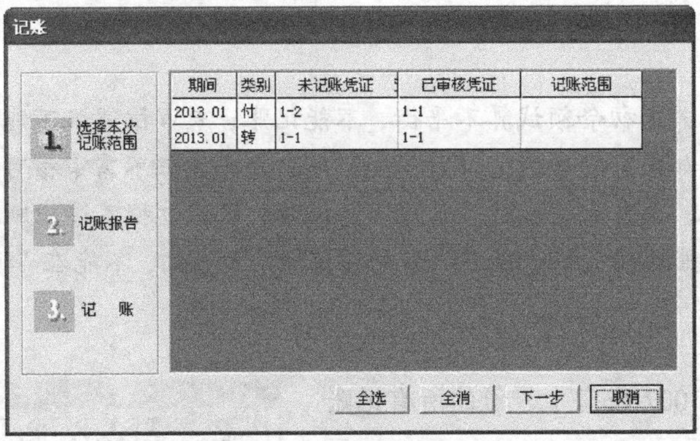

图 2-79 选择记账范围

（3）单击【下一步】按钮，打开“记账—记账报告”对话框，如图 2-80 所示。如果需要打印记账报告，可单击【打印】按钮。

（4）单击【下一步】按钮，单击【记账】按钮，打开“期初试算平衡表”对话框，如图 2-81 所示。

（5）单击【确认】按钮，系统开始登记有关的总账和明细账、辅助账。

（6）登记完毕后，出现“记账完毕!”提示框。单击【确定】按钮，记账完毕。

在记账过程中，如果发现某一步设置错误，可单击【上一步】按钮返回后进行修改。如果不想再继续记账，可单击【取消】按钮，取消本次记账工作。

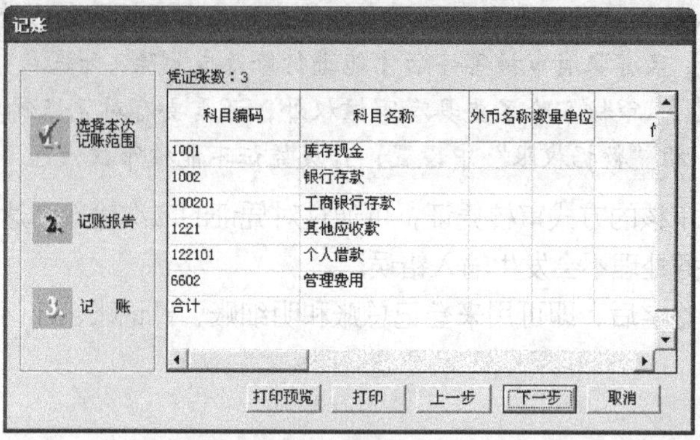

图 2-80　选择记账范围

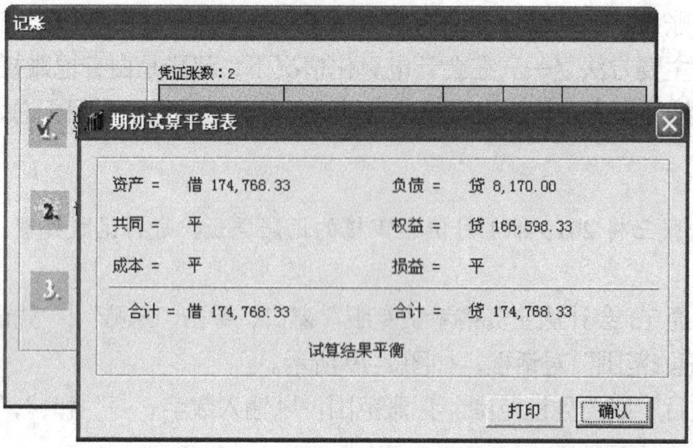

图 2-81　“期初试算平衡表”对话框

提示

第一次记账时，若期初余额试算不平衡，不能记账；未审核凭证不能记账，记账范围应小于等于已审核范围；如果有不平衡凭证时不能记账；作废凭证不需审核可直接记账；上月未记账的，本月不能记账；上月未结账时，本月不能记账；记账过程不得中断退出；记完账后不能整理凭证断号；记完账后的凭证只能在“查询凭证”界面查询，不能在“填制凭证”界面查询。

2. 取消记账

【例 2-39】 取消 002 账套 1 月份的所有记账操作。

操作步骤：

（1）单击“总账”|“期末”|“对账”命令，打开“对账”对话框。

（2）单击 2013.01 月份所在行，按 Ctrl+H 组合键，激活“恢复记账前状态”功能，如图 2-82 所示。

（3）单击【确定】按钮。

（4）单击【退出】按钮，返回到用友 T3 界面。

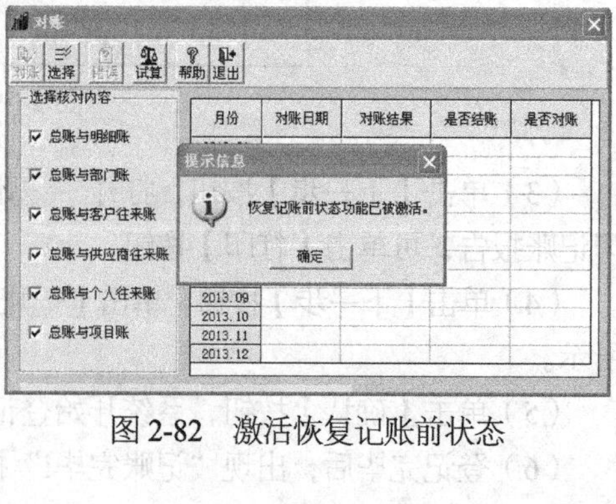

图 2-82　激活恢复记账前状态

（5）单击“总账”|“凭证”|“恢复记账前状态”命令，打开该窗口，选择“2013 年 01 月初状态”单选钮，如图 2-83 所示。

（6）单击【确定】按钮，系统弹出“请输入主管口令”对话框。

（7）输入主管口令“123456”，单击【确定】按钮。

（8）系统显示“恢复记账完毕”提示对话框，如图 2-84 所示。

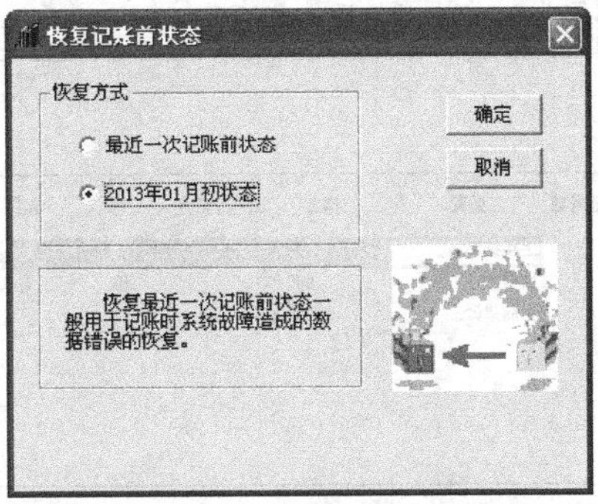

图 2-83　恢复记账前状态对话框

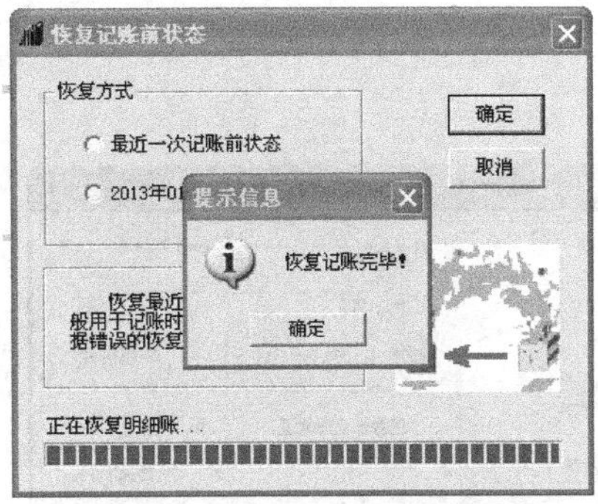

图 2-84　恢复记账完毕

（9）单击【确定】按钮返回。

提示

只有账套主管才有权进行恢复到记账前状态的操作。对于已经记账的月份，不能恢复到记账前状态。

任务四　账簿管理

企业发生的经济业务，经过制单、审核、记账等操作之后，就形成了正式的会计账簿，对发生的经济业务进行查询、统计分析等操作时，都可以通过“账簿管理”来完成。

查询账簿，是会计日常工作中另一个重要内容。除了前述现金和银行存款的查询输出外，账簿管理还包括基本会计核算账簿的查询输出，以及各种辅助核算账簿的查询输出。

账簿查询提供了记账凭证的模拟记账功能，使企业能随时了解各科目的最新余额和明细情况，对部门、项目信息反映及时，费用控制更加可靠。

不论是查询还是打印，都必须指定查询或打印的条件，系统才能将数据显示在屏幕上或输出到打印机，方便地实现总账、明细账、凭证之间的联查。

一、查询总账

通过总账查询功能，不但可以查询各总账科目的年初余额、各月发生额合计和月末余额，而且还可查询所有二至五级明细科目的年初余额、各月发生额合计和月末余额。

【例 2-40】 查询 2013 年 1 月份资产类科目的三栏式总账。

操作步骤：

（1）在“畅捷通 T3 会计从业资格考试专版”窗口，单击“总账”|“账簿查询”|“总账”，

打开“总账查询条件”对话框，如图 2-85 所示。

（2）在“科目”栏选择输入科目范围“1001”—“1901”。

（3）在“级次”栏输入“1”—“1”。

（4）单击【确认】按钮，即可显示查询结果，如图 2-86 所示。

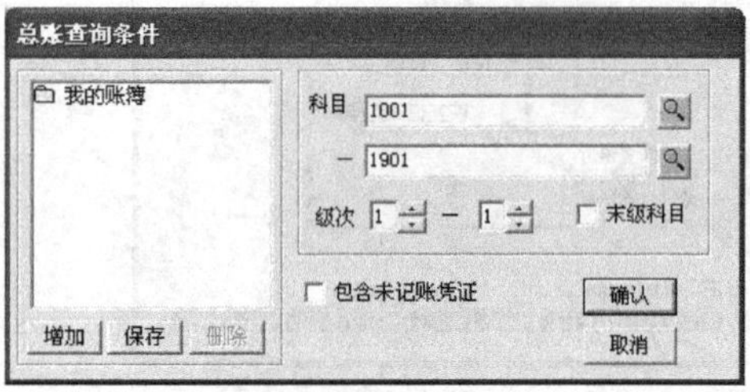

图 2-85 总账查询条件

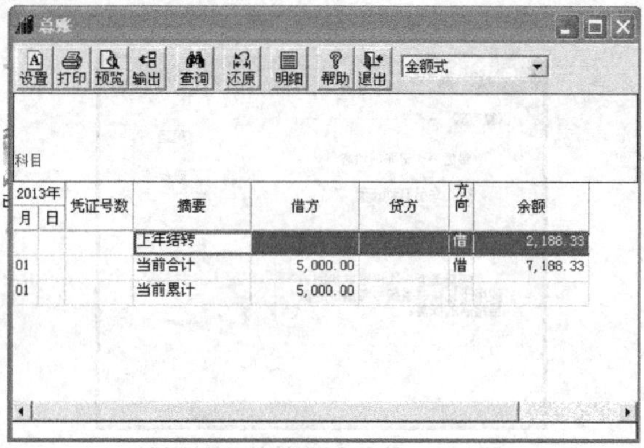

图 2-86 查询总账

在总账查询窗口可单击【明细】按钮查看明细账。

二、查询余额表

发生额及余额表用于查询统计各级科目的本月发生额、累计发生额、余额等。可输出某月或某几个月的所有总账科目或明细科目的期初余额、本期发生额、累计发生额、期末余额。

余额表查询操作步骤参照总账查询。可输出总账科目、明细科目的某一时期内的本期发生额、累计发生额和余额。可输出某科目范围的某一时期内的本期发生额、累计发生额和余额。可按某个余额范围内输出科目的余额情况，查询到包含未记账凭证在内的最新发生额及余额。

三、查询明细账

本功能用于平时查询各账户的明细发生情况及按任意条件组合查询的明细账。在查询过程中可以包含未记账凭证。本功能提供了 3 种明细账的查询格式：普通明细账、按科目排序明细账、月份综合明细账。

普通明细账是按科目查询，按发生日期排序的明细账。

按科目排序明细账是按非末级科目查询，按其所发生的末级科目排序的明细账。

月份综合明细账是按非末级科目查询，包含非末级科目总账数据及末级科目明细数据的综合明细账。

明细账查询操作步骤参照总账查询。

四、查询多栏账

在总账系统中，普通多栏账由系统将要分析科目及下级科目自动生成“多栏账”。一般情况下，负债、收入类科目分析其下级科目的贷方发生额，资产、费用类科目分析其下级科目借方发生额，并允许随时调整。

多栏账的栏目内容可自定义，可以对科目的分析方向、分析内容、输出内容进行定义，同时可定义多栏账格式，便于满足核算管理需要。

【例 2-41】 定义并查询 2013 年 1 月份的“管理费用”多栏账。

操作步骤：

（1）在“畅捷通 T3 会计从业资格考试专版”窗口，单击“总账”|“账簿查询”|“多栏账”，打开“多栏账”对话框，如图 2-87 所示。

（2）单击工具栏上的【增加】按钮，打开“多栏账定义”对话框，如图 2-88 所示。

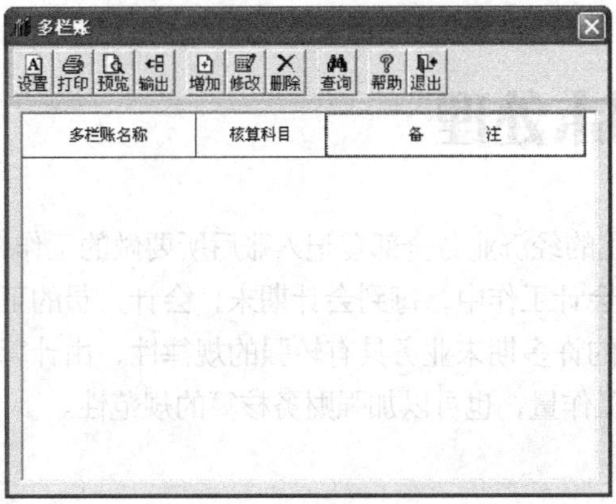

图 2-87 多栏账对话框

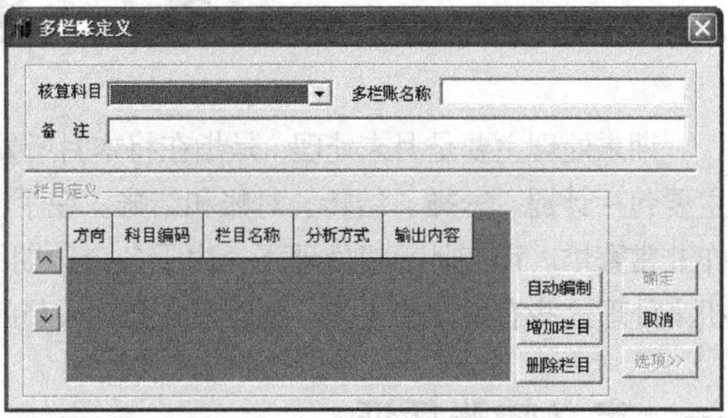

图 2-88 多栏账定义

（3）在“核算科目”下拉列表中选择“管理费用”科目。

（4）在“栏目定义”选项区域，单击【自动编制】按钮，将根据所选核算科目的下级科目自动编制多栏账分析栏目。

（5）单击【确定】按钮，返回“多栏账”对话框，如图 2-89 所示。

（6）单击【查询】按钮，打开“多栏账查询”对话框，如图 2-90 所示。

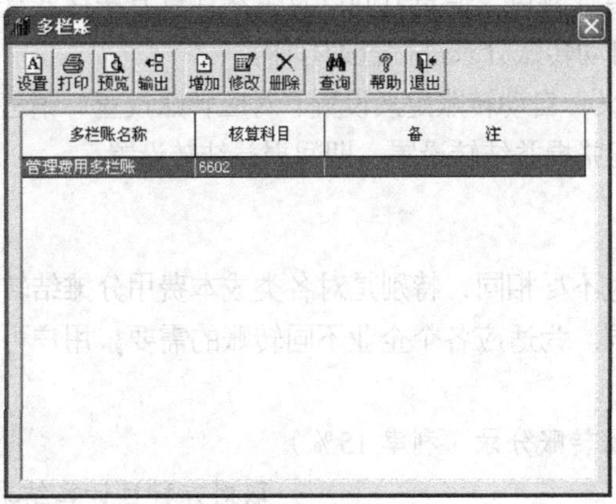

图 2-89 “多栏账”对话框

图 2-90 “多栏账”查询对话框

（7）单击【确定】按钮，系统返回查询结果。如图 2-91 所示。

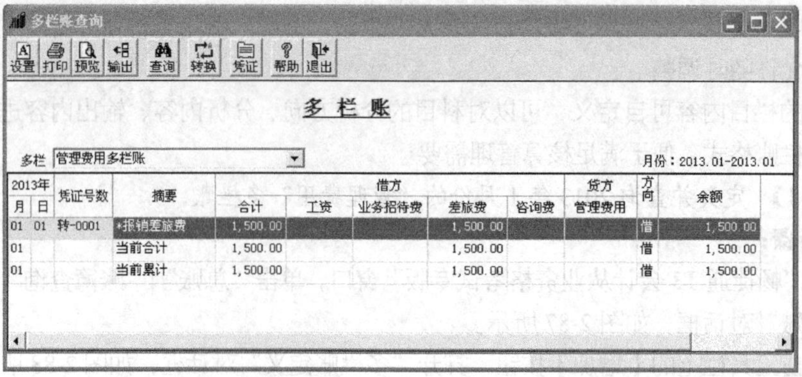

图 2-91 多栏账查询

任务五 期末处理

期末处理主要是月末处理，是指在将本月所发生的经济业务全部登记入账后所要做的工作，主要包括计提、分摊、结转、对账和结账。在手工会计工作中，每到会计期末，会计人员的工作非常繁忙。而在计算机处理下，由于各会计期间的许多期末业务具有较强的规律性，由计算机来处理这些有规律的业务，不但节省会计人员的工作量，也可以加强财务核算的规范性。

一、定义转账凭证

转账分为外部转账和内部转账。外部转账是指将其他专项核算子系统生成的凭证转入总账系统中；内部转账是指在总账系统内部把某个或某几个会计科目中的余额或本期发生额结转到一个或多个会计科目中。

使用总账系统之初，应先通过“转账定义”设置自动转账分录，以后各月只需调用“转账生成”功能，即可快速生成自动转账凭证。如果某转账凭证的转账公式有变化时，先在“转账定义”中修改转账凭证内容，然后再生成自动转账凭证。

设置自动转账分录就是将凭证的摘要、会计科目、借贷方向以及金额计算方法存入计算机中的过程，包括增加、删除、修改分录或对自动转账分录进行查询打印。

“转账定义”功能提供 6 种转账功能的定义：自动转账定义设置、对应转账设置、销售成本结转设置、售价（计划价）销售成本结转、汇兑损益结转设置、期间损益结转设置。

1. 自动转账设置

由于各个企业情况不同，各种计算方法也不尽相同，特别是对各类成本费用分摊结转方式的差异，必然会造成各个企业这类转账的不同。为适应各个企业不同转账的需要，用户可以自行定义自动转账凭证。

【例 2-42】 设置计提短期借款利息的自动转账分录（利率 15%）。

借：财务费用（6603） 取对方科目计算结果

贷：应付利息 （2231） 2001 科目的贷方期末余额 × 15%/12

操作步骤：

（1）输入转账目录信息。

① 在“畅捷通 T3 会计从业资格考试专版”窗口，单击“总账”|“期末”|“转账定义”|“自动转账”，进入“自动转账设置”对话框，如图 2-92 所示。

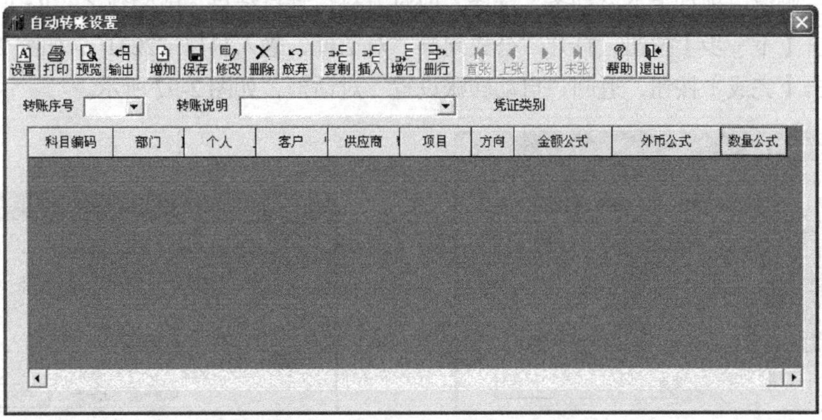

图 2-92 “自动转账设置”对话框

② 单击工具栏上的【增加】按钮，打开“转账目录”对话框。

③ 输入转账序号、转账说明和凭证类别。转账序号是该张转账凭证的代号，不是凭证号。转账凭证的凭证号在每月转账时自动产生。一张转账凭证对应一个转账编号，转账编号可任意定义，但只能输入数字 1～9，字母 a～z，字母 A～Z，不能重号。本例输入转账序号“0001”，转账说明为“计提短期借款利息”，凭证类别选择“转”，如图 2-93 所示。

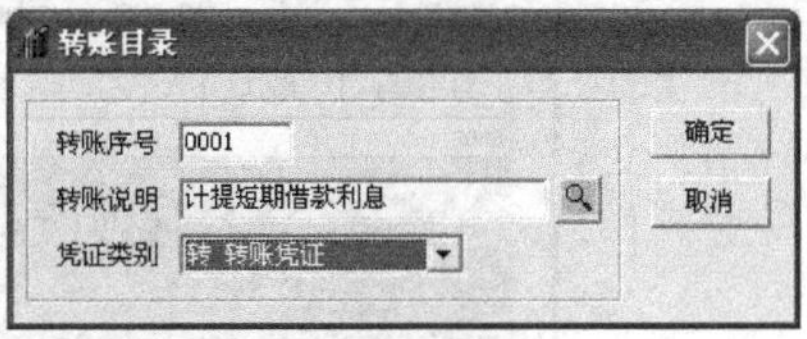

图 2-93 自动转账—转账目录设置

（2）定义借方转账分录信息。

① 在“转账目录”对话框中，单击【确定】按钮，进入“自动转账设置”对话框，如图 2-94 所示。

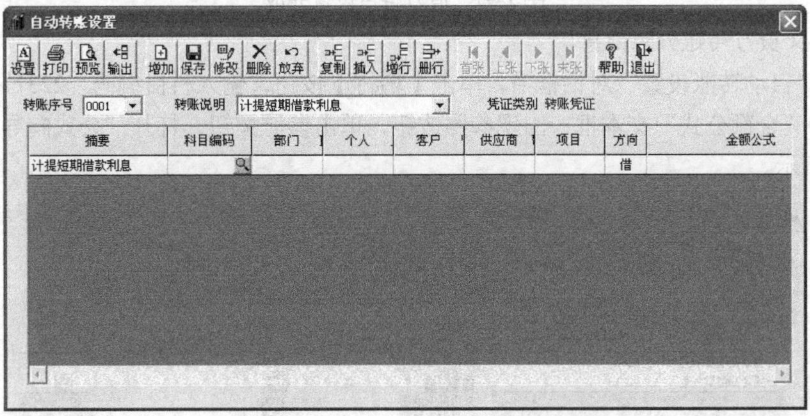

图 2-94 自定义转账—转账目录设置

② 开始设置借方转账分录信息。输入科目编码“6603”，在“方向”下拉列表框中选择“借”。

③ 移动下方滚动条至“金额公式”栏，输入公式。金额公式是指今后让系统自动生成转账凭证时，发生额的数据来源取数公式。输入金额公式有两种方法，一是直接选择计算公式，二是引导方式输入公式。如果对公式的表达比较熟悉，可直接输入公式；如果对公式的表达不太熟悉，可采用向导方式输入金额公式。

④ 双击“金额公式”文本框，出现参照按钮，单击参照按钮，打开“公式向导”对话框，如图 2-95 所示。

⑤ 在左侧窗口拖动上下滚动条，选择“取对方科目计算结果”或函数名“JG ( )”。

⑥ 单击【下一步】按钮，打开“公式向导”对话框，输入科目“2231”，如图 2-96 所示。

⑦ 单击【完成】按钮，返回“自动转账设置”对话框，如图 2-97 所示。

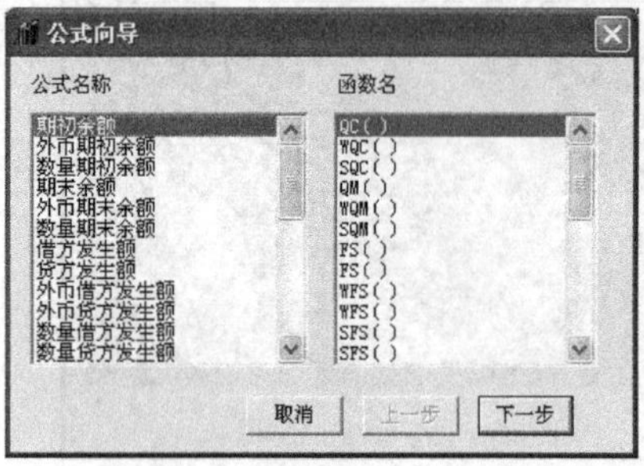

图 2-95　公式向导—1

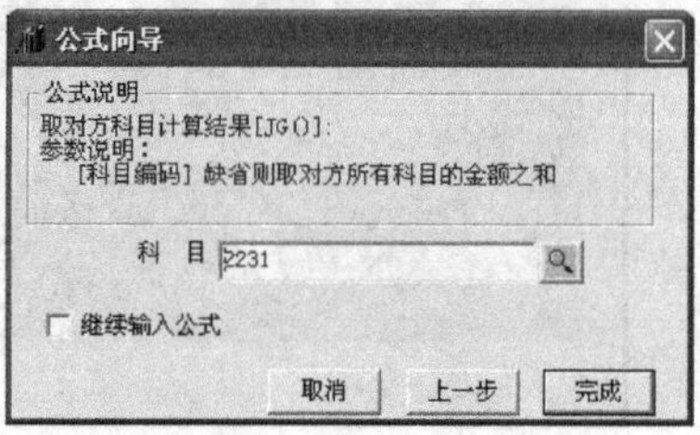

图 2-96　公式向导—2

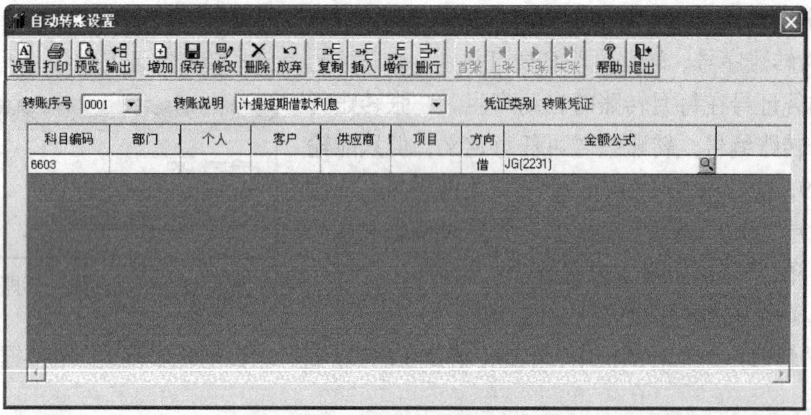

图 2-97　借方科目设置完成

（3）定义贷方转账分录信息。

① 在“自动转账设置”对话框中，单击【增行】按钮，输入科目编码“2231”，选择方向“贷”，双击“金额公式”文本框，出现参照按钮，单击参照按钮，打开“公式向导”对话框，如图 2-98 所示。

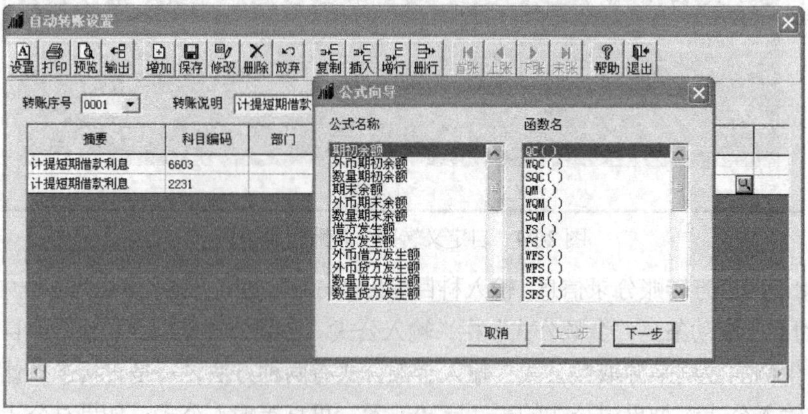

图 2-98　自动转账设置

② 选择公式名称“期末余额”或函数名“QM（)”，单击【下一步】按钮。

③ 单击参照按钮选择科目“2001”，确定期间为“月”、方向为“贷”。

④ 选中“继续输入公式”复选框，再选择“*（乘）”单选钮，如图 2-99 所示。

⑤ 单击【下一步】按钮，打开“公式向导”对话框，选择常数，如图 2-100 所示。

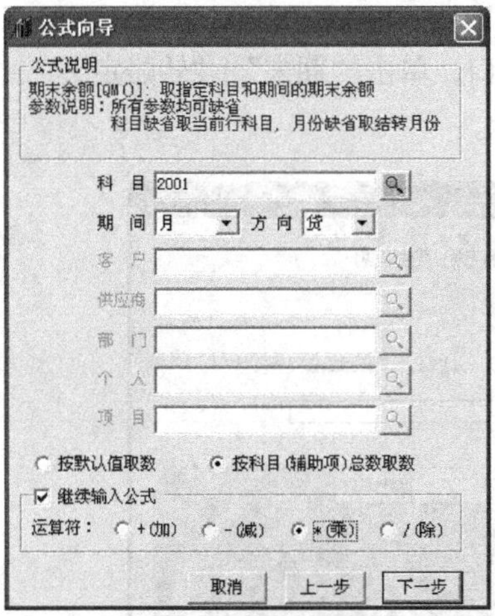

图 2-99 指定科目

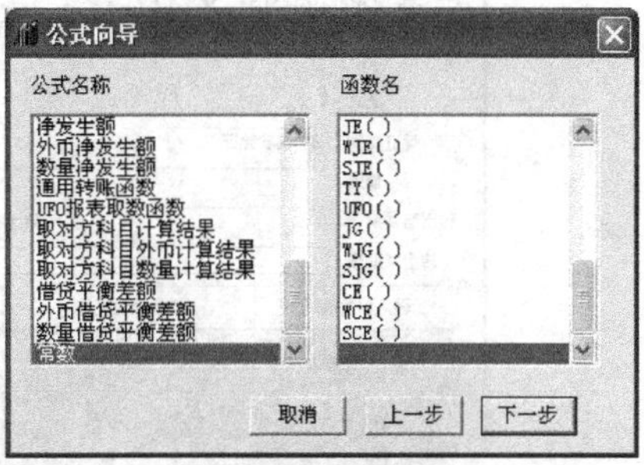

图 2-100 选择常数

⑥ 单击【下一步】按钮，打开“公式向导”对话框，输入常数 “0.15”，单击运算符“/（除）”然后录入“12”，如图 2-101 所示。

⑦ 单击【完成】按钮，得到公式：QM（2001,月,贷）*0.15/12，如图 2-102 所示。

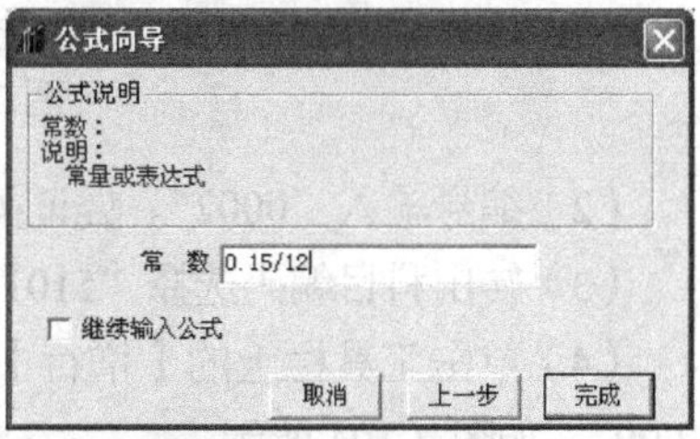

图 2-101 输入常数

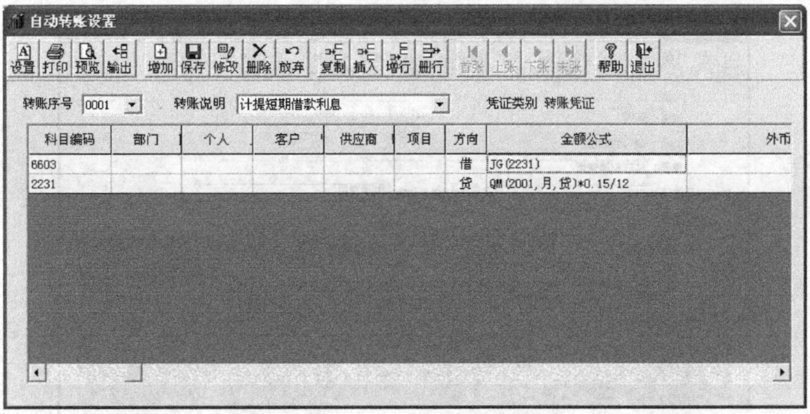

图 2-102 完成公式

⑧ 单击【保存】按钮，自定义转账公式设置成功。

2. 对应转账设置

对应结转就是对两个科目进行一一对应结转。对应结转的科目可为非末级科目，但其下级科目的科目结构必须一致（相同明细科目），如有辅助核算，则两个科目的辅助账类也必须一一对应。

【例 2-43】 设置结转制造费用转账分录。会计分录如下：

借：生产成本 （5001）

　　贷：制造费用 （5101）

操作步骤：

（1）在“畅捷通 T3 会计从业资格考试专版”窗口，单击“期末”|“转账定义”|“对应结转”，进入“对应结转设置”对话框，如图 2-103 所示。

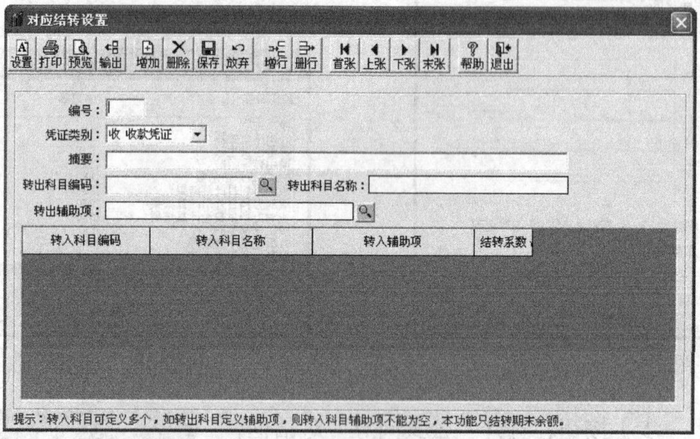

图 2-103　“对应结转设置”对话框

（2）编号输入“0002”。凭证类别选择“转账凭证”，摘要输入“结转制造费用”。

（3）转出科目编码选择“5101”。转出科目与输入科目必须有相同的科目结构。

（4）单击工具栏上的【增行】按钮。在“转入科目编码”栏中选择“5001”，结转系数为“1.00”，如图 2-104 所示。

（5）单击【保存】按钮完成设置。

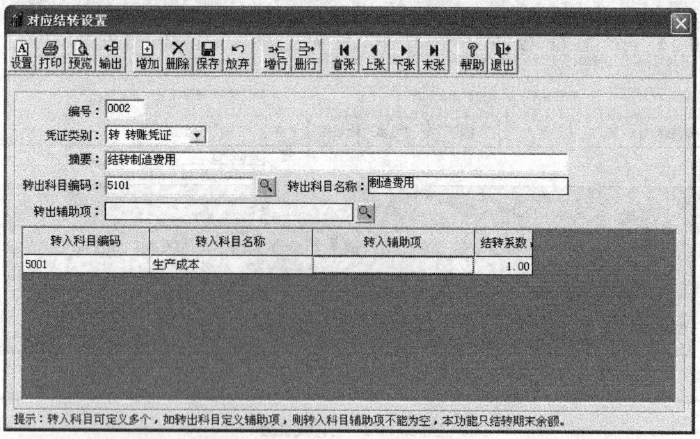

图 2-104　完成设置

3. 销售成本结转设置

销售成本结转是指将月末商品（或产成品）销售数量乘以库存商品（或产成品）的平均单价，计算各类商品销售成本并进行结转。

在总账系统中，建立会计科目时，如果库存商品、主营业务收入和主营业务成本等科目下的所有明细科目都有数量核算，且这 3 个科目的下级科目的结构均一一对应，输入完成后，系统自动计算出所有商品的销售成本。其中：

数量 = 商品销售收入科目下某商品的贷方数量

单价 = 库存商品科目下某商品的月末金额 ÷ 月末数量

金额 = 数量 × 单价

提示

库存商品科目、销售收入科目、销售成本科目可以有部门、项目核算，但不能有往来核算；当库存商品科目的期末数量余额小于商品销售收入科目的贷方数量发生额，若不希望结转后造成库存商品科目余额为负数，可选择按库存商品科目的期末数量余额结转。

4. 期间损益结转设置

期间损益结转主要用于在一个会计期间终了将损益类科目的余额结转到本年利润科目中，从而及时反映企业利润的盈亏情况。主要是对于管理费用、销售费用、财务费用、销售收入、营业外收支等科目的结转。

【例 2-44】 设置期间损益转账分录。

操作步骤：

（1）在“畅捷通 T3 会计从业资格考试专版”窗口，单击“期末”|“转账定义”|“期间损益”，打开“期间损益结转设置”对话框。

（2）凭证类别选择“转账凭证”。本年利润科目选择“4103”，如图 2-105 所示。

（3）单击【确定】按钮，设置完毕。

提示

每个损益类科目的期末余额将结转到与其同一行的本年利润科目中去；若损益科目与本年利润科目都有辅助核算，则辅助账类必须相同；本年利润科目必须为末级科目，且为本年利润入账科目的下级科目。

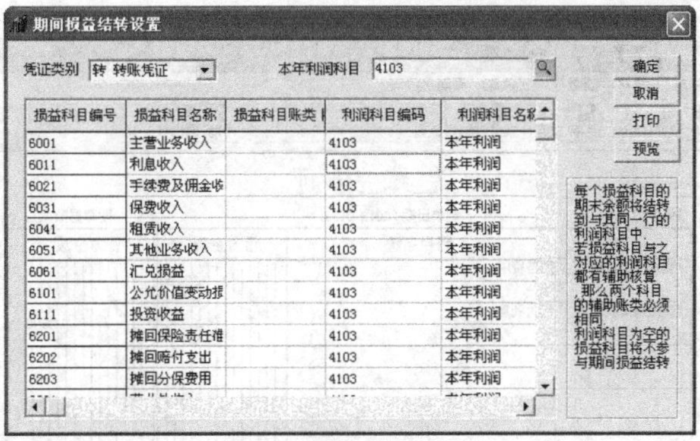

图 2-105 “期间损益结转设置”对话框

二、生成转账凭证

在定义完转账分录后，每月月末只需执行本功能，即可由计算机自动生成转账凭证，在此生成的转账凭证，需经审核、记账后才真正完成结转工作。

由于转账是按照已记账的数据进行计算的，所以在进行月末转账工作之前，必须先将所有未记账凭证进行记账，否则，生成的转账凭证数据可能有误。特别是对于一组相关转账分录，必须按顺序依次进行转账生成、审核、记账。

1. 自定义转账生成

自定义转账凭证是企业根据自身业务需要所采用的转账方式，因此，在生成凭证时必须注意业务发生的先后次序，否则计算金额时就会发生差错。

同一张转账凭证，年度内可根据需要多次生成，但每月一般只需结转一次。

【例 2-45】 根据已设置自定义转账分录生成自动转账凭证。

操作步骤：

（1）在“畅捷通 T3 会计从业资格考试专版”窗口，单击“总账”|“期末”|“转账生成”，打开“转账生成”对话框，单击选中“自定义转账”，屏幕显示自定义转账表，如图 2-106 所示。

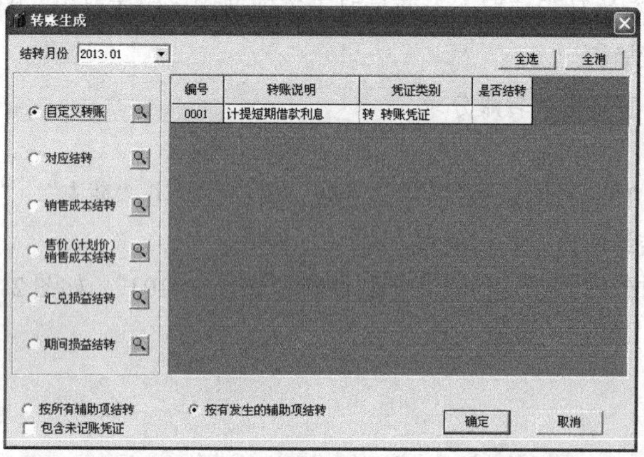

图 2-106 转账生成—自定义转账

（2）单击【全选】按钮，自定义转账分录一览表变为黄色，“是否结转”出现“Y”。

（3）单击【确定】按钮，即可生成凭证，如图 2-107 所示。

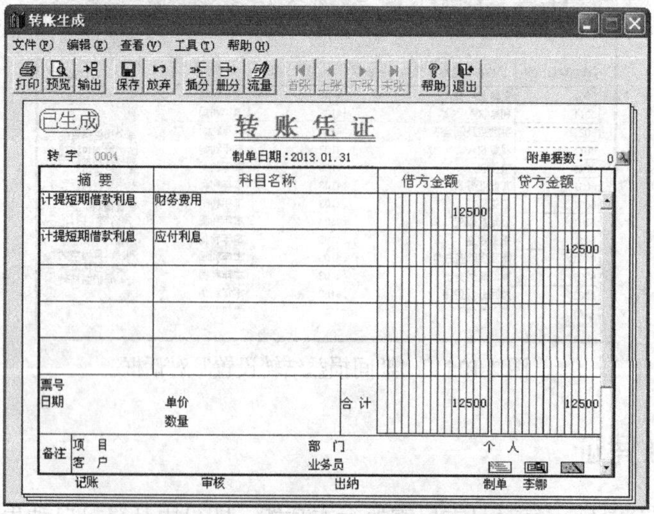

图 2-107 转账生成—自定义转账

（4）单击工具栏上的【保存】按钮，系统自动将当前凭证追加到未记账凭证中。

2. 对应结转生成

生成对应结转凭证的操作与自定义转账生成的操作基本相同。结转时应视实际情况按照合理的先后次序逐一生成。

【例2-46】 根据已设置对应结转分录生成对应结转凭证。

操作步骤：

（1）在“转账生成”对话框，单击进中“对应结转”，屏幕显示对应结转凭证列表。

（2）单击【全选】按钮，对应结转分录一览表变为黄色，“是否结转”出现“Y”。

（3）单击【确定】按钮，即可生成凭证，如图2-108所示。

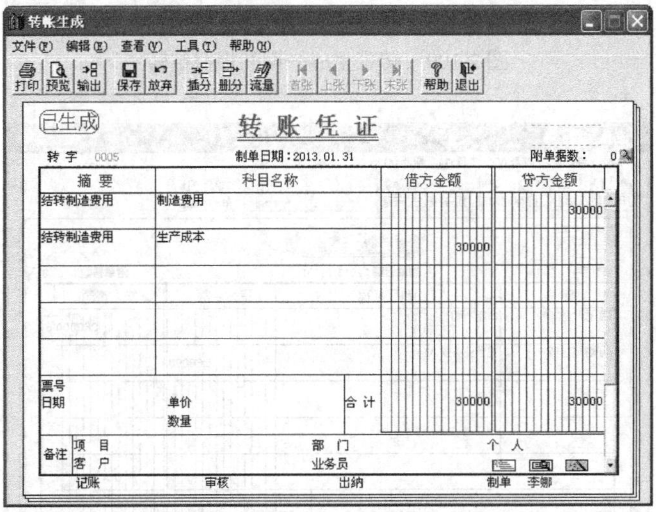

图2-108 转账生成—对应结转

（4）单击工具栏上的【保存】按钮，系统自动将当前凭证追加到未记账凭证中。

3. 销售成本结转生成

生成销售成本结转凭证的操作与自定义转账生成的操作基本相同。

4. 期间损益结转生成

生成期间损益结转凭证的操作与自定义转账生成的操作基本相同。期间损益结转既可以按科目分别结转，也可以按损益类型结转，又可以按全部结转，结转方式应视实际情况而定。

生成期间损益结转凭证之前，必须将所有未记账凭证审核记账，否则，生成的凭证数据可能有误。

【例2-47】 根据已设置期间损益转账分录生成自动转账凭证。

操作步骤：

（1）在“畅捷通T3会计从业资格考试专版”窗口，在“转账生成”对话框中，单击选中“期间损益结转”单选钮，屏幕显示对应结转凭证列表，如图2-109所示。

（2）在“类型”下拉列表框中选择“收入”选项。单击【全选】按钮，期间损益转账分录一览表变为黄色，“是否结转”出现“Y”。

（3）单击【确定】按钮，即可生成凭证，结果如图2-110所示。

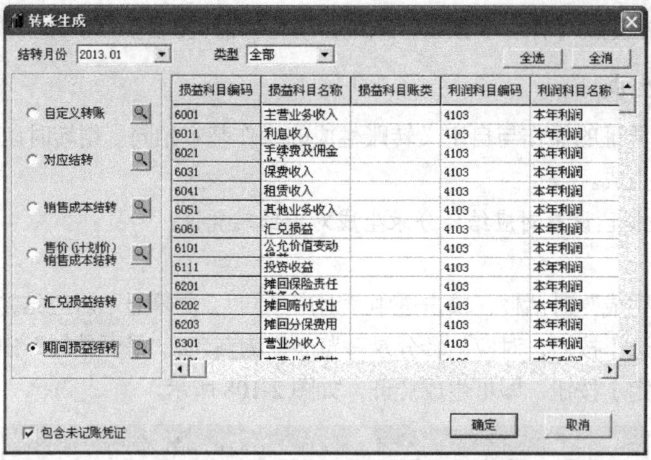

图 2-109　转账生成—期间损益结转

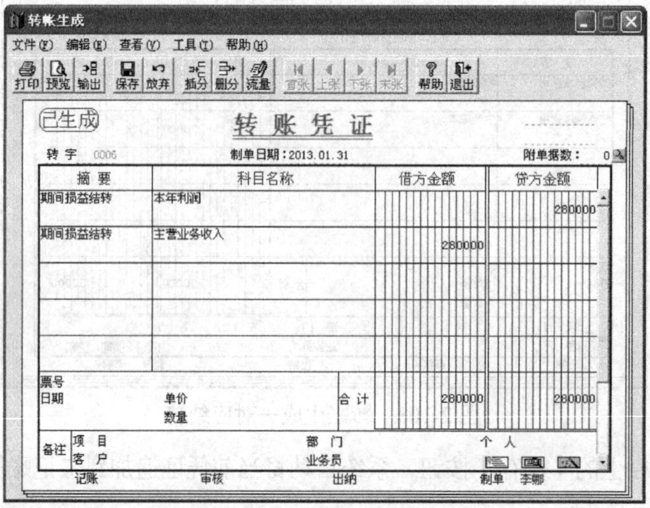

图 2-110　期间损益结转凭证

（4）单击工具栏上的【保存】按钮，系统自动将当前凭证追加到期末记账凭证中。

（5）单击【退出】按钮返回“转账生成”对话框，在“类型”下拉列表框中选择“支出”选项。单击【全选】按钮，期间损益转账分录一览表变为黄色，“是否结转”出现“Y”。

（6）单击【确定】按钮，即可生成凭证，结果如图 2-111 所示。

（7）单击工具栏上的【保存】按钮，系统自动将当前凭证追加到期末记账凭证中。

【例 2-48】 以 101 身份重新注册系统，对转账生成的凭证进行审核、记账。

操作步骤：

（1）单击“文件”菜单，选择“重新注册”，打开“注册【控制台】”对话框，输入用户名“101”，密码“123456”，选择账套“002”，单击【确定】按钮进入“畅捷通 T3 会计从业资格考试专版”窗口。

（2）单击“总账”|“凭证”|“审核凭证”，打开“凭证审核”对话框，完成审核，如图 2-112 所示。

（3）单击【退出】按钮返回“畅捷通 T3 会计从业资格考试专版”窗口，单击“总账”|“凭证”|“记账”，按要求完成记账工作。

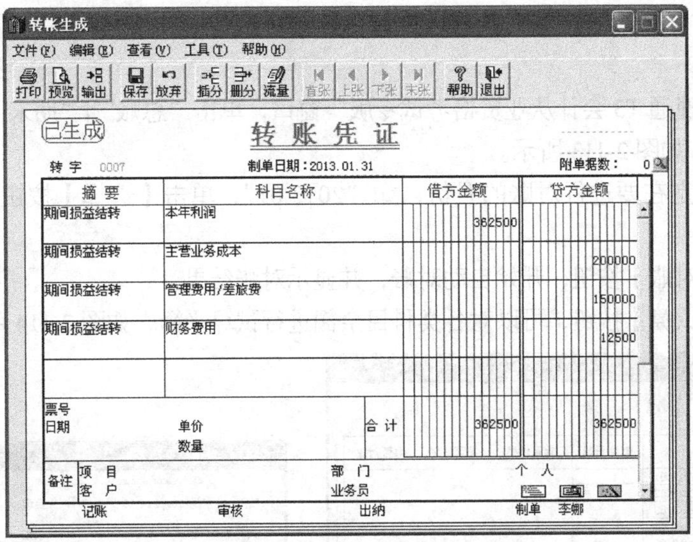

图 2-111 期间损益结转凭证

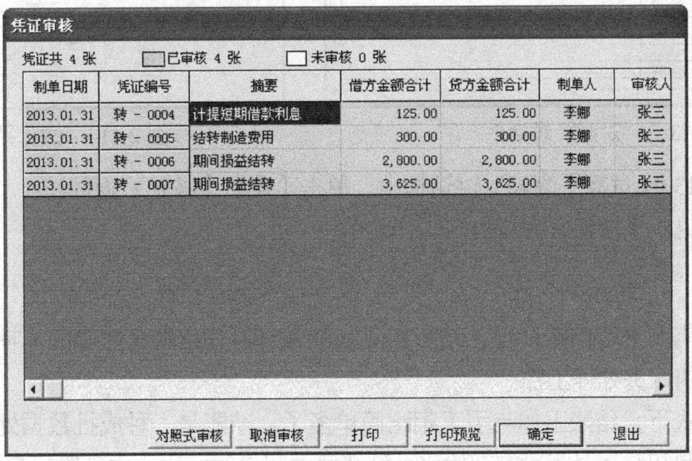

图 2-112 完成结转凭证审核

三、期末对账与结账

在会计期末，除了对收入、费用类账户余额进行结转外，还要进行对账、结账，并在结账之前进行试算平衡。

1．对账

对账是对账簿数据进行核对，以检查记账是否正确，以及账簿是否平衡。它主要是通过核对总账与明细账、总账与辅助账数据来完成账账核对。

试算平衡就是将系统中设置的所有科目的期末余额按会计平衡公式“借方余额=贷方余额”进行平衡检验，并输出科目余额表及是否平衡信息。

一般说来，实行计算机记账后，只要记账凭证输入正确，计算机自动记账后各种账簿都应是正确、平衡的，但由于非法操作或计算机病毒或其他原因有时可能会造成某些数据被破坏，因而引起账账不符。为了保证账证相符、账账相符，应经常使用本功能进行对账，至少每月一次，一般可在月末结账前进行。

【例 2-49】 对 2013 年 1 月份的会计账簿进行对账。

操作步骤：

（1）在“畅捷通 T3 会计从业资格考试专版”窗口，单击“总账”|“期末”|“对账”，进入“对账”对话框，如图 2-113 所示。

（2）将光标定在要进行对账的月份，如“2013.01”，单击【选择】按钮或双击“是否对账”栏。

（3）单击【对账】按钮，开始自动对账，并显示对账结果。

（4）单击【试算】按钮，可以对各类科目余额进行试算平衡，如图 2-114 所示。

图 2-113 “对账”对话框

图 2-114 试算平衡

（5）在“2013.01 试算平衡表”对话框中，单击【确认】按钮，返回。

（6）单击【退出】按钮，完成对账工作。

2. 结账

每月月底都需要进行结账处理，结账实际上就是计算和结转各账簿的本期发生额和期末余额，并终止本期的账务处理工作。

在计算机方式下，结账工作与手工相比简单多了，结账是一种成批数据处理，主要是对当月日常处理的限制和对下月账簿的初始化。结账每月只进行一次，由计算机自动完成。

【例 2-50】 对 2013 年 1 月份的会计账簿进行结账。

操作步骤：

（1）在“畅捷通 T3 会计从业资格考试专版”窗口，单击“总账”|“期末”|“结账”，打开“结账—开始结账”对话框，如图 2-115 所示。

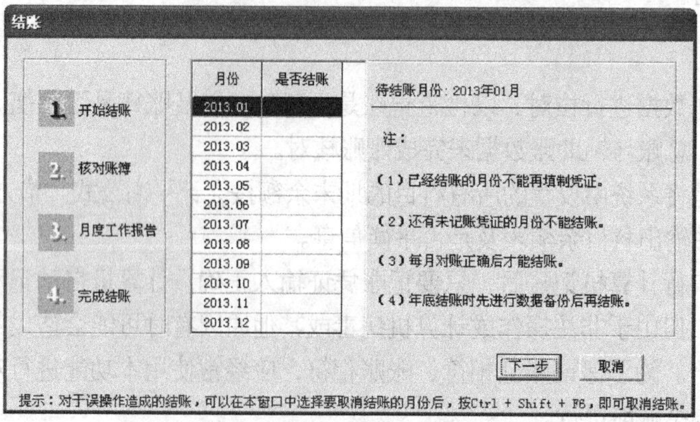

图 2-115 结账—开始结账

（2）单击要结账的月份“2013.01”。

（3）单击【下一步】按钮，打开“结账—核对账簿”对话框，如图2-116所示。

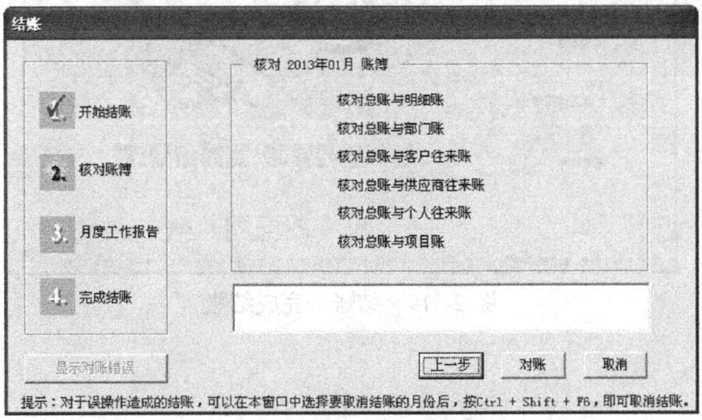

图2-116 结账—核对账簿

（4）单击【对账】按钮，系统对要结账的月份进行账账核对，如图2-117所示。

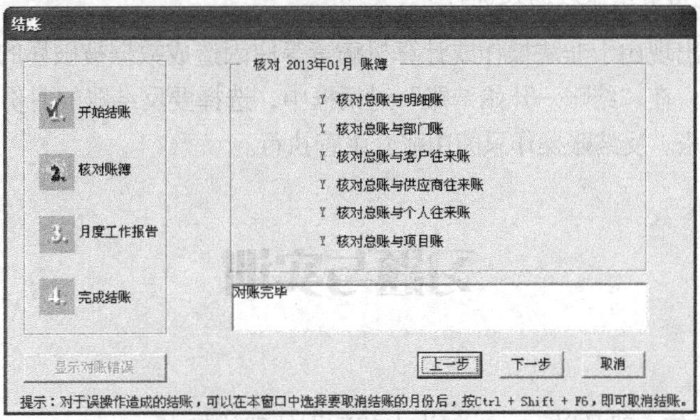

图2-117 结账—对账完毕

（5）单击【下一步】按钮，打开“结账—月度工作报告”对话框，如图2-118所示。若需打印，单击【打印月度工作报告】按钮。

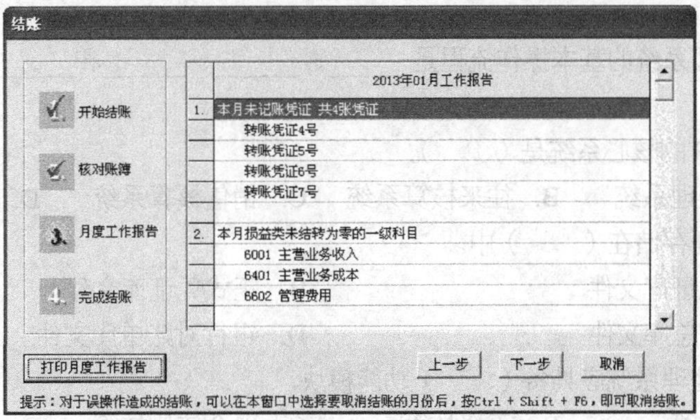

图2-118 结账—月度工作报告

（6）单击【下一步】按钮，打开“结账—完成结账”对话框，如图2-119所示。

（7）单击【结账】按钮，若符合结账要求，系统将进行结账，否则不予结账。

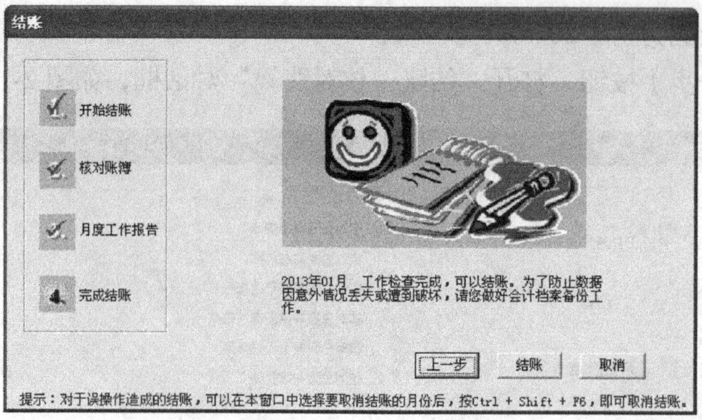

图 2-119 结账—完成结账

提示

结账前，要进行数据备份；进入结账向导四——完成结账时，如果提示“未通过检查不能结账”时，可单击【上一步】按钮，查看月度工作报告，仔细查找原因；已结账月份不能再填制凭证；结账只能由有结账权的人进行。

结账后，如果出现由于非法操作或计算机病毒等原因造成数据被破坏的情况，可使用反结账功能，取消结账。在“结账—开始结账”对话框中，选择要反结账的月份，按 Ctrl+Shift+F6 组合键即可取消结账。反结账操作只能由账套主管执行。

习题与实训

一、填空题

1. 账务处理系统一般是以______作为内部数据处理的起点。
2. 在账务处理系统中，未记账凭证应存储在______库文件之中。
3. 账务处理系统的主要功能包括______、______等。
4. 通用账务处理系统的初始设置主要包括：操作员管理______、______、______和凭证类型设置等内容。
5. 通用账处理系统的基本操作流程是______、______、______和______。

二、单选题

1. 电算化 AIS 的核心系统是（　　）。
   A. 账务处理系统　B. 往来核算系统　C. 销售核算系统　D. 材料核算系统
2. 已记账凭证存储在（　　）中。
   A. 临时凭证库文件　B. 正式凭证库文件
   C. 科目汇总库文件　D. 银行对账单库文件
3. 通用账务处理系统应具备（　　）功能模块。
   A. 材料核算　B. 工资核算　C. 现金流量核算　D. 系统设置
4. 科目余额表要在账务处理系统的（　　）功能模块中查询。
   A. 凭证处理　B. 记账结账　C. 账簿输出　D. 系统设置
5. 在账务处理系统的数据流程中，记账属于（　　）。

A. 会计数据的输入　　B. 会计数据的处理

C. 会计信息的存储　　D. 会计信息的输出

三、多选题

1. 账务处理系统一般具有（　　）等特征。

A. 通用化程度高　　B. 综合性强

C. 受会计制度约束多　　D. 数据处理流程简单

2. 账务处理系统的主要数据库文件有（　　）。

A. 临时凭证库文件　　B. 正式凭证库文件

C. 科目汇总库文件　　D. 银行对账单库文件

3. “凭证处理”模块应具备（　　）等功能。

A. 凭证类型设置　　B. 凭证输入　　C. 凭证修改　　D. 凭证审核

4. “账簿输出”模块能够输出（　　）等内容。

A. 总账　　B. 日记账　　C. 明细账　　D. 多栏账

5. 下列（　　）内容属于系统维护功能。

A. 数据备份　　B. 数据恢复　　C. 修改口令　　D. 清除异常任务

四、判断题

1.（　　）账务处理系统与手工会计中的账务处理是内涵不同的两个概念。

2.（　　）财政部规定：不同种类账务处理系统的功能模块结构应完全相同。

3.（　　）会计电算化后，不能进行账证和账账核对工作。

4.（　　）记账属于日常账务处理功能，结账属于期末账务处理功能。

5.（　　）通用账务处理系统必须经过一系列的初始设置，才能转化成本单位专用的账务处理系统。

五、上机操作题

1. 建立账套。为“安雅有限责任公司”建立一套新账，新增安安、雅雅两个操作员，并合理分工。

2. 在总账系统中，按下表内容建立科目并装入初始余额。

科目编码	科目名称	辅助核算	借方余额	贷方余额
1001	现金		7 000	
1002	银行存款		1 400 000	
100201	工行存款	银行、日记账	1 120 000	
100202	建行存款	银行、日记账	280 000	
1131	应收账款		100 000	
113101	茂昌公司		100 000	
1241	库存商品		493 000	
124101	钢丝绳	数量金额	493 000	
3101	股本			2 000 000
3131	本年利润			
5101	主营业务收入			
5401	主营业务成本			

钢丝绳的期初库存数量为493吨，单价1 000元。

3．设置记账凭证类型为“记账凭证”。

4．由操作员雅雅根据下列经济业务编制凭证。

（1）销售给茂昌公司钢丝绳200吨，单价1 500元（假设不考虑税金），收到银行存款（工行）180 000元，余款暂欠。

分录为：

借：银行存款—工行（100201）　180 000

　　应收账款—茂昌公司（113101）　120 000

　　贷：主营业务收入（5101）　300 000

（2）收到茂昌公司前欠货款100 000元，存入银行（建行）。

分录为：

借：银行存款—建行（100202）　100 000

　　贷：应收账款—茂昌公司（113101）　100 000

（3）从工行提取现金3 000元。

分录为：

借：现金（1001）　3 000

　　贷：银行存款—工行（100201）　3 000

（4）结转本月已销商品的成本（钢丝绳200吨，单价1 000元）。

分录为：

借：主营业务成本（5401）　200 000

　　贷：库存商品（124101）　200 000

（5）月末结转各损益类科目发生额。

分录为：

借：主营业务收入（5101）　300 000

　　贷：本年利润（3131）　300 000

借：本年利润（3131）　200 000

　　贷：主营业务成本（5401）　200 000

5．由操作员安安、雅雅进行下列工作。

（1）凭证出纳签字（需先指定科目）。

（2）审核凭证。

（3）记账。

（4）结账。

（5）查询发生额及余额表、已记账凭证。

项目三

现金管理

学习目标

知识目标

- 了解用友通系统现金管理的主要功能及其与其他业务模块之间的关系
- 掌握查询日记账、资金日报表的方法
- 掌握银行对账的方法

能力目标

- 能够根据业务要求查询日记账、资金日报表
- 能够根据业务要求完成银行对账工作

工作情境

李娜完成总账岗位实习工作，熟悉了用友通的操作界面，开始尝试指导出纳周静完成现金管理岗位的工作。

工作情境分析

若要完成丰源家具公司现金管理工作，需分成以下几项工作任务。

1. 查询日记账

主要包括查询现金日记账、银行存款日记账及资金日报表。

2. 银行对账

系统提供了两种对账方式：自动对账和手工对账。

任务一　查询日记账

现金、银行存款是企业最重要的资产，管好、用好这些货币资金是现代企业管理的一项重要内容。“现金管理”功能是提供给出纳人员进行管理的一套工具，它包括现金和银行存款日记账的输出、支票登记簿的管理以及银行对账功能，并可对长期未达账提供审计报告。

日记账查询主要包括查询现金日记账、银行存款日记账及资金日报表。

一、查询现金、银行存款日记账

日记账包括现金日记账和银行存款日记账。日记账输出的主要格式包括：金额式日记账和外币日记账（即复币式日记账），通过该功能可输出某一天的现金、银行存款日记账，还可输出任意一个会计月份的现金、银行存款日记账。

现金科目必须在“会计科目”功能下的“指定科目”中预先指定，使用“现金日记账”、“银行日记账”功能，可查询现金日记账或银行存款日记账。

【例 3-1】 查询 2013 年 1 月份的现金日记账。

操作步骤：

（1）在“畅捷通 T3 会计从业资格考试专版”窗口，单击“现金”菜单下的“现金管理”|“日记账”|“现金日记账”命令，打开“现金日记账查询条件”对话框，如图 3-1 所示。

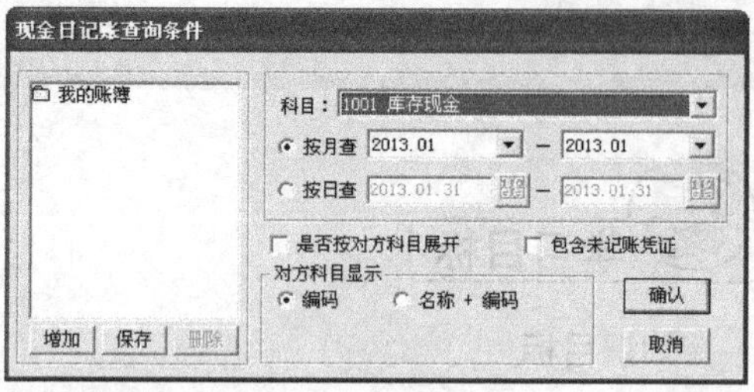

图 3-1 “现金日记账查询条件”对话框

（2）要查看“包含未记账凭证”的日记账，可选中“包含未记账凭证”复选框。选择 “是否按对方科目展开”复选框和“名称+编码”单选钮，将显示按对方科目名称及编码的现金日记账。本例科目选择为“1001 库存现金”，其余条件不变。

（3）单击【确认】按钮，进入“现金日记账”窗口，如图 3-2 所示。

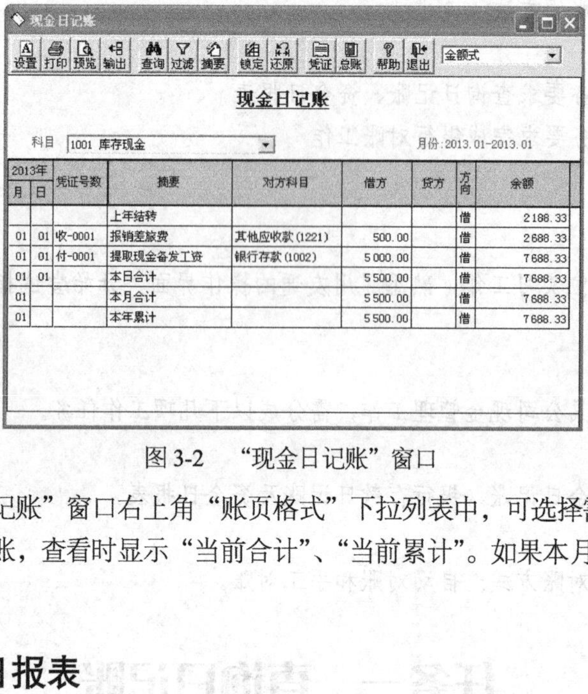

图 3-2 “现金日记账”窗口

（4）在“现金日记账”窗口右上角“账页格式”下拉列表中，可选择需要查询的格式。

如果本月尚未结账，查看时显示“当前合计”、“当前累计”。如果本月结账，显示“本月合计”、“本年累计”。

二、查询资金日报表

资金日报表是反映现金、银行存款每日发生额及余额情况的报表，在企业财务管理中占据重要位置。“资金日报”功能用于查询输出现金、银行存款科目某日的发生额及余额情况。

在资金日报表查询中，提供今日共借、今日共贷、今日余额、借方笔数、贷方笔数、昨日余额的合计数，并按币种进行合计，每个币种一行，合计以末级科目的金额计算。

【例 3-2】 查询 2013 年 1 月 31 日的资金日报表。

操作步骤：

（1）在“畅捷通 T3 会计从业资格考试专版”窗口，单击“现金”菜单下的 “现金管理”|“日记账”|“资金日报”命令，打开“资金日报表查询条件”对话框，如图 3-3 所示。

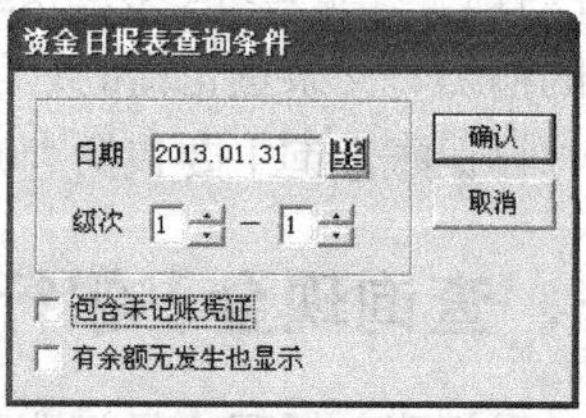

图 3-3 “资金日报表查询条件”对话框

（2）如果选择多级查询，可以在一张资金日报表看到所有资金发生的明细情况。由于企业内部控制制度规定或其他滞后原因，在查询时有些凭证尚未记账，如果想查询资金发生的真实情况，可以选择“包含未记账凭证”。本例查询日期选择“2013.01.31”。

（3）单击【确认】按钮，进入“资金日报表”窗口，如图3-4所示。

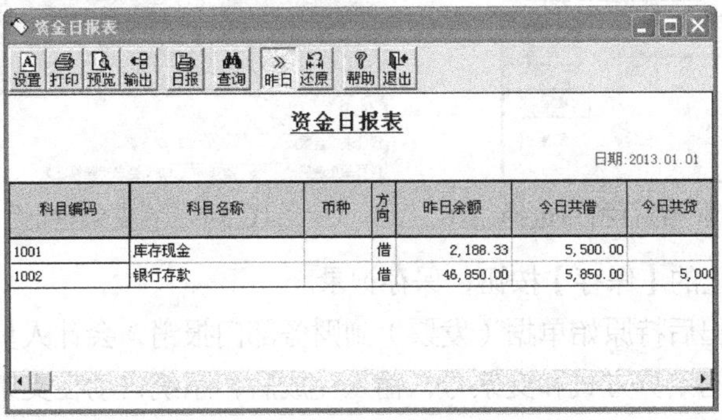

图3-4 “资金日报表”窗口

（4）单击【日报】按钮，可显示、打印光标所在科目的日报单，如图3-4所示。单击【昨日】按钮，在表头增加“昨日余额”列，可查看各现金、银行科目的昨日余额。

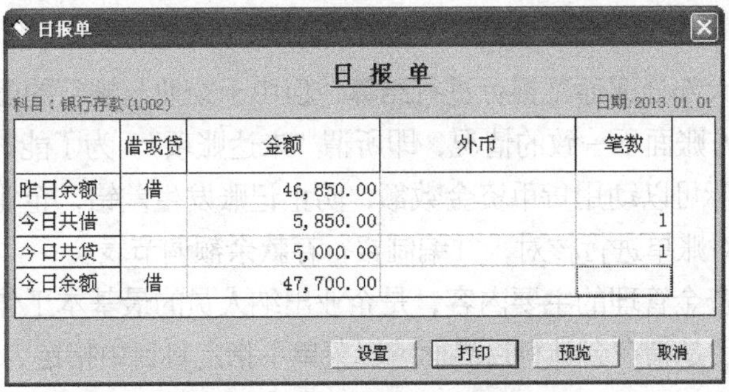

图3-5 “日报单”对话框

三、建立支票登记簿

与手工记账时一样，为了加强企业的银行支票管理，出纳人员通常需要建立“支票登记簿”，以便详细登记支票领用人、领用日期、支票用途、是否报销等情况。只有在初始设置的“选项”中选择了“支票控制”，在结算方式设置中设置了“票据结算”标志，并在“会计科目”中已指定银行科目，才能使用支票登记簿功能。

本系统对于不同的银行账户分别登记支票登记簿，所以需先选择要登记的银行账户，才能进入支票登记簿界面。

【例3-3】 将1月1日从银行提取现金时领用的现金支票进行登记。

操作步骤：

（1）在“畅捷通T3会计从业资格考试专版”窗口，单击“现金”菜单下的“票据管理”|“支票登记簿”，打开“银行科目选择”对话框，如图3-6所示。

（2）选择科目，单击【确定】按钮，进入“支票登记”窗口，如图3-7所示。

（3）单击工具栏上的【增加】按钮，新增一空行。

（4）登记领用日期、领用部门、支票号、用途等信息，新增记录为未报销记录。

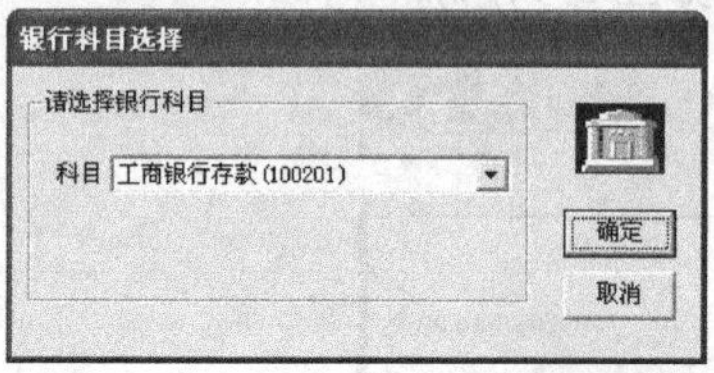

图 3-6 支票登记簿—银行科目选择

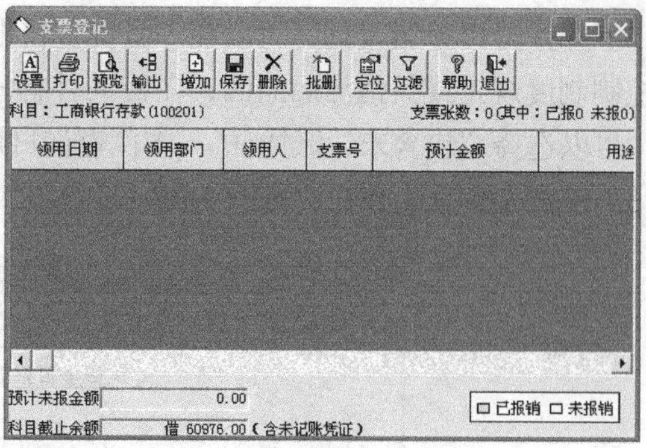

图 3-7 “支票登记”窗口

（5）单击工具栏上的【保存】按钮，保存记录。

经办人将支票开出后持原始单据（发票）到财务部门报销，会计人员在输入记账凭证时，系统要求输入该支票的结算方式和支票号，输入完成后，系统自动在支票登记簿中将该号支票写上报销日期，该支票即为已报销。

任务二 银行对账

企业的结算业务大部分要通过银行进行结算，但由于企业与银行的账务处理和入账时间不一致，往往会发生双方账面不一致的情况，即所谓“未达账项”。为了能够准确地掌握银行存款的实际余额，了解实际可以动用货币资金数额，防止记账发生差错，企业必须定期将银行存款日记账与银行出具的对账单进行核对，并编制银行存款余额调节表。

银行对账是货币资金管理的主要内容，是企业出纳人员的最基本工作之一。在计算机总账系统中，银行对账科目是指在会计科目界面编辑菜单下指定科目中指定为银行存款的科目。

一、输入银行对账期初数据

为了保证银行对账的正确性，在使用“银行对账”功能进行对账之前，必须在开始对账的月初先将日记账、银行对账单未达账项输入系统中。使用账务处理系统处理日常业务后，系统将自动形成银行日记账的未达账项。

“银行对账期初”功能用于第一次使用银行对账模块前输入日记账及对账单未达项，在开始使用银行对账之后一般不再使用。

【例 3-4】 山东丰源家具公司银行账的启用日期为 2013/01/01，“工商银行账户(100201)”科目，企业日记账余额为 46 850.00 元，银行对账单余额为 46 850.00 元，期初无未达账项。根据以上资料输入银行对账期初数据。

操作步骤：

（1）在“畅捷通 T3 会计从业资格考试专版”窗口，单击“现金”菜单下的“设置”|“银行期初输入”，打开“银行科目选择”对话框，如图 3-8 所示。

（2）选择“工商银行存款（100201）”，单击【确定】按钮，进入“银行对账期初”对话框。如图 3-9 所示。

（3）确定“启用日期”后，在单位日记账的“调整前余额”文本框中输入“46850.00”，在银行对账单的“调整前余额”文本框中输入“46850.00”。

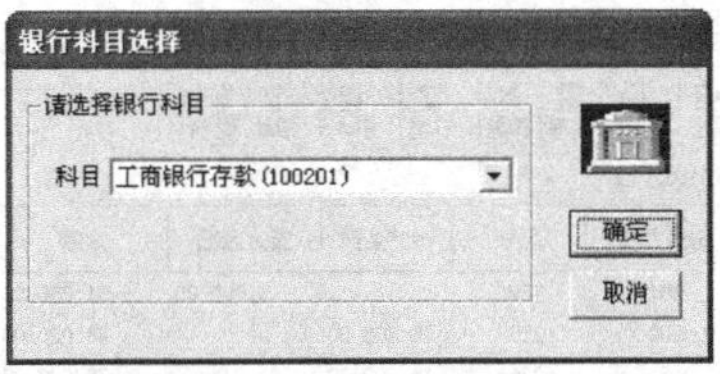

图 3-8 银行对账期初输入—银行科目选择

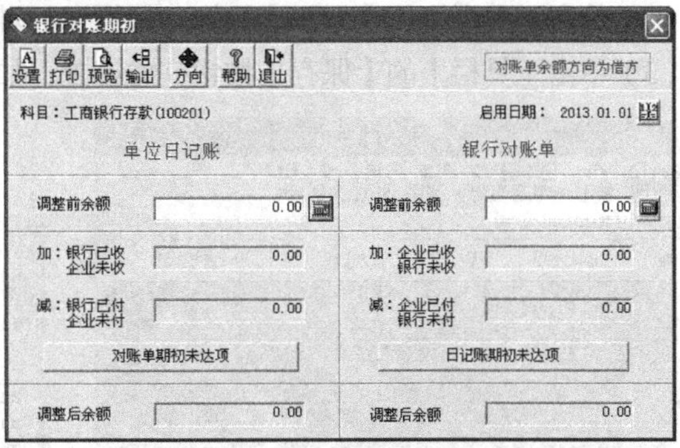

图 3-9 “银行对账期初”对话框

（4）单击【方向】按钮，将银行对账单余额方向调整为贷方。输入完毕后，单击【退出】按钮。

如果存在期初未达账项，单击【对账单期初未达项】按钮和【日记账期初未达项】按钮进行输入，系统将根据调整前余额及期初未达项自动计算出银行对账单与单位日记账的调整后余额。若输入正确，单位日记账与银行对账单的调整后余额应平衡。

提示

银行对账可以随时启用而不必与账务系统同时启用。输入的银行对账单、单位日记账的期初未达项的发生日期不能大于等于此银行科目的启用日期；在期初未达账项输入完毕后，请不要随意调整启用日期，尤其是向前调，这样容易造成启用日期后的期初数无法参与对账；若某银行科目已进行过对账，不能再修改期初未达账项。

二、输入银行对账单

要实现计算机自动进行银行对账，在每月月末对账前，必须将银行开出的银行对账单输入计算机，存入“对账单文件”。本功能用于平时输入、查询和引入银行对账单，在此功能中显示的银行对账单为启用日期之后的对账单。

银行对账单余额方向为借方时，借方发生表示银行存款增加，贷方发生表示银行存款减少；反之，借方发生表示银行存款减少，贷方发生表示银行存款增加。系统默认银行对账单余额方向为借方，单击【方向】按钮可调整银行对账单余额方向。已进行过银行对账勾对的银行科目不能调整银行对账单余额方向。

若企业在多家银行开户，对账单应与其对应账号所对应的银行存款下的末级科目一致。

【例 3-5】 根据表 3-1 所示的资料输入银行对账单。

表 3-1 对账资料

日期	结算方式	票号	借方金额	贷方金额	余额
2013.1.1	现金支票	7890		5 000	
2013.1.5	转账支票	2589	5 850		
2013.1.12	转账	3256	10 000		

操作步骤：

（1）在“畅捷通 T3 会计从业资格考试专版”窗口，单击“现金”菜单下的 “现金管理”|“银行账”|“银行对账单”，在“银行科目选择”对话框中，选择“工商银行存款（100201）”，

单击【确定】按钮，进入“银行对账单”窗口，如图 3-10 所示。

（2）单击工具栏上的【增加】按钮，根据银行对账单资料，完成银行对账单的输入。

（3）单击工具栏上的【保存】按钮完成设置，如图 3-11 所示。

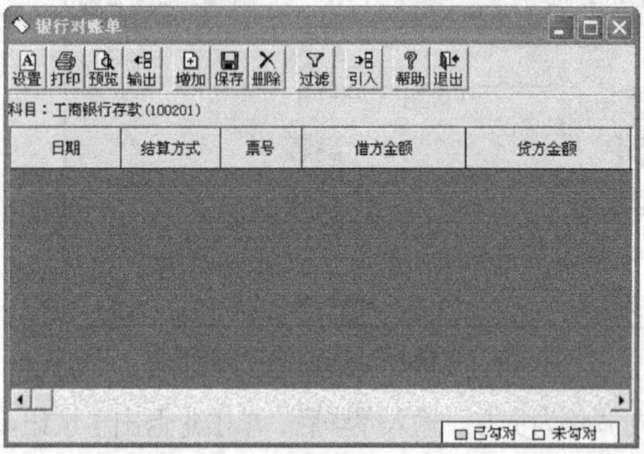

图 3-10 “银行对账单”窗口

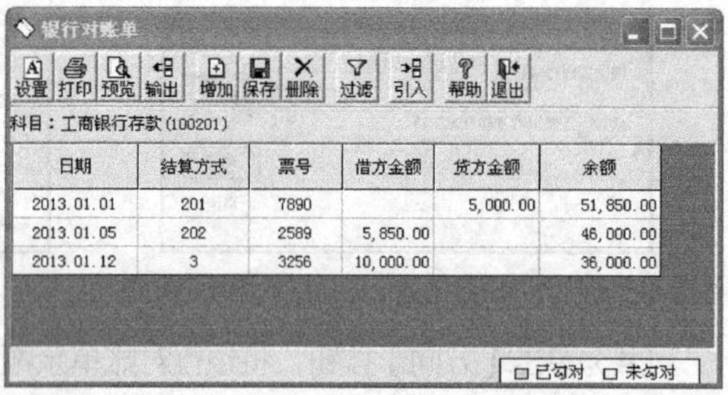

图 3-11 银行对账单输入完成

三、对账

1. 自动对账

自动对账是计算机根据对账依据自动进行核对、勾销。对账的依据通常是“结算方式+结算号+方向+金额”或“方向+金额”。对于已核对的银行业务，系统将自动在银行存款日记账和银行对账单双方写上两清标志“O”，并视为已达账项，对于在两清栏未写上两清符号的记录，系统则视其为未达账项。

【例 3-6】 进行 2013 年 1 月份银行对账的自动对账处理。

操作步骤：

（1）在“畅捷通 T3 会计从业资格考试专版”窗口，单击“现金”菜单下的 “现金管理”|“银行账”|“银行对账”，在“银行科目选择”对话框中，选择“工商银行存款（100201）”，单击【确定】按钮，进入“银行对账”窗口，如图 3-12 所示。

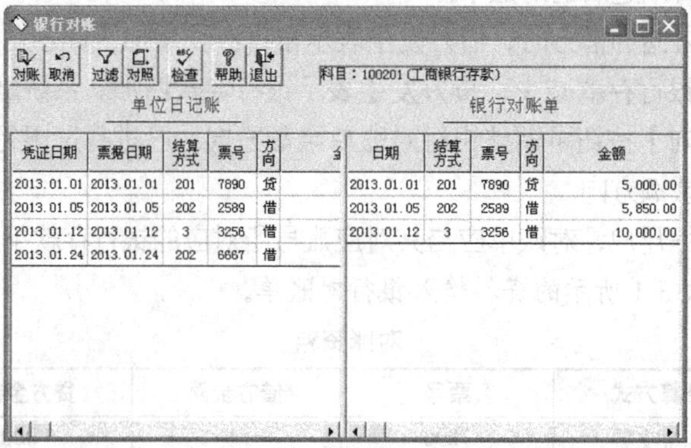

图 3-12 “银行对账”窗口

（2）单击工具栏上的【对账】按钮，打开“自动对账”对话框。如图 3-13 所示。

（3）在“截止日期”文本框中输入“2013.1.31”。默认系统提供的对账条件，并确定日期相差 12 天之内。

（4）单击【确定】按钮，显示自动对账结果，如图 3-14 所示。

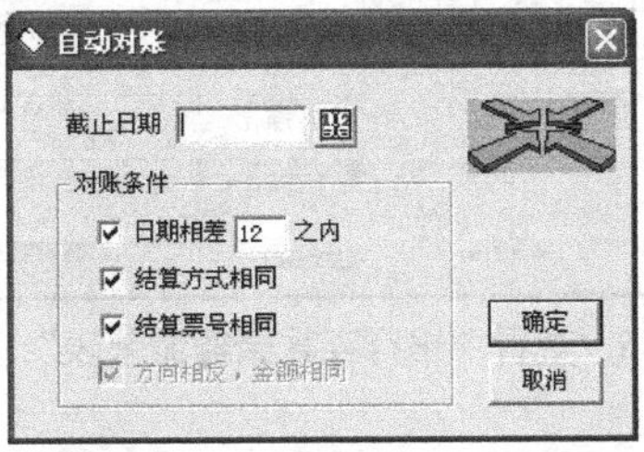

图 3-13 “自动对账”对话框

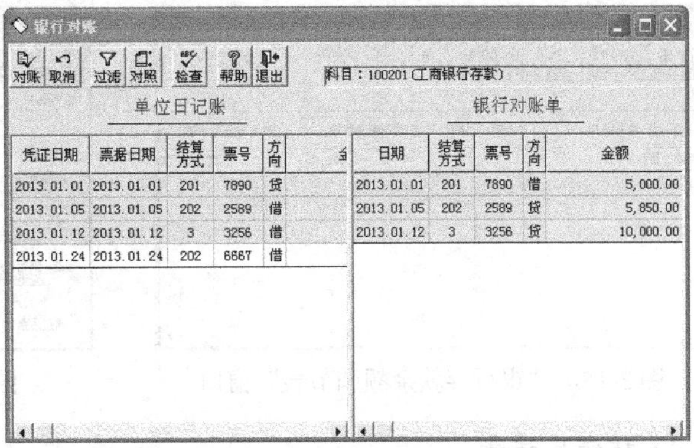

图 3-14 自动对账结果

若在“银行对账期初”中定义“银行对账单余额方向”为借方，则对账条件为方向相同、金额相同的日记账与对账单进行勾对；若在“银行对账期初”中定义“银行对账单余额方向”为贷方，则对账条件为方向相反、金额相同的日记账与对账单进行勾对。

2. 手工对账

手工对账是对自动对账的补充。自动对账后，可能存在一些特殊的已达账项尚未勾对出来而被视作未达账项。为了保证对账更彻底准确，可通过手工对账进行调整勾销。手工对账两清的记录标记为“Y”。

操作步骤：

（1）对于一些应勾对而未勾对上的账项，可分别双击“两清”栏，可直接进行手工调整。

（2）对账完毕，单击工具栏上的【检查】按钮，打开“对账平衡检查”对话框。

（3）检查结果平衡，单击【确认】按钮。

系统还提供两种取消对账标志的方法，自动及手动取消某一笔的对账标志、自动取消指定时间内的所有对账标志。手动取消勾对：双击要取消对账标志业务的“两清”区即可；自动取消勾对：单击【取消】按钮，选择要进行反对账的期间，系统将自动对此期间已两清的银行账取消两清标志。

提示

在执行对账功能之前，应将“银行期初”中的“调整后余额”调平（即单位日记账的调整后余额=银行对账单的调整后余额），否则，在对账后编制“银行存款余额调节表”时，会造成银行存款与单位银行账的账面余额不平。

3. 输出余额调节表

对账完成后，计算机自动整理汇总未达账和已达账，生成银行存款余额调节表。

【例 3-7】 输出 2013 年 1 月份的余额调节表。

操作步骤：

（1）在“畅捷通 T3 会计从业资格考试专版”窗口，单击“现金”菜单下的“现金管理”|“银行账”|“余额调节表查询”，进入“银行存款余额调节表”窗口。

（2）将光标定位在“工商银行存款（100201）”科目行上，单击工具栏上的【查看】按钮或双击该行，即显示该银行账户的银行存款余额调节表，如图 3-15 所示。

（3）单击【查看】按钮，可查看详细的银行款余额调节表，如图 3-16 所示。

（4）在“银行款余额调节表”对话框中，单击【打印】按钮，可打印银行存款余额调节表。

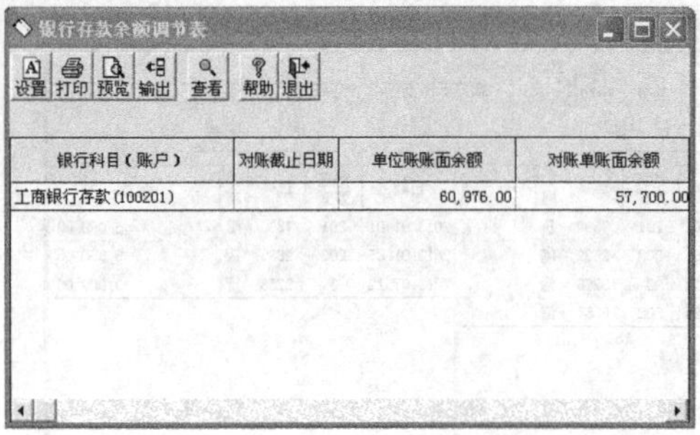

图 3-15　“银行存款余额调节表”窗口

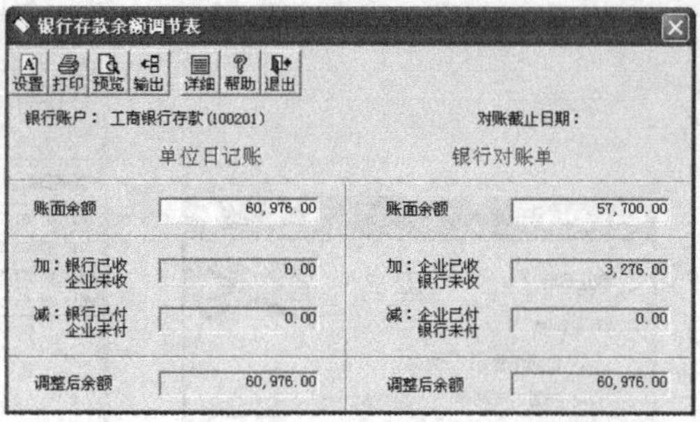

图 3-16　查看“银行存款余额调节表”

4. 核销已达账

在总账系统中，用于银行对账的银行日记账和银行对账单的数据是会计核算和财务管理的辅助数据。正确对账后，已达账项数据已经没有保留价值，因此，通过上述对账的结果和对账明细情况的查询，确信对账准确后，可以通过“核销银行账”功能核销用于对账的银行日记账和银行对账单的已达账项，以清理计算机系统的硬盘空间。

核销不影响银行日记账的查询和打印。

（1）查询银行勾对情况。

在核销已达账之前应先查询单位日记账及银行对账单的对账结果，在检查无误后可核销已达账项，核销后的单位日记账及银行对账单的数据将不再参与以后的银行存款勾对。

【例 3-8】 查询银行对账的勾对情况。

操作步骤：

① 在“畅捷通 T3 会计从业资格考试专版”窗口，单击“现金”菜单下的 “现金管理”|“银行账”|“查询对账勾对情况”命令，打开“银行科目选择”对话框。

② 选择“科目”下拉列表中的“银行存款 1002 选项”，选择“全部显示”单选钮。

③ 单击【确定】按钮，进入“查询银行勾对情况”窗口，打开“银行对账单”，如图 3-17 所示。

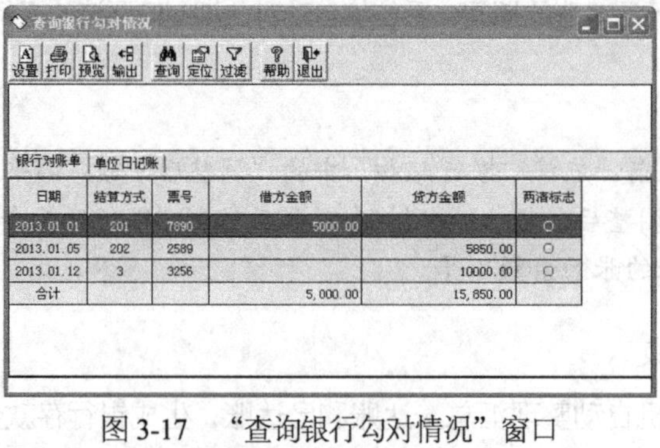

图 3-17　“查询银行勾对情况”窗口

④ 单击【退出】按钮，返回“总账系统”窗口。

（2）核销银行账。

核销用于对账的银行日记账和银行对账单的已达账项，核销后已达账项消失，不能被恢复。如果银行对账不平衡，则不能使用核销银行账的功能。

【例 3-9】 核销已完成对账的银行账。

操作步骤：

① 在“畅捷通 T3 会计从业资格考试专版”窗口，单击“现金”菜单下的 “现金管理”|“银行

账”|“银行对账”命令，打开“核销银行账”对话框。

② 选择“核销银行科目”下拉列表中的“工商银行存款 100201”选项，如图 3-18 所示。

③ 单击【确定】按钮，系统弹出“您是否确实要进行银行账核销？”提示对话框。

④ 单击【否】按钮，再单击【取消】按钮，暂不核销银行账。

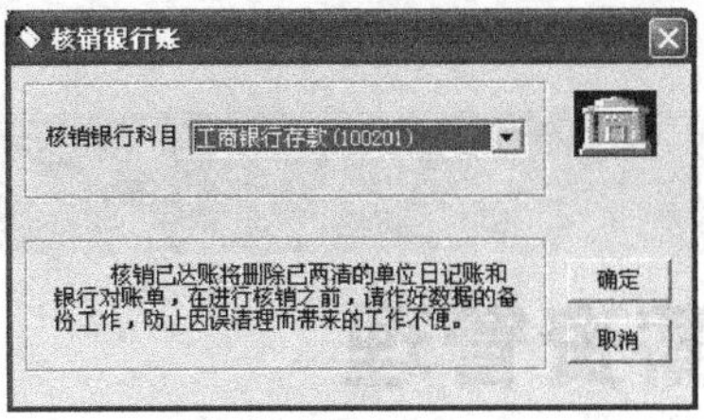

图 3-18　“核销银行账”对话框

习题与实训

一、单选题

银行对账是企业（　　）最基本的工作之一。

A. 出纳　　B. 会计　　C. 财务经理　　D. 总会计师

二、多选题

1. 查询现金日记账时，可以根据需要限定下列（　　）等查询条件选项。

A. 按月查询　　B. 按日查询

C. 是否按对方科目展开　　D. 是否包含未记账凭证

2. “出纳管理”功能是出纳人员进行管理的一套工具，它包括下列（　　）等功能。

A. 现金和银行存款日记账输出　　B. 支票登记簿管理

C. 银行对账　　D. 长期未达账审计

3. 出纳凭证涉及企业现金的收入与支出，所以应对其加强管理，一般而言，企业出纳人员可以通过总账系统“出纳签字”功能完成下列（　　）等工作。

A. 检查核对出纳凭证

B. 对认为有错或有异议的凭证，交与填制人员修改后再核对

C. 对审核无误的出纳凭证进行出纳签字

D. 填补结算方式和票号

三、判断题

1.（　　）现金日记账和银行存款日记账由出纳登记。

2.（　　）只有出纳人员才能查询现金和银行存款日记账。

3.（　　）在查询现金和银行存款日记账时，可以包含未记账凭证。

4.（　　）指定会计科目就是指定出纳专管的科目。指定科目后，才能执行出纳签字，也才能查看现金或银行存款日记账。

5.（　　）出纳员在支票登记簿的报销日期栏输入日期后，表示该张支票已报销。

四、上机操作题

接项目二的上机操作题，由出纳员安安完成下列操作。

1. 查询现金日记账。
2. 查询银行存款日记账。
3. 查询资金日报表。
4. 进行银行对账，编制银行存款余额调节表。

项目四

薪资管理

学习目标

知识目标

- 了解用友通薪资管理的主要功能及其与总账和其他业务模块之间的关系
- 掌握薪资管理中工资账套的建立，工作工资类别、人员类别、工资项目的设置方法
- 掌握薪资管理中工资数据编辑及计算汇总的方法
- 掌握薪资管理中个人所得税的计算、扣缴及工资分配转账凭证生成方法

能力目标

- 能够根据业务要求建立工资账套、设置工资类别等初始化工作
- 能够根据业务要求完成工资数据编辑及计算汇总
- 能够根据业务要求完成薪资管理中的日常业务处理和期末业务处理工作

工作情境

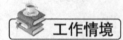

李娜是某职业学院会计专业三年级的学生，现在山东丰源家具公司财务岗位实习，该公司为一般纳税人的工业企业，增值税率 17%，适用新企业会计制度，其主营业务为生产加工家具，手工状态下进行工资管理，需要占用财务人员大量的精力和时间，并且容易出错。该公司为了提高薪资管理的效率，决定采用计算机进行薪资管理，由李娜于 2013 年 1 月 1 日启用薪资管理模块，并进行相应的操作。

1. 薪资管理系统主要业务

（1）由 101 账套主管“张三”（密码：空）启用“工资”系统，启用日期为 2013 年 1 月 1 日。

（2）设置银行名称为“工商银行”。账号长度为 11 位，录入时自动带出的账号长度为 8 位。

（3）设置本企业的人员类别为“管理人员”和“生产人员”。

（4）本企业的工资项目如表 4-1 所示。

表 4-1　　工资项目

工资项目名称	类型	长度	小数	增减项
基本工资	数字	8	2	增项
奖金	数字	8	2	增项
事假扣款	数字	8	2	减项

（5）在当前工资类别下设置如表 4-2 所示的人员档案。

表 4-2　　工资类别

人员编号	姓名	部门	人员类别
101	张三	1 财务部	管理人员
102	李娜	1 财务部	管理人员

续表

人员编号	姓名	部门	人员类别
201	赵浩	2 办公室	管理人员
301	李明	3 采购部	管理人员
401	王强	4 销售部	管理人员
501	刘华	5 生产车间	生产人员

（6）设置“基本工资”的计算公式，即“基本工资=iff（人员类别='管理人员'，4 000,3 000）”。该公式表示人员类别中管理人员的基本工资为 4 000 元，其他类别人员的基本工资 3 000 元。

（7）2013 年 1 月有关的工资数据如表 4-3 所示。

表 4-3　　1 月工资数据

人员编号	姓名	部门	人员类别	基本工资	奖金	事假扣款
101	张三	1 财务部	管理人员	4 000	500	
102	李娜	1 财务部	管理人员	4 000	500	
201	赵浩	2 办公室	管理人员	4 000	500	
301	李明	3 采购部	管理人员	4 000	500	50
401	王强	4 销售部	管理人员	4 000	500	60
501	刘华	5 生产车间	生产人员	3 000	500	

（8）2013 年 1 月，002 账套中应扣除 2 000 元的费用基数后计算个人所得税，附加费用改为 1 300 元。试计算应缴个人所得税并重新计算工资。

（9）002 账套中工资分摊的类型为“应付职工薪酬”和“工会经费”。“应付职工薪酬”的分摊比例为 100%，按照工资总额的 2%计提工会经费。应付分摊的内容如表 4-4 所示。

表 4-4　　应付分摊

部门	人员类别	项目	分摊类型	借方科目	贷方科目
财务部	管理人员	应发合计	应付职工薪酬	6602（管理费用）	2211（应付职工薪酬）
			工会经费	6602（管理费用）	2211（应付职工薪酬）
办公室	管理人员	应发合计	应付职工薪酬	6602（管理费用）	2211（应付职工薪酬）
			工会经费	6602（管理费用）	2211（应付职工薪酬）
采购部	管理人员	应发合计	应付职工薪酬	6602（管理费用）	2211（应付职工薪酬）
			工会经费	6602（管理费用）	2211（应付职工薪酬）
销售部	管理人员	应发合计	应付职工薪酬	6601（销售费用）	2211（应付职工薪酬）
			工会经费	6601（销售费用）	2211（应付职工薪酬）
生产车间	生产人员	应发合计	应付职工薪酬	5001（生产成本）	2211（应付职工薪酬）
			工会经费	5001（生产成本）	2211（应付职工薪酬）

（10）分摊 002 账套 1 月份的工资。

（11）将 002 账套进行 1 月份月末处理。月末处理时不仅仅限于清零处理。

（12）查询 2013 年 1 月所填制的工资分摊记账凭证。

2. 工作情境分析

若要完成丰源家具公司薪资管理工作，需分成以下几项工作任务。

（1）初始设置。启动薪资管理，建立工资账套，设置工资系统参数，进行薪资管理系统初始化设置，包括设置银行名称、设置工资类别、设置人员类别、设置工资项目、设置人员档案、设置计算公式。

（2）日常业务处理。工资管理子系统的日常业务处理主要包括工资变动、工资分钱清单、扣缴所得税、银行代发等的处理。

（3）期末处理。薪资管理子系统的期末处理主要包括工资分摊、月末处理、反结账、统计分析、凭证查询等处理。

任务一　薪资管理子系统的初始化设置

薪资管理是每一个单位财会部门最基本的业务之一，不仅关系到每个职工的切身利益，也是直接影响成本核算的重要因素。手工进行资金管理，需要占用财务人员大量的精力和时间，并且容易出错，采用计算机进行薪资管理，可以有效地提高薪资核算的准确性和及时性。

使用计算机进行核算之前，需要进行工资系统的初始设置，用以建立工资系统的应用环境。在进行初始设置之前，应进行必要的数据准备，如规划企业职工的编码规则、进行人员类别的划分、设置工资项目及核算方法，并准备好部门档案、人员档案等信息。

一、启用工资系统

由于在建立 002 账套后尚未启用工资系统，所以，此时不能对工资系统进行任何操作，应在启用系统后对工资系统进行系统初始化及日常业务处理等操作。

【例 4-1】 由 101 账套主管“张三”（密码：空）启用“工资”系统，启用日期为 2013 年 1 月 1 日。

操作步骤：

（1）选择“开始”|“程序”|“用友 T3 系列管理软件”|“用友 T3”|“系统管理”命令，或者直接单击桌面上的“系统管理”图标。打开“畅捷通 T3【系统管理】”窗口。

（2）在“系统管理”窗口中，选择“系统”|“注册”命令，打开“注册【控制台】”对话框。在“用户名”文本框中输入“101”，如图 4-1 所示。

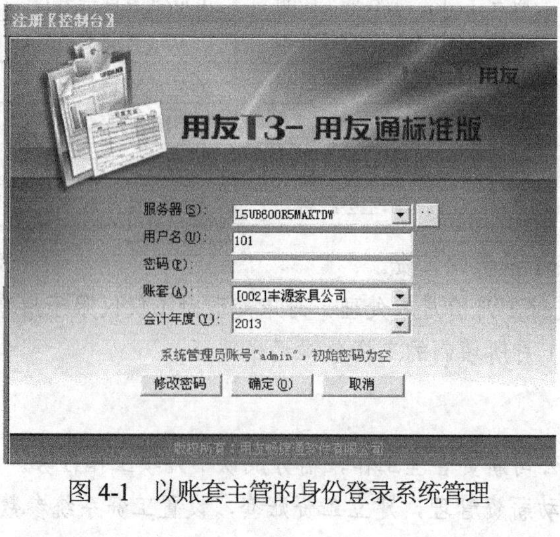

图 4-1　以账套主管的身份登录系统管理

（3）单击【确定】按钮，打开系统管理窗口。

（4）选择“账套”|“启用”命令，打开“系统启用”对话框。

（5）选中“工资管理”复选框，在弹出的“日历”对话框中，选择“2013年1月1日”，如图4-2所示。

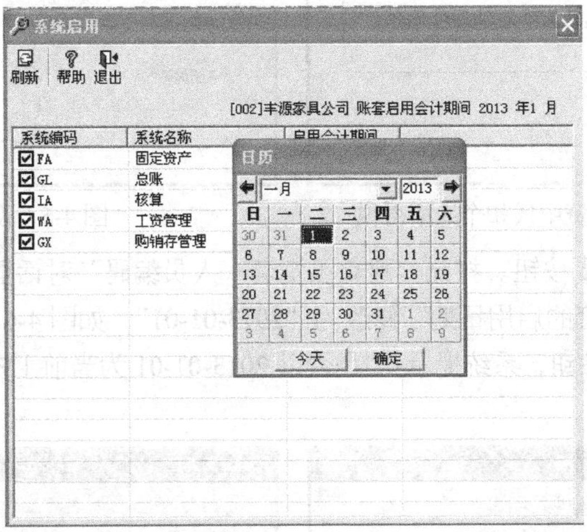

图4-2　启用工资管理系统

（6）单击【确定】按钮。

提示

如果002账套已对1月份的总账进行了月末结账处理，那么若要将工资系统的启用月份定为1月份，则应先对总账系统进行取消结账处理，否则，工资系统等只能在总账结账月份之后才能启用。取消结账方法是在“总账”|“期末”|“结账”功能中，选中已结账月份后，按Ctrl+Shift+F6组合键，并输入账套主管的口令，按提示操作即可。

二、设置工资系统参数

初次进入工资系统后应根据企业的实际情况建立相应的工资账套。工资账套的建立分为4个步骤，即参数设置、扣税设置、扣零设置及人员编码设置。

【例4-2】　由张三建立工资账套的参数。将工资账套的参数设置为工资类别：单个—代扣个人所得税—工资不扣零—人员编码长度：3位，启用账套月份：2013年1月1日。

操作步骤：

（1）以张三注册进入“畅捷通T3”。

（2）选择“工资”命令，打开“建立工资套—参数设置”对话框，如图4-3所示。

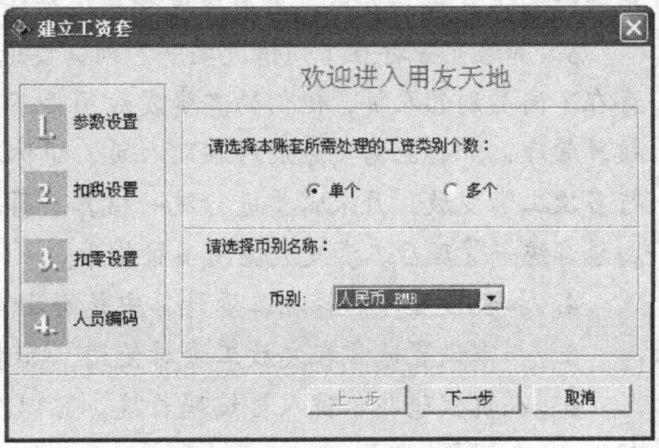

图4-3　设置工资类别个数

（3）选择“单个”单选钮，然后单击【下一步】按钮。打开“建立工资套—扣税设置”对话框，选择“是否从工资中代扣个人所得税”复选框，如图4-4所示。

（4）单击【下一步】按钮，打开“建立工资套—扣零设置”对话框，如图4-5所示。

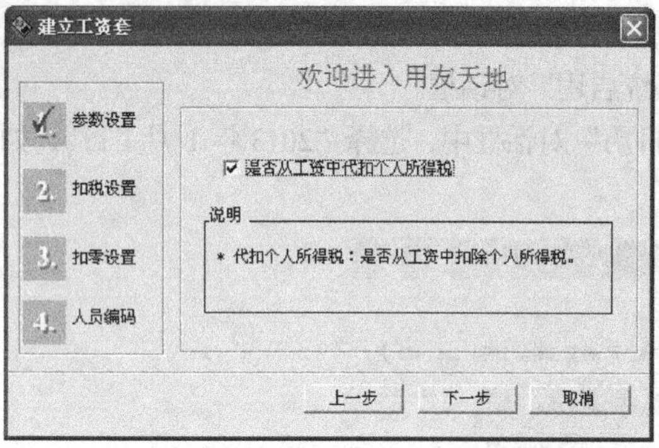

图 4-4　设置是否从工资中代扣个人所得税

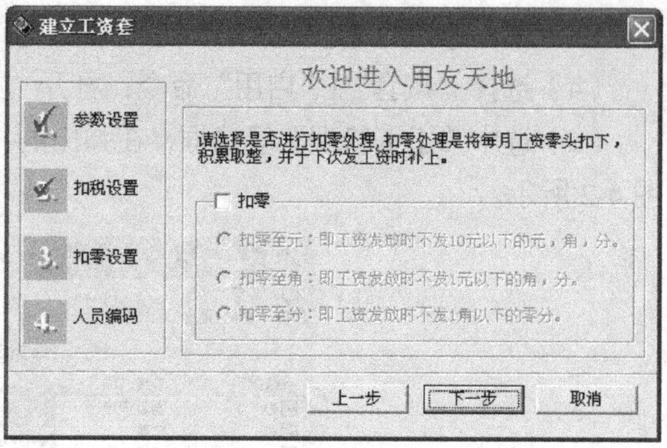

图 4-5　设置扣零

（5）单击【下一步】按钮。打开“建立工资套—人员编码”对话框，将“人员编码长度”修改为“3”，将“本账套的启用日期”修改为“2013-01-01”，如图 4-6 所示。

（6）单击【完成】按钮，系统提示：“是否以 2013-01-01 为当前工资类别的启用日期？”如图 4-7 所示。

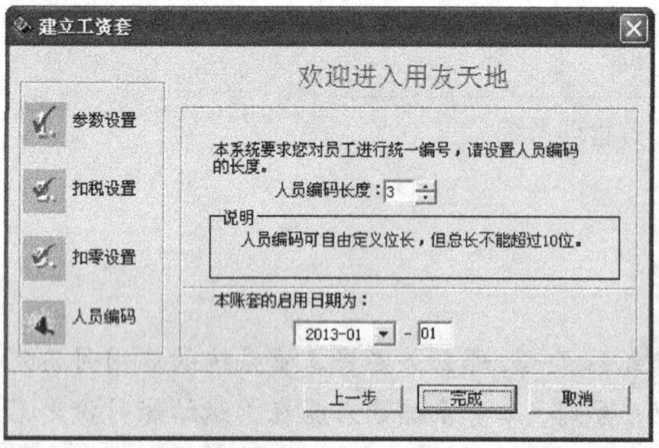

图 4-6　设置人员编码长度

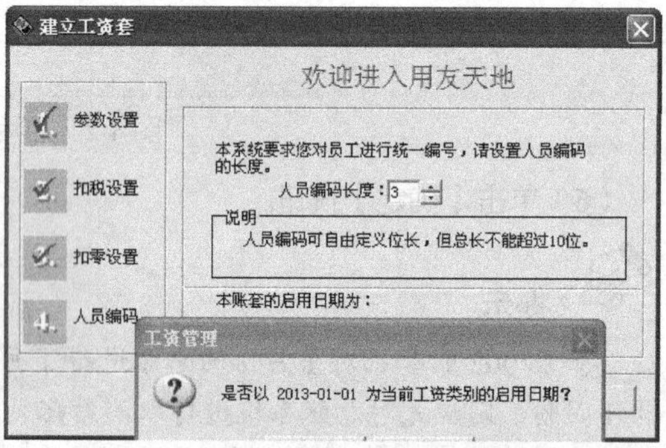

图 4-7　确认工资系统启用日期的提示

（7）单击【是】按钮。

相关知识

1. 工资账套与企业账套概念不同。企业核算账套是在系统管理中建立，是针对整个用友畅捷通 T3-软件系统中的工资系统，即工资账套是企业核算账套的一个组成部分。

2. 如果企业中所有员工的工资发放项目与工资计算方法都相同，那么可以对全部员工使用统一的工资核算方案，对应地选择系统提供的单工资类别应用方案。

3. 如果企业存在下列情况之一，则需要选择系统提供的多工资类别应用方案。首先，企业存在不同类别的人员，他们的工资发放项目不同、计算公式也不相同，但需要进行统一的工资核算管理，如企业需要分别对在职人员、退休人员等进行工资核算等情况。其次，企业每月进行多次工资发放，月末需要进行统一核算。再次，企业在不同地区设有分支机构，而工资核算由总部统一管理后工资发放使用多种货币。

4. 扣税设置即选择在工资计算中是否由单位代扣个人所得税。

5. 扣零设置通常在发放工资时使用，如果单位采用银行代发工资则很少采用此设置。

6. 人员代码即单位人员编码长度。可以根据需要自由定义人员编码长度，但总长度不能超过 10 个字符。

7. 单工资类别情况下，工资账套建立完成后不需要建立工资类别；多工资类别情况下，工资账套建立完成后需要在“工资类别”功能中建立类别。

三、设置银行名称

当企业采用银行代发形式发放工资时，需要确定银行名称及账号长度。发放工资的银行可以按需求设置多个，这里的银行名称设置是指所有工资类别涉及银行名称。如果同一工资类别的人员由于在不同的工作地点，需由不同银行代发工资，或者不同的工资类别由不同的银行代发，均需将相应的银行名称在此一并设置。

【例 4-3】 设置银行名称为“工商银行”，账号长度为 11 位，录入时自动带出的账号长度为 8 位。

操作步骤：

（1）在“畅捷通 T3”窗口中，选择“工资”|“设置”|“银行名称设置”命令，打开“银行名称设置”对话框，如图 4-8 所示。

（2）选中“银行名称”栏中的“工商银行”选项，在“录入时需要自动带出的账号长度”文本框中输入“8”。

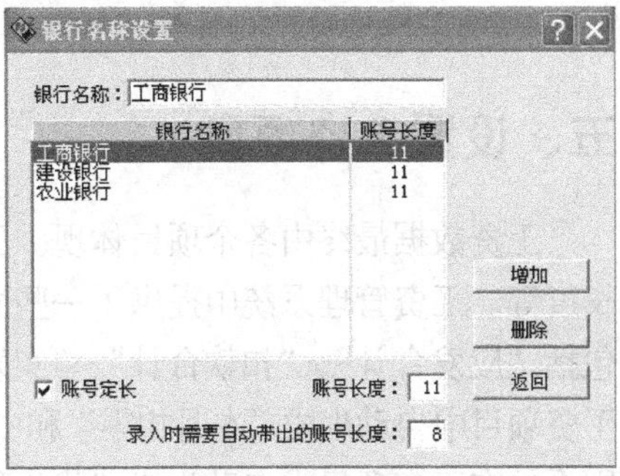

图 4-8 设置银行名称

相关知识

1. 银行账号长度不得为空，且不能超过 30。

2. 录入时需要自动带出的账号长度是指在录入“人员档案”的银行账号时，从第二个人开始，系统将根据用户在此定义的长度自动带出银行账号的相应长度，可以有效提高录入的速度。

提示

- 删除银行名称时，则同此银行有关的所有设置将一同删除，包括银行的代发文件格式的设置、磁盘输出格式的设置，和同此银行有关人员的银行名称和账号等；
- 如果使用中国建设银行代发工资，则必须增加输入“中国建设银行”全称；
- 如果使用招商银行网上银行系统中的加密文件格式，则必须增加输入“招商银行”名称，招商银行账号长度不得超出 18 位长。

四、设置人员类别

人员类别是指按某种特定的分类方式将企业职工分成若干类，不同类别的人员工资水平可能不同，从而有助于工资的多级管理。人员类别的设置还与工资费用的分配、分摊有关，合理设置便于按人员类别进行工资的汇总计算，为企业提供不同人员类别的工资信息。

【例 4-4】 设置本企业的人员类别为“管理人员”和“生产人员”。

操作步骤：

（1）在“畅捷通 T3”窗口中，选择“工资”|“设置”|“人员类别设置”命令，打开“类别设置”对话框，如图 4-9 所示。

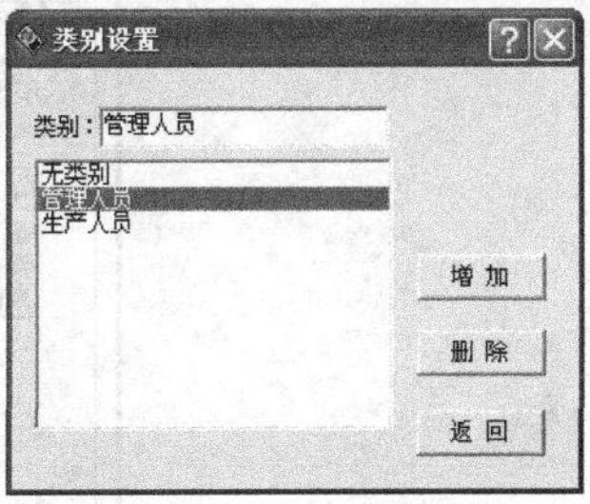

图 4-9 设置人员类别

（2）单击【增加】按钮，在“类别”文本框中录入“管理人员”，然后单击【增加】按钮，输入“生产人员”，最后单击【增加】按钮。

（3）单击【返回】按钮。

提示

- 人员类别名称可以随时修改。已经使用的人员类别不允许删除。
- 人员类别只剩下一个时不允许删除。
- 人员类别设置的目的是为“工资分摊”设置入账科目时使用。
- 人员编号不可重复，且与人员姓名必须一一对应，只有末级部门才能设置人员，人员类别必须选择；人员的进入日期不应大于当前的系统注册日期。

五、设置工资项目

工资数据最终由各个项目体现。工资项目设置即定义工资核算所涉及的项目名称、类型和长度等。工资管理系统中提供了一些固定的工资项目，它们是工资账中不可缺少的内容，主要包括“应发合计”、“扣款合计”、“实发合计”。若在公司建账时设置了“扣零处理”，则系统在工资项目中自动生成“本月扣零”和“上月扣零”两个指定名称的项目。若选择了“扣税处理”，则系统在工资项目中自动生成“代扣税”项目，这些项目不能删除和重命名。其他项目可以根据实际需要进行定义或参照增加，如基本工资和奖金等。

在此设置的工资项目对于多工资类别的工资账套而言，是针对所有工资类别所需使用的全部工资项目，具体某一工资类别的工资项目，是在增加了全部工资项目的基础上参考选入的。针对单个工资类别而言，就是此工资账套所使用的全部工资项目。

【例 4-5】 设置如表 4-5 所示的本企业的工资项目。

表 4-5　　本企业工资项目

工资项目名称	类型	长度	小数	增减项
基本工资	数字	8	2	增项
奖金	数字	8	2	增项
事假扣款	数字	8	2	减项

操作步骤：

（1）在“畅捷通 T3”窗口中，选择“工资”|“设置”|“工资项目设置”命令，打开“工资项目设置”对话框，如图 4-10 所示。

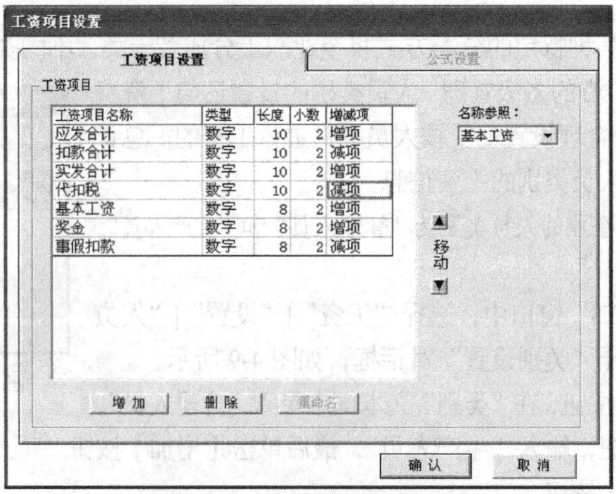

图 4-10　设置工资项目

（2）单击【增加】按钮，输入基本工资项目名称为“基本工资”，或单击“名称参照”下拉列表框的下三角按钮，选择“基本工资”选项。单击“基本工资”所在行“类型”栏后的下三角按钮，选择“数字”选项，选择长度为“8”，选择小数位为“2”，选择增减项为“增项”。依此方法继续增加其他的工资项目。

（3）单击“移动”上下三角按钮，将每个工资项目移动到合适的位置，如图 4-11 所示。

提示

- 项目名称必须唯一；
- 工资项目一经使用，数据类型不允许修改；
- 如果在“选项”设置中选择“是否核算计件工资”，则在此界面可以看到“计件工资”项目属性。

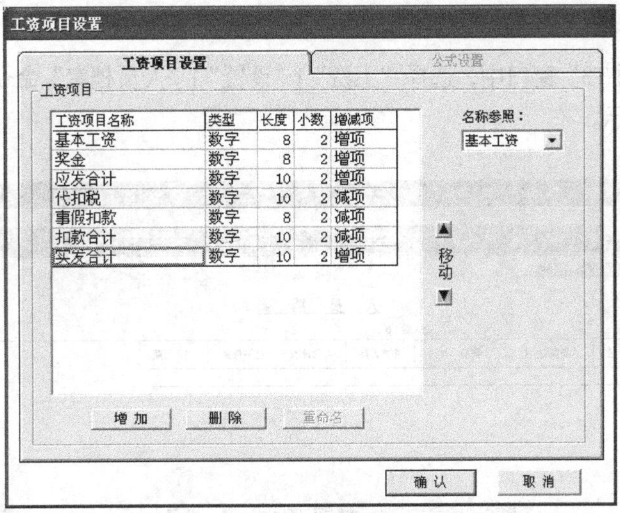

图 4-11 调整工资项目的位置

（4）单击【确认】按钮。

提示

- 与选择的工资账套参数无关，系统均提供“应发合计”、“扣款合计”、“实发合计”；
- 如果建账时选择了“代扣个人所得税”选项，则系统提供“代扣税”项目；
- 如果建账时选择了“扣零”处理，则系统提供“本月扣零”和“上月扣零”两个工资项目；
- 工资项必须唯一；
- 已使用的工资项目不可删除，也不能修改其数据类型；
- 系统提供的固定工资项目不能修改。

六、建立人员档案

1. 增加人员档案

设置人员档案用于登记工资发放人员的姓名、职工编号、所在部门以及人员类别等信息，此外，人员的增减变动都必须先在本功能中处理。在单工资类别下，可以直接进入“人员档案”功能中设置人员信息；在多工资类别下，人员档案的操作是针对于某个工资类别的，即应该先打开相应的工资类别才能进行人员档案的设置。

【例 4-6】 在当前工资类别下设置如表 4-6 所示的人员档案。

表 4-6 人员档案

人员编号	姓名	部门	人员类别
101	张三	1 财务部	管理人员
102	李娜	1 财务部	管理人员
201	赵浩	2 办公室	管理人员
301	李明	3 采购部	管理人员
401	王强	4 销售部	管理人员
501	刘华	5 生产车间	生产人员

操作步骤：

（1）在“畅捷通 T3”窗口中，选择“工资”|“设置”|“人员档案”命令，打开“人员档案”窗口，如图 4-12 所示。

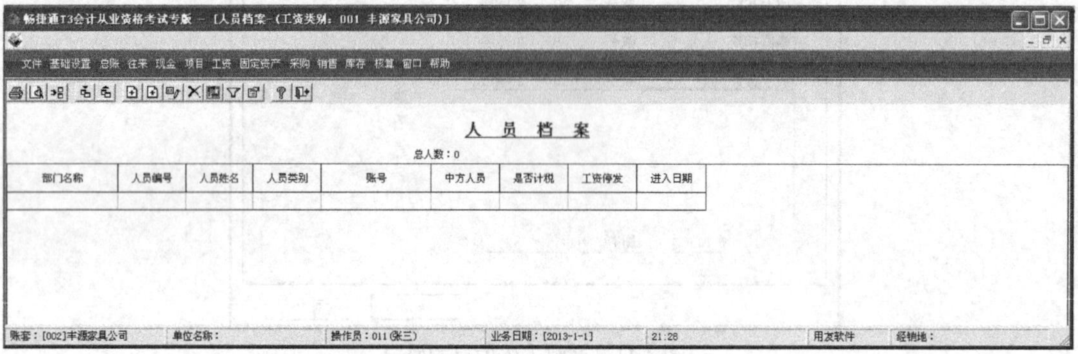

图 4-12 “人员档案”窗口

（2）在“人员档案”窗口中，单击增加图标（批量从职员档案中引入人员），打开“人员批量增加”对话框。

（3）分别选中“财务部”、“办公室”、“采购部”、“销售部”和“生产车间”选项，如图 4-13 所示。

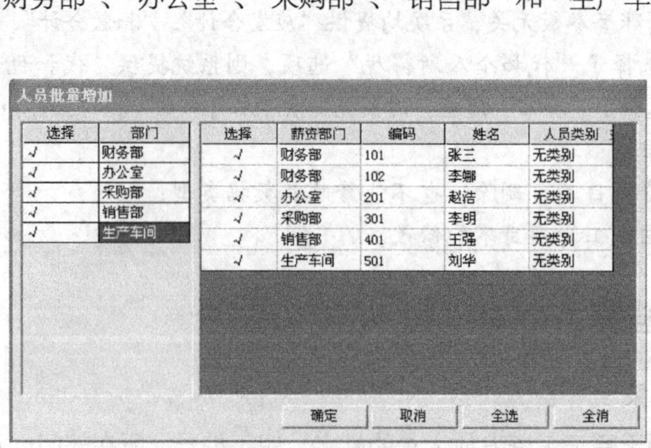

图 4-13 设置人员档案

（4）单击【确定】按钮，如图 4-14 所示。

部门名称	人员编号	人员姓名	人员类别	账号	中方人员	是否计税	工资停发	进入日期
财务部	101	张三	无类别		是	是	否	
财务部	102	李娜	无类别		是	是	否	
办公室	201	赵浩	无类别		是	是	否	
采购部	301	李明	无类别		是	是	否	
销售部	401	王强	无类别		是	是	否	
生产车间	501	刘华	无类别		是	是	否	

图 4-14 全部人员档案

提示

- 由于在进行银行名称设置时已经设置了“录入时需要自动带出的账号长度”。因此，在录入第 1 个人员档案后，其他的人员档案中的银行账号则会自动带出相应的账号位数。
- 在增加人员档案对话框中的“停发工资”、“调出”和“数据档案”选项不可选，只有在修改状态下才能进行编辑。

2. 修改人员档案

人员档案在修改的状态下可以进行“停发工资”、“调出”和“数据档案”的编辑。已做调出标志的人员，所有档案信息不可修改，其编号下个月可以再次使用。调出人员可当月末处理前，取消调出标志。有工资停发标志的人员不再对其发放工资，但保留人员档案，以后可恢复发放。标志为停发或调出人员，将不再参与工资的发放和汇总。如果在人员档案中直接输入职工工资，可以单击“数据档案”按钮进入“工资数据录入—页编辑”对话框，在其中进行工资数据的录入。

【例 4-7】 继续上例的操作，录入所有人员的银行代发信息。

（1）选中人员姓名为“张三”的所在行，单击“人员信息修改”图标，打开“人员档案”对话框。

（2）单击“人员类别”下拉列表框的下三角按钮，选择“管理人员”选项；单击“银行名称”下拉列表框的下三角按钮，选择“工商银行”选项；录入银行账号为“00110011001”，如图 4-15 所示。

（3）单击【确认】按钮。系统提示：“写入该人员档案信息吗？”如图 4-16 所示。

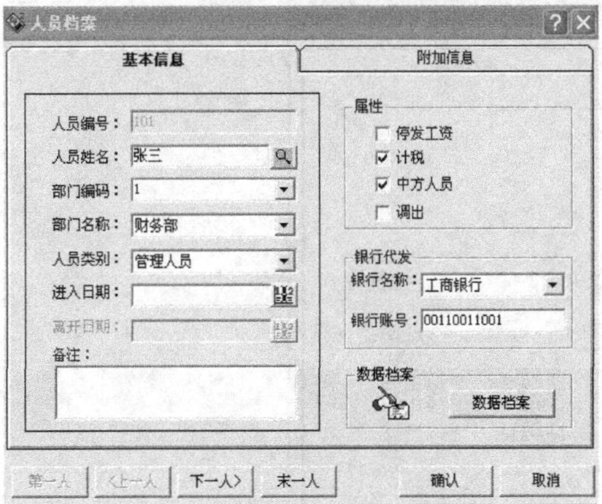

图 4-15 录入银行代发信息

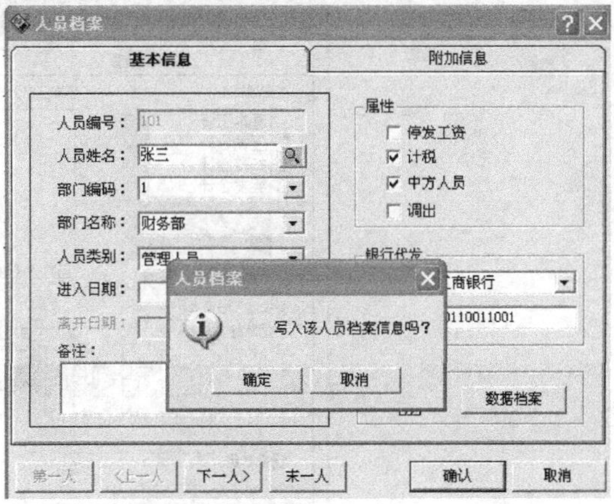

图 4-16 录入银行代发信息时的提示

（4）单击【确定】按钮，继续录入（修改）其他人员类别和银行代发信息。已设置的职员档案如图 4-17 所示。

图 4-17 已设置的职员档案

3. 数据替换

当需要修改个别人员的档案时，可以在人员档案修改窗口中进行修改。当在一批人员中某个档案信息需要同时修改时，可以利用数据替换功能，将符合条件人员的某个档案的信息内容，统一替换为其他信息，以提高人员信息的修改速度。

七、设置计算公式

设置计算公式即定义工资项目之间的运算关系，计算公式设置的正确与否关系到工资核算的最终结果。定义公式可以通过选择工资项目、运算符、关系符，以及函数等组合完成。

【例 4-8】设置“基本工资”的计算公式，即“基本工资=iff(人员类别='管理人员',4000,3000)”。该公式表示人员类别中管理人员的基本工资为 4 000 元，其他类别人员的基本工资是 3 000 元。

操作步骤：

（1）在工资系统中，选择“工资|“设置”|“工资项目设置”命令，打开“工资项目设置”对话框。

（2）在“工资项目设置”对话框中，单击“公式设置”选项卡，如图 4-18 所示。

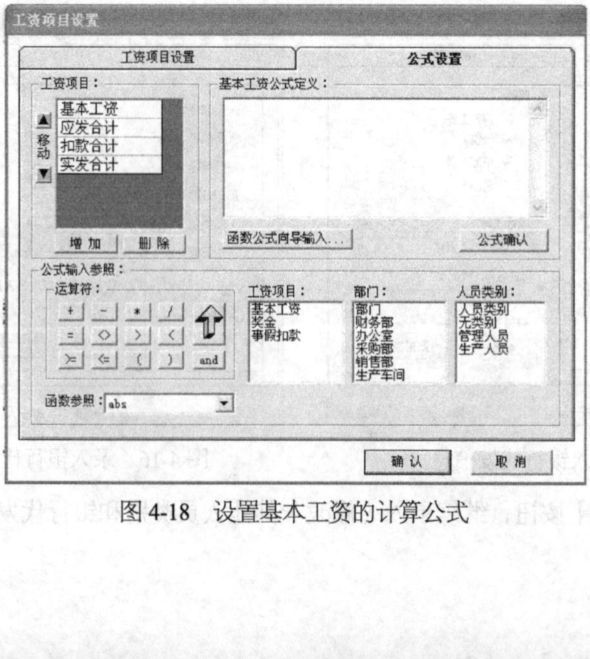

图 4-18 设置基本工资的计算公式

（3）单击【增加】按钮，再单击“工资项目”栏后下三角按钮，选择“基本工资”。

（4）单击【函数公式向导输入】按钮，打开“函数向导——步骤1”对话框，如图4-19所示。

（5）选择“iff”选项，单击【下一步】按钮，打开“函数向导——步骤2”对话框，如图4-20所示。

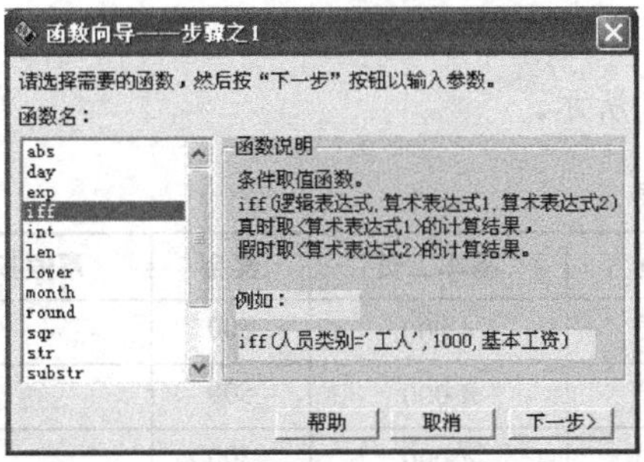

图4-19 设置基本工资的计算公式的函数

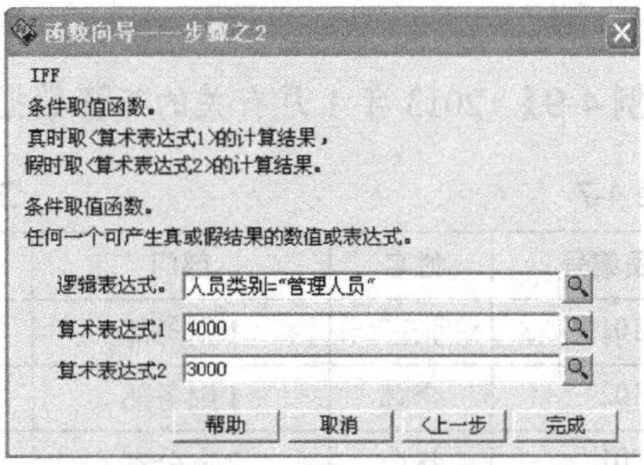

图4-20 设置基本工资的计算公式的表达式

（6）录入逻辑表达公式：人员类别="管理人员"，在“算数表达式1”中录入“4000”，在“算数表达式2”中录入“3000”。

（7）单击【完成】按钮，如图4-21所示。

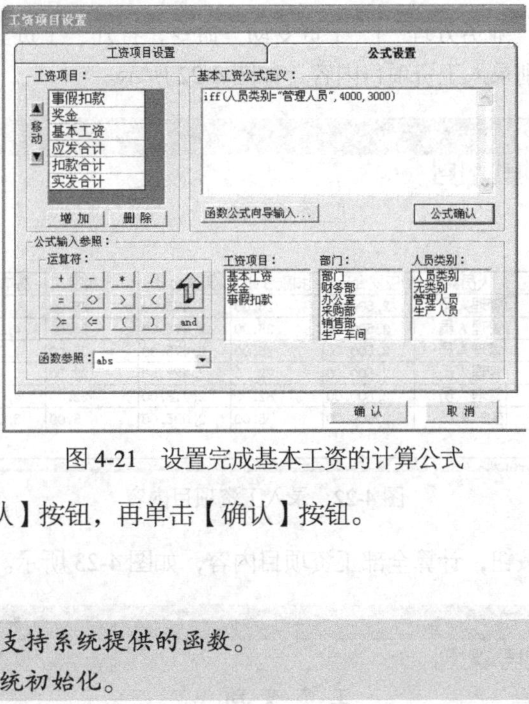

图4-21 设置完成基本工资的计算公式

（8）单击【公式确认】按钮，再单击【确认】按钮。

提示

- 函数公式向导只支持系统提供的函数。
- 备份：已完成系统初始化。

任务二 薪资管理子系统的日常业务处理

工资管理子系统的日常业务处理主要包括工资变动、工资分钱清单、扣缴所得税、银行代发等的处理。在本任务中掌握工资变动的处理、扣缴所得税的处理；熟悉工资分钱清单的查看；了解银行代发的设置；掌握固定资产管理子系统的数据维护。

一、工资变动

第一次使用工资系统必须将所有人员的基本工资数据录入计算机，每月发生的工资数据变动也要进行调整，如奖金、扣款信息的录入等。工资变动处理之前，需要事先设置好工资项目及计算公式。

【例 4-9】 2013 年 1 月有关的工资数据如表 4-7 所示。

表 4-7 工资数据表

人员编号	姓名	部门	人员类别	基本工资	奖金	事假扣款
101	张三	1 财务部	管理人员	4 000	500	
102	李娜	1 财务部	管理人员	4 000	500	
201	赵浩	2 办公室	管理人员	4 000	500	
301	李明	3 采购部	管理人员	4 000	500	50
401	王强	4 销售部	管理人员	4 000	500	60
501	刘华	5 生产车间	生产人员	3 000	500	

操作步骤：

（1）选择“工资”|“业务处理”|“工资变动”命令，打开“工资变动”窗口。

（2）在窗口中，分别录入工资项目内容，如图 4-22 所示。

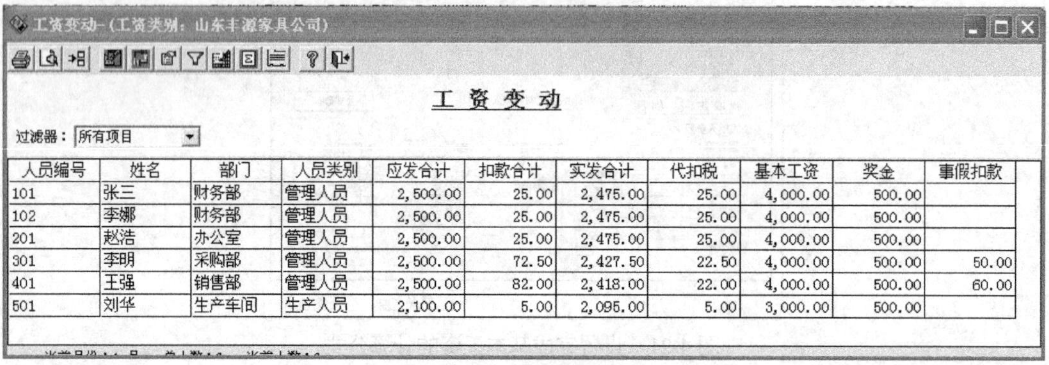

人员编号	姓名	部门	人员类别	应发合计	扣款合计	实发合计	代扣税	基本工资	奖金	事假扣款
101	张三	财务部	管理人员	2,500.00	25.00	2,475.00	25.00	4,000.00	500.00	
102	李娜	财务部	管理人员	2,500.00	25.00	2,475.00	25.00	4,000.00	500.00	
201	赵浩	办公室	管理人员	2,500.00	25.00	2,475.00	25.00	4,000.00	500.00	
301	李明	采购部	管理人员	2,500.00	72.50	2,427.50	22.50	4,000.00	500.00	50.00
401	王强	销售部	管理人员	2,500.00	82.00	2,418.00	22.00	4,000.00	500.00	60.00
501	刘华	生产车间	生产人员	2,100.00	5.00	2,095.00	5.00	3,000.00	500.00	

图 4-22 录入工资项目内容

（3）单击【计算】按钮，计算全部工资项目内容，如图 4-23 所示。

人员编号	姓名	部门	人员类别	应发合计	扣款合计	实发合计	代扣税	基本工资	奖金	事假扣款
101	张三	财务部	管理人员	4,500.00	250.00	4,250.00	250.00	4,000.00	500.00	
102	李娜	财务部	管理人员	4,500.00	250.00	4,250.00	250.00	4,000.00	500.00	
201	赵浩	办公室	管理人员	4,500.00	250.00	4,250.00	250.00	4,000.00	500.00	
301	李明	采购部	管理人员	4,500.00	292.50	4,207.50	242.50	4,000.00	500.00	50.00
401	王强	销售部	管理人员	4,500.00	301.00	4,199.00	241.00	4,000.00	500.00	60.00
501	刘华	生产车间	生产人员	3,500.00	125.00	3,375.00	125.00	3,000.00	500.00	

图 4-23 计算后的工资项目内容

（4）单击【退出】按钮，系统提示："数据发生变动后尚未进行汇总……是否进行工资计算和汇总？"如图 4-24 所示。

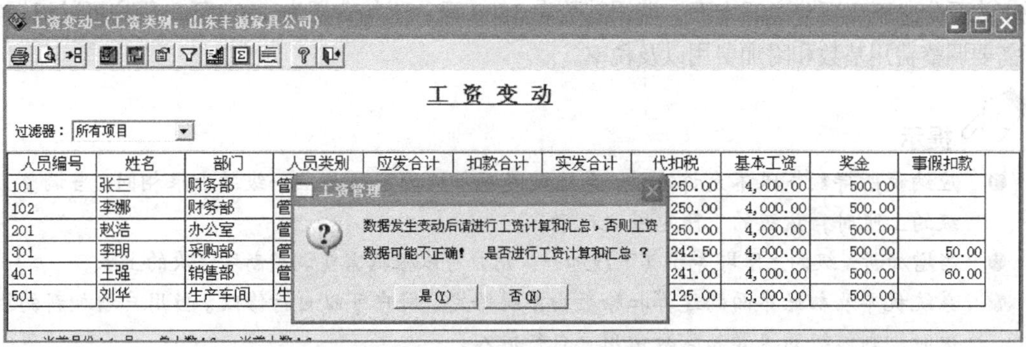

图 4-24　退出工资变动时的提示

（5）单击【是】按钮。

提示

- 第一次使用工资系统必须录入所有人员的基本工资数据。工资数据可以在录入人员档案时直接录入，需要计算的内容在此功能中进行计算。也可以在工资变动功能中录入，当工资数据发生变动时也应该在此录入。
- 如果工资数据变化较大可以使用替换功能进行替换。
- 在修改了某些数据、重新设置了计算公式、进行了数据替换或在个人所得税中执行了自动扣税等操作时，必须调用"计算"和"汇总"功能对个人工资数据进行重新计算，以保证数据正确。
- 如果对工资数据只进行了"计算"操作，而未进行"汇总"操作，则退出时系统提示："数据发生变动后尚未进行汇总，是否进行汇总？"如果需要汇总则单击【是】按钮，否则，单击【否】按钮即可。

二、扣缴所得税

个人所得税是根据《中华人民共和国个人所得税法》对个人所得税征收的一种税。手工情况下，每个月末财务部门都要对超过扣税基数金额的部分进行计算纳税申报，系统只提供对工资薪金所得征收所得税的功能。

鉴于许多企事业单位计算职工个人所得税的工作量较大，因此系统中提供了个人所得税自动计算功能，用户只需要定义所得税率设置扣税基数就可以由系统自动计算个人所得税，既减轻了用户的工作负担，又提高了工作效率。

1. 选择申报表栏目

"个人所得税申报表"是个人纳税情况的记录。系统提供对表中栏目的设置功能。默认以"实发工资"作为扣税基数。如果想以其他工资项目作为扣税标准，则需要在定义工资项目时单独为应税所得设置一个工资项目。

2. 税率表定义

如果单位的扣除费用及税率与国家规定的不一样，可在个人所得税扣缴申报表界面单击【税率】按钮进行修改，修改确定后系统将自动重新计算。

税率定义界面初始为国家颁布的工资、薪金所得所使用的七级超额累进个人所得税税率，税率为百分之三至百分之四十五，费用基数为 3500 元，附加费用为 1300 元。用户可以根据实际需要调整费用基数和附加费用以及税率。

提示

- 应纳税所得额下限不允许改动。系统设定下一级的下限与上一级的上限相同。当调整上级的上限时，该级的下限也随之改动。
- 当增加新一级的上限即等于其下线加一，用户可以根据需要调整新增级次的上限。
- 系统税率表初始界面的速算扣除数由系统给定，用户可以自行修改。当用户增加新的级次时，则该级的速算扣除数由用户自行输入。
- 在删除税率的级次时，一定要注意不能跨级删除，必须从末级开始删除。税率表只剩一级时不允许删除。

3. 个人所得税

当税率定义确定后，系统将根据用户的设置自动计算并生成新的个人所得税申报表。如果用户修改了“税率表”，则用户在退出个人所得税功能后，需要到工资变动功能中执行重新计算功能，否则系统将保留用户修改个人所得税的数据状态。

【例 4-10】2013 年 1 月，002 账套中应扣除 3 500 元的费用基数后计算个人所得税，附加费用改为 1 300 元。试计算应缴个人所得税并重新计算工资。

操作步骤：

（1）选择“工资”|“业务处理”|“扣缴所得税”命令，或直接单击“扣缴个人所得税”，打开“栏目选择”对话框，如图 4-25 所示。

（2）单击【确认】按钮，打开“个人所得税扣缴申报表”窗口，如图 4-26 所示。

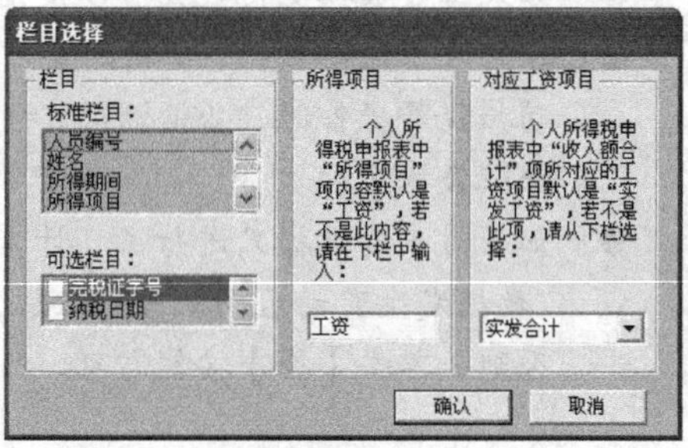

图 4-25　“栏目选项”对话框

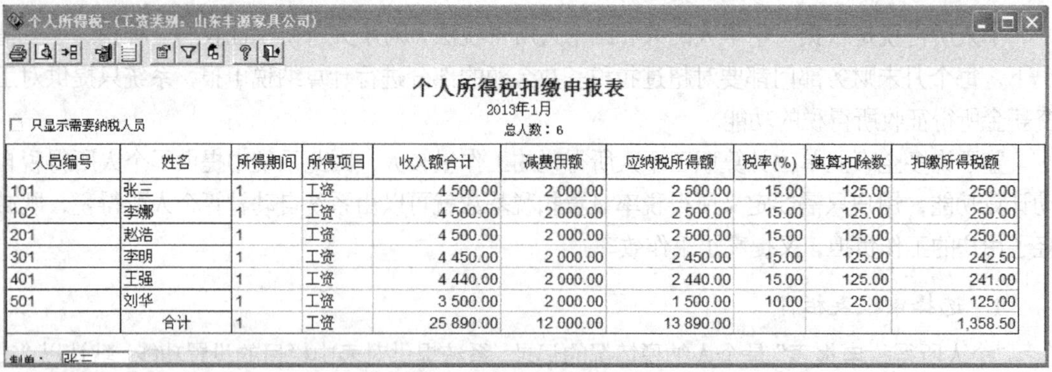

个人所得税-（工资类别：山东丰源家具公司）

个人所得税扣缴申报表

2013年1月

只显示需要纳税人员　　总人数：6

人员编号	姓名	所得期间	所得项目	收入额合计	减费用额	应纳税所得额	税率(%)	速算扣除数	扣缴所得税额
101	张三	1	工资	4 500.00	2 000.00	2 500.00	15.00	125.00	250.00
102	李娜	1	工资	4 500.00	2 000.00	2 500.00	15.00	125.00	250.00
201	赵浩	1	工资	4 500.00	2 000.00	2 500.00	15.00	125.00	250.00
301	李明	1	工资	4 450.00	2 000.00	2 450.00	15.00	125.00	242.50
401	王强	1	工资	4 440.00	2 000.00	2 440.00	15.00	125.00	241.00
501	刘华	1	工资	3 500.00	2 000.00	1 500.00	10.00	25.00	125.00
	合计	1	工资	25 890.00	12 000.00	13 890.00			1,358.50

制单：张三

图 4-26　个人所得税扣缴申报表

（3）单击税率表按钮，出现“个人所得税申请表——税率表”对话框。

（4）在“个人所得税申请表——税率表”对话框中，确认费用基数为“3 500”，附加费用为 1 300 元，如图 4-27 所示。

（5）单击【确认】按钮，系统提示："调整税率表后，个人所得税需要重新计算。是否重新计算个人所得税？"如图 4-28 所示。

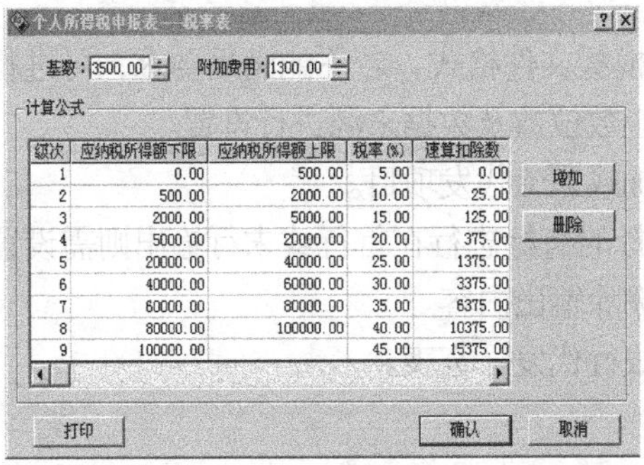

图 4-27　个人所得税申报表——税率表

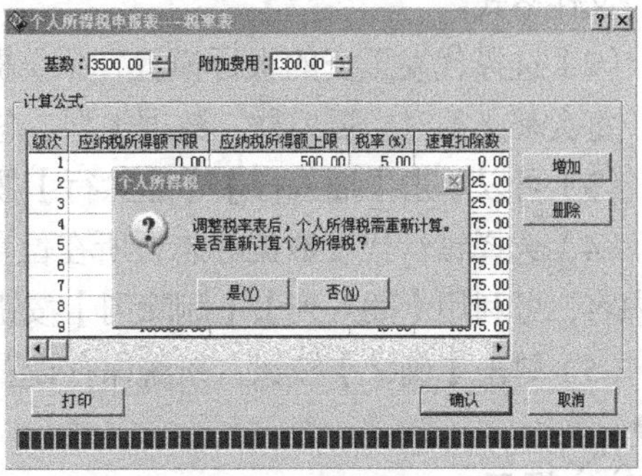

图 4-28　调整税率时的提示

（6）单击【是】按钮，返回"个人所得税申报表"窗口。单击退出按钮退出。

提示

- "个人所得税申报表"是个人纳税情况的记录，系统提供对表中栏目的设置功能；
- 个人所得税申报表栏目只能选择系统提供的项目，不提供由用户自定义的项目；
- 系统默认以"实发合计"作为扣税基数，如果想以其他工资项目作为扣税标准，则需要在定义工资项目时单独为应税所得设置一个工资项目；
- 如果单位的扣除费用及税率与国家规定的不一致，可以在个人所得税扣缴申报表中单击"税率"按钮进行修改；
- 在"工资变动"中，系统默认以"实发合计"作为扣税基数，所以在执行个人所得税计算后，需要到"工资变动"中执行"计算"和"汇总"功能，以保证"代扣税"工资项目正确地反映出单位实际代扣个人所得税的金额；
- 个人所得税计提基数的初始设置是 2 000 元，所以不需调整个人所得税的计提基数，如果需要，可以在此处进行调整。

注意

（1）对于外币工资类别，用户要输入外币汇率；

（2）若用户修改了税率表或重新选择了"收入额合计项"，则用户在退出个人所得税功能后，需要到数据变动功能中执行重新计算功能，否则系统将保留用户修改个人所得税前的数据状态。

三、银行代发

银行代发即由银行发放给企业职工个人工资。这种做法既减轻了财务部门发放工资的烦琐，有效地避免了财务部门到银行提取大笔款项所承担的风险，又提高了员工个人工资的保密程度。

1. 银行文件格式设置

银行代发文件格式设置是根据银行的要求，设置提供数据中所包含的项目，以及项目的数据类型、长度、取值范围等。

操作步骤：

（1）在“银行代发一览表”界面中单击【格式】按钮，进入银行文件格式设置界面，设置银行文件格式。

（2）选择代发工资的银行模板，系统提供银行模板文件格式，若不能满足要求，可进行修改。每次都必须对栏目名称、数据类型、总长度、小数位数及数据来源进行设置。

（3）可以单击【插入行】、【删除行】按钮，增加或删除代发项目。

（4）选择银行代发数据标志行所在位置。若选择的有标志行在首行或末行输出则需设置输出内容，可利用【插入列】、【删除列】按钮增加或删除输出内容。

（5）单击【确认】按钮，系统保存设置，生成银行代发一览表。

提示

- 输入的字段类型与数据来源的类型不匹配时，系统将提示是否转换字段类型。若选择【是】按钮，则系统自动将字段类型转换成与数据来源相符的格式；否则需返回到格式设置中进行修改；
- 新增栏目的数据来源，只能通过选择录入，而不能手工输入；
- 如果栏目顺序需要调整，则拖动要调整的栏目到相应的位置即可。

2. 银行代发输出格式设置

根据银行的要求，设置向银行提供的数据是以何种文件形式存放在磁盘中，且在文件中各数据项目是如何存放和区分的。

在“银行代发一览表”界面中单击【文件方式设置】按钮，进入文件输出方式设置界面，设置银行代发输出格式。按银行规定在“常规”选项卡中选择存放文件类型。

相关知识

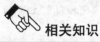

1. TXT 文件：扩展名 TXT 的文本文件（固定宽度的文本文件）。

2. DAT 文件：在“DAT 文件类型”中，当只有“字符型补位符”选项被选中时，才允许选择“银行账号补位方向”，否则该选项处于不可用状态。

3. DBF 文件：所有设置均不可修改，“银行账号补位方向”为不可用状态。

3. 磁盘输出

磁盘输出是指按用户已设置好的格式和设定的文件名，将数据输出到指定的地方。在“银行代发一览表”界面中单击【磁盘传输】按钮，即可进入待发文件磁盘输出功能。

选择输出文件的存储路径并设定保存文件的名称。例如，输出到软盘，请插入软盘，单击【确认】按钮，即可备份代发文件。取消操作则单击【取消】按钮即可。

四、工资分摊

工资分摊是指对当月发生的工资费用总额的计算、分配及各种经费的计提，并制作自动转账凭证，传递到总账系统中。

1. 设置工资分摊类型

在初次使用工资系统时，应先进行工资分摊的设置。所有与工资相关的费用及基金均需建立相应的分摊类型名称及分摊比例。

【例 4-11】 002 账套中工资分摊的类型为“应付职工薪酬”和“工会经费”。“应付职工薪酬”的分摊比例为 100%，按照工资总额的 2%计提工会经费。应付分摊的内容如表 4-8 所示。

表 4-8 工资分摊内容

部门	人员类别	项目	分摊类型	借方科目	贷方科目
财务部	管理人员	应发合计	应付职工薪酬	6602（管理费用）	2211（应付职工薪酬）
			工会经费	6602（管理费用）	2211（应付职工薪酬）
办公室	管理人员	应发合计	应付职工薪酬	6602（管理费用）	2211（应付职工薪酬）
			工会经费	6602（管理费用）	2211（应付职工薪酬）
采购部	管理人员	应发合计	应付职工薪酬	6602（管理费用）	2211（应付职工薪酬）
			工会经费	6602（管理费用）	2211（应付职工薪酬）
销售部	管理人员	应发合计	应付职工薪酬	6601（销售费用）	2211（应付职工薪酬）
			工会经费	6601（销售费用）	2211（应付职工薪酬）
生产车间	生产人员	应发合计	应付职工薪酬	5001（生产成本）	2211（应付职工薪酬）
			工会经费	5001（生产成本）	2211（应付职工薪酬）

操作步骤：

（1）选择“工资”|“业务处理”|“工资分摊”命令，或直接单击【工资分摊】按钮，打开“工资分摊”对话框，如图 4-29 所示。

（2）单击【工资分摊设置】按钮，打开“分摊类型设置”对话框，如图 4-30 所示。

（3）单击【增加】按钮，打开“分摊计提比例设置”对话框。

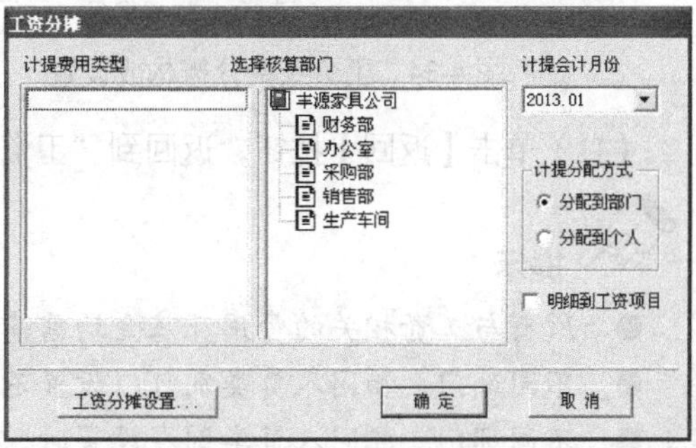

图 4-29 “工资分摊” 对话框

（4）在“计提类型名称”文本框输入“应付职工薪酬”，在“分摊计提比例”数值框中输入“100%”，如图 4-31 所示。

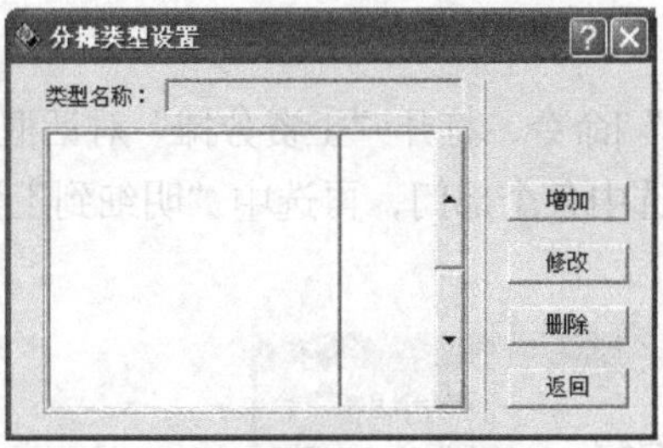

图 4-30 分摊类型设置

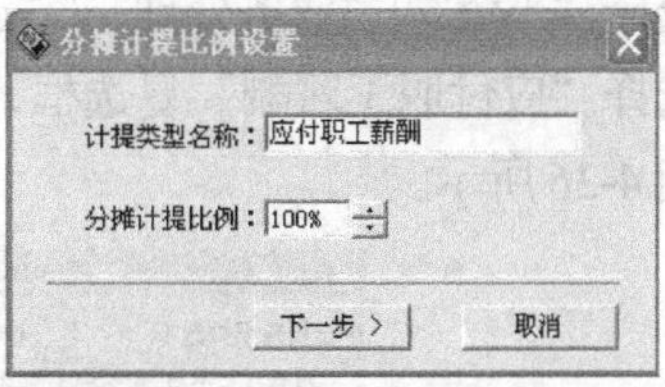

图 4-31 分摊计提比例设置

（5）单击【下一步】按钮，打开“分摊构成设置”对话框。

（6）在对话框中，分别选择分摊构成的各个项目内容，如图 4-32 所示。

（7）输入信息后单击【完成】按钮，返回到“分摊类型设置”对话框。

（8）单击【增加】按钮，在“计提类型名称”文本框中输入“工会经费”，在“分摊计提比例”数值框中输入“2%”，如图 4-33 所示。

（9）单击【下一步】按钮，打开“分摊构成设置”对话框，在对话框中分别选择分摊构成的各个项目内容，如图 4-34 所示。

（10）单击【完成】按钮，返回到“分摊类型设置”对话框，如图 4-35 所示。

图 4-32 分摊构成设置

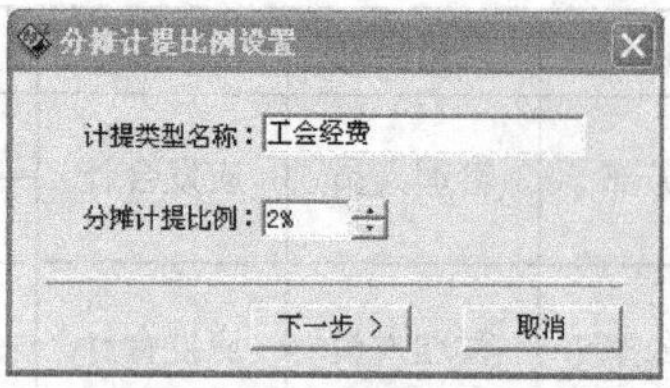

图 4-33 工会经费计提比例设置

图 4-34 工会经费分摊构成设置

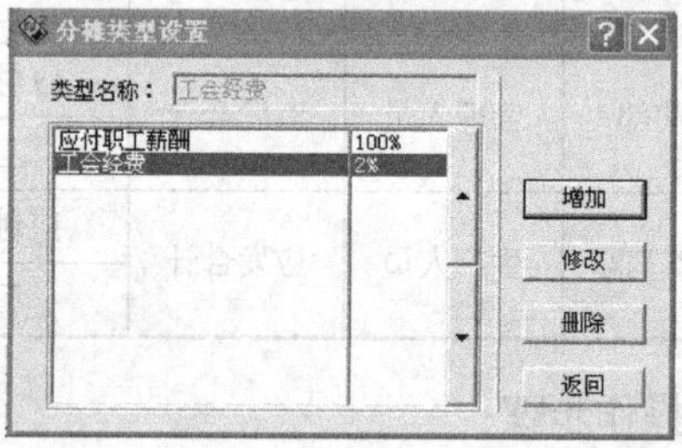

图 4-35 “分摊类型设置”对话框

（11）单击【返回】按钮，返回到“工资分摊”对话框。

提示

- 所有与工资相关的费用及基金均需建立相应的分摊类型名称及分类比例；
- 不同部门、相同人员类别可以设置不同的分摊科目；
- 不同部门、相同人员类别在设置时，可以一次选择多个部门。

2. 分摊工资并生成转账凭证

【例 4-12】 分摊 002 账套 1 月份的工资。

操作步骤：

（1）选择“工资”|“业务处理”|“工资分摊”|命令，打开“工资分摊”对话框。

（2）选择“应付职工薪酬”复选框，并单击选中各个部门，再选中“明细到工资项目”复选框，如图 4-36 所示。

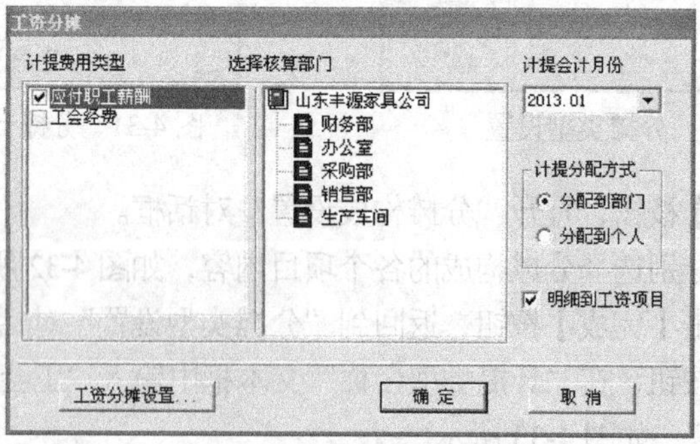

图 4-36 工资分摊设置

（3）单击【确定】按钮，打开“应付职工薪酬一览表”，如图 4-37 所示。

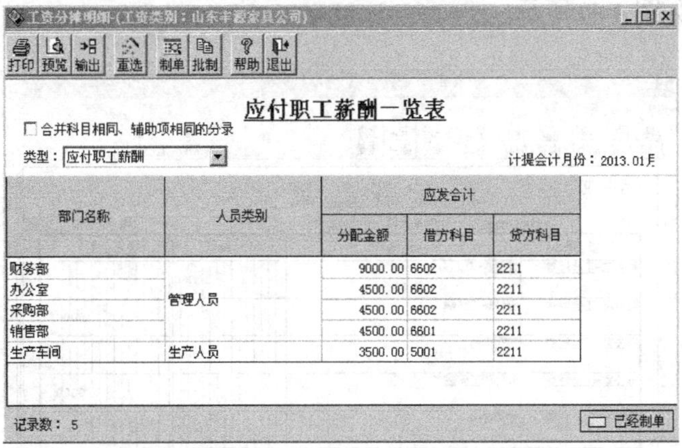

部门名称	人员类别	应发合计		
		分配金额	借方科目	贷方科目
财务部	管理人员	9000.00	6602	2211
办公室		4500.00	6602	2211
采购部		4500.00	6602	2211
销售部		4500.00	6601	2211
生产车间	生产人员	3500.00	5001	2211

图 4-37　应付职工薪酬一览表

（4）单击【制单】按钮，生成应付工资分摊的转账凭证。选择凭证类别为“转账凭证”，单击【保存】按钮，如图 4-38 所示。

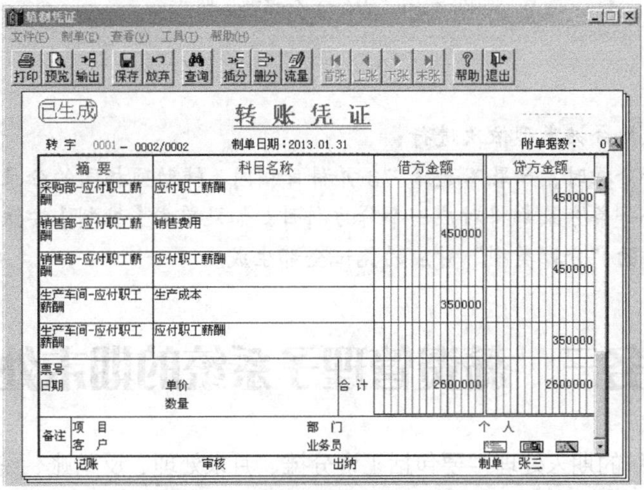

图 4-38　工资分摊的转账凭证

（5）单击【退出】按钮，返回“应付职工薪酬一览表”。

（6）在“应付职工薪酬一览表”单击“类型”下拉列表框的下三角按钮，选择“工会经费”选项，并选择“合并科目相同、辅助项相同的分录”复选框，如图 4-39 所示。

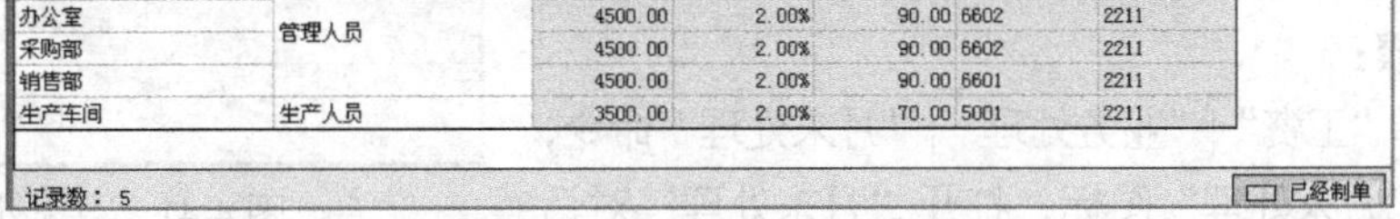

部门名称	人员类别	应发合计				
		计提基数	计提比例	计提金额	借方科目	贷方科目
财务部	管理人员	9000.00	2.00%	180.00	6602	2211
办公室		4500.00	2.00%	90.00	6602	2211
采购部		4500.00	2.00%	90.00	6602	2211
销售部		4500.00	2.00%	90.00	6601	2211
生产车间	生产人员	3500.00	2.00%	70.00	5001	2211

图 4-39　应付工会经费一览表

（7）单击【制单】按钮，生成工会经费分摊的转账凭证。选择凭证类别为“转账凭证”，单击【保存】按钮，如图 4-40 所示。

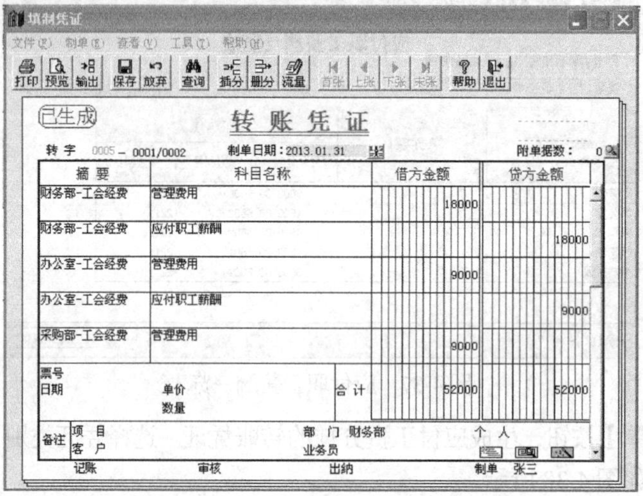

图 4-40　应付工会经费一览表

提示

- 工资分摊应按分摊类型依次进行；
- 在进行工资分摊时，如果不选择“合并科目相同、辅助项相同的分录”复选框，则在生成凭证时每一条分录都将对应一个贷方科目；如果单击【批制】按钮，可一次将所有本次参与分摊的“分摊类型”对应的凭证全部生成。

任务三　薪资管理子系统的期末处理

薪资管理子系统的期末处理主要包括工资分摊、月末处理、反结账、统计分析、凭证查询等的处理。在本任务中，掌握月末处理的操作，熟悉反结账的操作、凭证的查询；了解如何进行统计分析。熟悉工资管理子系统的期末处理。

一、月末处理

月末处理是将当月数据经过处理后结转至下月。每月工资数据处理完毕后均可进行月末结转。由于在工资项目中，有的项目是变动的，即每月的数据均不相同，因此在每月工资处理时，均需将其数据清零，而后输入当月的数据，此类项目即为清零项目。

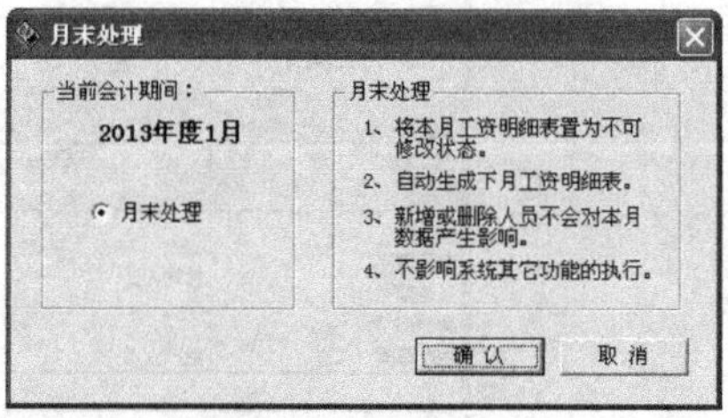

图 4-41　月末处理

【例 4-13】 将 002 账套进行 1 月份月末处理。月末处理时不仅仅限于清零处理。

操作步骤：

（1）选择“工资”|“业务处理”|“月末处理”命令，或直接单击“月末处理”图标，打开“月末处理”对话

框，如图 4-41 所示。

（2）单击【确认】按钮，系统提示：“月末处理之后，本月工资将不许变动！继续月末处理吗？”如图 4-42 所示。

（3）单击【是】按钮，系统提示：“是否选择清零项？”如图 4-43 所示。

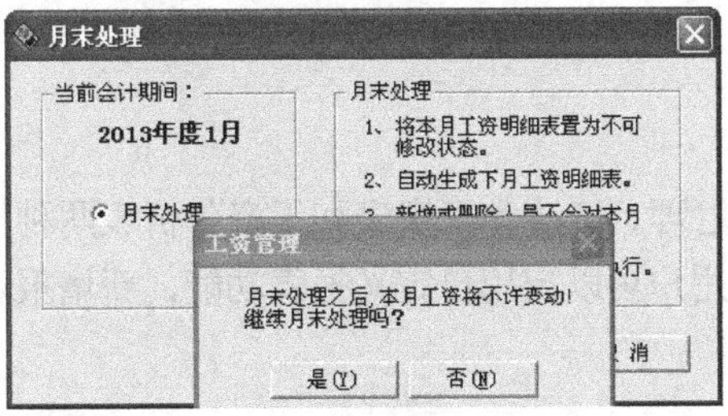

图 4-42　月末处理的提示

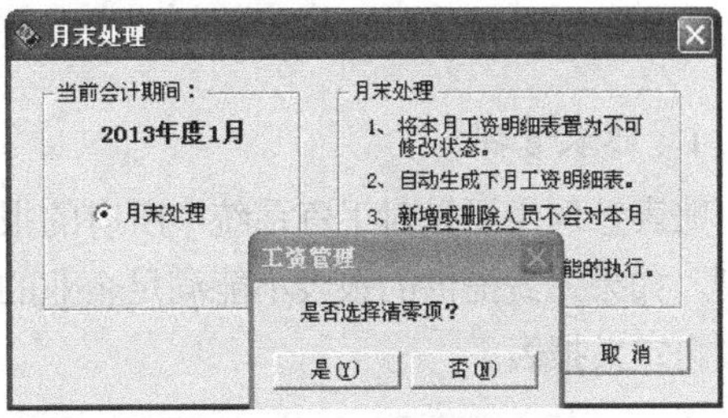

图 4-43　是否清零提示

（4）单击【否】按钮，系统提示：“月末处理完毕!”，如图 4-44 所示。

（5）单击【确定】按钮。

图 4-44　月末处理完毕提示

提示

- 月末处理只有在会计年度的 1 月至 11 月进行；
- 如果处理多个工资类别，则应打开工资类别后分别进行月末处理；
- 进行月末处理后，当月数据将不再允许变动；
- 月末处理功能只有账套主管才能执行。

二、反结账

在工资管理系统结账后，如果发现还有一些业务或其他事项需要在已结账月进行账务处理，可以由账套主管使用反结账功能，取消已结账标记。

在工资管理系统中，以下个月的日期登录，选择“业务处理”|“反结账”命令，选择要反结账的工资类别，确认后即可完成反结账的操作。

提示

有下列情况之一，不允许反结账：

- 总账系统已结账；
- 成本管理系统上月已结账；
- 汇总工资类别的会计月份等于反结账会计月，且包括需反结账的工资类别；
- 本月工资分摊、计提凭证传输到总账系统，如果总账系统已制单并记账，需做红字冲销凭证后，才能反结账；如果总账系统未做任何操作，只需删除此凭证即可；
- 如果凭证已经由出纳签字（主管签字），需取消出纳签字（主管签字），并删除该张凭证后，才能反结账。

三、统计分析

工资业务处理完成后，相关的工资报表数据同时生成。系统提供了多种形式的报表，反映工资核算的结果。报表的格式是工资项目按照一定的格式由系统设定的。如果对报表提供的固定格式不满意，可以进行修改。

1. 账表管理

账表管理主要是对工资系统中所有的报表进行管理，它分为工资表和工资分析表两种报表类型。如果系统提供的报表不能满足企业的需要，用户可以启用自定义报表功能，新增报表和设置自定义报表。

2. 工资表

工资表用于本月工资的发放和统计，其功能主要是完成查询和打印各种工资表的工作。工资表包括一些由系统提供的原始表，如工资卡、工资发放表、部门工资汇总表、部门条件汇总表、工资签名表、人员类别汇总表、条件统计（明细）表及工资变动汇总（明细）表。

在工资系统中，选择“统计分析”|“账表管理”命令，打开“账表管理”窗口，双击“工资表”，打开“工资表”对话框。双击要查看的工资表，输入查询条件，即可得到相应的查询结果。

3. 工资分析表

工资分析表是以工资数据为基础，对部门、人员类别的工资数据进行分析和比较，产生各种分析表，供决策人员使用。工资数据分析表包括工资增长分析、按月分类统计表、部门分类统计表、工资项目分析表、员工工资汇总表、按项目分类统计表、员工工资项目统计表、分部门各个月工资构成分析及部门工资项目构成分析表。

在工资系统中，选择“统计分析”|“账表分析”命令，打开“账表分析”窗口，双击“工资分析表”，打开“工资分析表”对话框。双击要查看的工资分析表，输入查询条件，即可得到相应的查询结果。

对于工资项目分析，系统仅提供单一部门项目分析表。用户在分析界面中可以单击“部门”下拉列表框，选择某一部门，查看该部门的工资项目分析表。

对于员工工资汇总表，系统仅提供对单一工资项目和单一部门进行员工工资构成分析。对于分部门各个月工资构成分析表，系统提供对单一工资项目进行工资构成分析。

4. 凭证查询

工资核算的结果以转账凭证的形式传输到总账系统中，在总账系统中可以进行查询、审核、记账等操作，不能修改或删除。工作管理系统中的凭证查询功能可以对工资系统中所生成的转账凭证进行删除及冲销操作。

【例 4-14】 查询 2013 年 1 月所填制的工资分摊记账凭证。

操作步骤：

（1）选择“统计分析”|“凭证查询”命令，打开“凭证查询”对话框，如图 4-45 所示。

（2）选择或输入要查询的起始月份和终止月份，显示查询期间凭证列表。

（3）选中一张凭证，单击【删除】按钮可删除标志为“未审核”的凭证。

（4）单击【冲销】按钮，则可对当前标志为“记账”的凭证，进行红字冲销操作，自动生成与原始凭证相同的红字凭证。

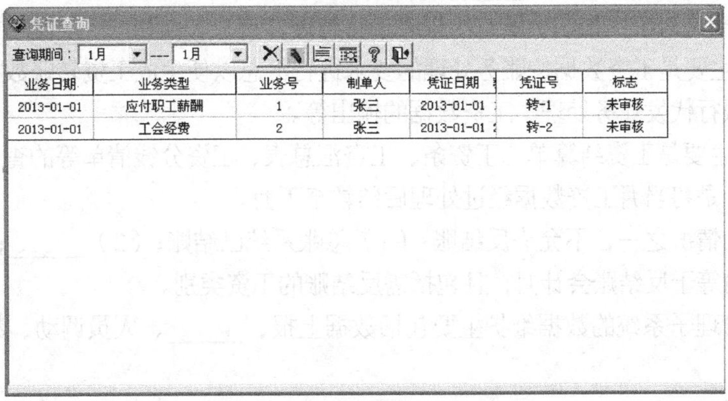

图 4-45 “凭证查询”对话框

（5）单击【单据】按钮，显示生成凭证的原始凭证。

（6）单击【凭证】按钮，显示单张凭证界面。

习题与实训

一、选择题

1. 在工资管理子系统中，进行多工资类别管理时，若新增工资项目，应（ ）工资类别。

A. 打开 B. 关闭 C. 删除 D. 创建

2. 在工资管理子系统中，不能与其他系统共享，需要在本系统中单独设置的基础档案是（ ）。

A. 人员档案 B. 会计科目 C. 部门档案 D. 凭证类别

3. 选择人员编码长度，可自由选择，但最长不超过（ ）位。

A. 5 B. 10 C. 15 D. 20

4. 人员附加信息最多允许增加到（ ）个。

A. 25 B. 50 C. 100 D. 200

5.（ ）、（ ）、（ ）不是公式定义框的最后 3 个公式。

A. 应发合计 B. 扣款合计 C. 实发合计 D. 奖金合计

6. 进行月末处理后，当月数据将（ ）。

A. 不再允许变动 B. 可以变动

C. 丢失 D. 可以变动，也可以不变动

二、填空题

1. 工资管理子系统的初始化设置包括：建立工资账套、人员附加信息设置、人员类别设置、______、银行名称设置、______。

2. ______即定义各工资项目的计算公式及工资项目之间的运算关系。

3. 定义公式可通过选择工资项目、______、______、函数等组合完成。

4. 第一次使用工资管理子系统完成初始化工作后，必须将所有人员的工资数据录入计算机，

这项工作通过______功能来实现。

5. 如果使用中国建设银行代发工资，则必须增加输入______全称。

6. 人员的“进入日期”不应______当前的系统注册日期。

7. 我的账表是对工资系统中所有的报表进行管理，有______和______两种报表类型。

8. ______主要是工资数据按账务处理的要求进行汇总以便生成工资转账数据，进行个人所得税的计算、银行代发业务处理、工资数据的输出等。

9. ______主要是工资结算单、工资条、工资汇总表、工资分钱清单等的查询和打印输出。

10. ______是将当月工资数据经过处理后结转至下月。

11. 有下列情况之一，不允许反结账：（1）总账系统已结账；（2）______；（3）汇总工资类别的会计月份等于反结账会计月，且包括需反结账的工资类别。

12. 工资管理子系统的数据维护主要包括数据上报、______、人员调动、数据接口管理等内容。

三、简答题

1. 工资管理子系统的账套与系统管理的账套有什么区别?

2. 如何建立工资账套?

3. 工资管理子系统的日常业务处理包括哪些内容?

4. 工资月末处理包括哪些内容?

四、实验题

华达公司 2013 年 1 月工资管理子系统的有关资料如下。

（1）基础设置。

工资类别个数：1 个，核算币种：人民币 RMB，实行代扣个人所得税，不进行扣零处理，人员编码长度：3 位。

（2）人员档案及类别。

人员类别分为管理人员、基本生产人员、车间管理人员、销售人员 4 类。人员档案如表 4-9 所示（全部人员均为中方人员，计税，通过中国工商银行代发工资，个人账号 KN 为 11 位，按人员档案编号顺序分别为：10000110101—10000110110）：

表 4-9 人员类别

编号	姓名	所属部门	职员属性	职员类别	工龄	基本工资（元）
101	王 娜	行政科	主管	管理人员	20	2 000
102	王 洪	行政科	职员	管理人员	13	1 000
201	王 宏	财务部	主管	管理人员	23	2 400
202	吴远清	财务部	出纳	管理人员	15	1 500
301	李 新	销售部	业务员	销售人员	16	2 000
302	季 红	销售部	主管	销售人员	15	1 100
401	宫 力	采购部	主管	管理人员	16	1 200
402	肖可可	采购部	职员	车间管理人员	3	1 100
501	高涓涓	仓储部	主管	基本生产人员	19	1 000

（3）工资项目及公式。

① 工资项目如表 4-10 所示。

表 4-10　　　　工资分摊

项目名称	类型	长度	小数位数	工资增减项
基本工资	数字	10	2	增项
岗位工资	数字	10	2	增项
奖　金	数字	10	2	增项
应发合计	数字	10	2	增项
代 扣 税	数字	8	2	减项
扣款合计	数字	8	2	减项
实发合计	数字	10	2	增项
计税基数	数字	8	2	其他

② 计算公式。

岗位工资：IFF（人员类别="企业管理人员"，500，550）；

奖金：IFF（人员类别="企业管理人员"，250，300）；

计税基数：基本工资+岗位工资+奖金；

银行设置与所得税项目：通过中国工商银行代发工资，单位编号为 110101010，录入日期：2012.12.10；

所得税项目为：工资，对应工资项目，计税基数；

工资分摊：均指企业负担的部分，分摊计提月份：1 月；

核算部门：行政科、财务部、销售组、采购部、仓储部；

计算公式：应付工资总额=计税基数×100%；应付福利费=计税基数×14%；

工资分摊如表 4-11 所示。

表 4-11　　　　工资分摊

部门 \ 人员类别		工资总额	
		借方	贷方
行政科	企业管理人员	660201	2211
供应组	企业管理人员	660201	2211
销售组	销售人员	663101	2211

项目五

固定资产管理

学习目标

知识目标

- 了解固定资产管理系统的主要功能及其与其他业务模块之间的关系
- 掌握固定资产子账套的建立、部门档案的设置、部门对应折旧科目的设置、录入原始卡片的设置的方法
- 熟悉选项的设置、资产类别的设置、增减方式的设置、使用状况的设置、折旧方法的设置、卡片项目的设置、卡片样式的设置方法
- 掌握固定资产管理中初始设置、日常业务处理和期末业务处理的方法

能力目标

- 能够根据业务要求完成固定资产账套的设置、设置部门档案、录入原始卡片等
- 能够根据业务要求完成固定资产的增减变动和折旧计提
- 能够根据业务要求完成固定资产管理中初始设置、日常业务处理和期末业务处理工作

工作情境

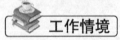

李娜是某职业学院会计专业三年级的学生，现在山东丰源家具公司财务岗位实习，该公司为一般纳税人的工业企业，增值税率17%，适用新企业会计制度，其主营业务为生产加工家具，随着企业的发展，企业所拥有的资产数量不断增大，手工管理有一定的难度。该企业决定2013年1月1日启用固定资产管理系统对资产的取得、处理、折旧、出售、交换等整个生命周期进行管理，使管理者能够全面掌握当前拥有的固定资产的数量与价值，追踪固定资产的使用状况，提高其利用效率。

在正式使用本系统前财务人员已经整理了有关固定资产的手工管理资料，以便将这些资料输入系统，应用准备工作主要包括以下内容：卡片项目整理、卡片样式整理、折旧方法整理、资产类别整理、建账、期初数据整理、报表整理、其他信息整理。这是使用固定资产管理子系统进行资产管理和核算的基础。

1．固定资产系统主要业务

（1）以操作员101（张三，密码为空）的身份在2013年1月10日登录注册总账系统002账套，并建立固定资产子账套。固定资产子账套的启用月份为“2013年1月”。

固定资产折旧采用“平均年限法（一），按月计提折旧”，折旧汇总分配周期为“一个月”；当月初已计提折旧月份=可使用月份—1时，要求提取全部剩余折旧。固定资产编码方式为“2-1-1-1”，采用手工编码，序号长度为5。固定资产系统要求与总账系统进行对账，对账科目为“1601　固定资产”，累计折旧科目为“1602　累计折旧”，对账不平的情况下不允许结账。

（2）设置 002 账套对应的折旧科目，如下表所示。

部门名称	折旧科目
财务部	管理费用-（6603）
办公室	管理费用-（6602）
采购部	管理费用-（6602）
销售部	销售费用-（6601）
生产车间	生产成本-（5001）

（3）设置 002 账套固定资产类别，如下表所示。

分类编码	分类名称	使用年限	净残值率	计提属性	折旧方法	卡片样式
01	房屋建筑物	20 年	2%	正常计提	平均年限法（一）	通用样式
02	生产用机器设备	10 年	2%	正常计提	平均年限法（一）	通用样式
03	办公用设备	5 年	2%	正常计提	平均年限法（一）	通用样式

（4）设置 002 账套固定资产的增减方式及对应入账科目如下表。

增加方式	对应入账科目	减少方式	对应入账科目
直接购入	银行存款（1002）	出售	固定资产清理（1606）
投资者投入	实收资本（4001）	投资转出	长期股权投资（1511）
在建工程转入	在建工程（1604）	报废	固定资产清理（1606）

（5）设置系统默认的使用方法和折旧方法。

（6）录入 002 账套固定资产的原始卡片。

① 联想服务器一台，财务部使用，2012-01-01 购入，原值 10 000 元，已提折旧 2 000 元；

② 生产流水线一条，车间用，2011-11-15 购入，原值 10 万元，已提折旧 8 925 元。

（7）查询 002 账套全部固定资产卡片并查询财务部的固定资产情况。

（8）2013 年 1 月 20 日，生产车间直接购入一台生产用机器，价值为 110 000 元，预计使用年限 6 年，预计净残值率为 2%，采用双倍余额递减法计提折旧。

（9）计提 002 账套 2013 年 1 月的固定资产折旧。

（10）将 1 月份的新增固定资产进行制单处理。

2. 工作情境分析

若要完成丰源家具公司固定资产管理工作，需分成以下几项工作任务。

（1）初始设置。启动固定资产管理，建立子账套，设置固定资产账套参数。进行固定资产管理系统初始化设置，主要包括“选项”、“部门档案”、“部门对应折旧科目”、“资产类别”、“增减方式”、“使用情况”和“折旧方法”。

（2）日常业务处理。固定资产管理系统的日常处理主要是指卡片管理，资产的增加、减少，资产在使用过程中发生的变动处理，批量管理以及资产评估等业务发生时所进行的操作。

（3）期末处理。在固定资产系统中，期末业务处理的工作主要包括计提折旧、制单处理及对账与结账的处理工作。

任务一 固定资产管理系统初始化设置

固定资产管理系统初始设置是根据企业的具体情况，建立一个适合本单位需要的固定资产子账套的过程。固定资产初始设置的主要内容主要包括建立固定资产子账套、基础设置和录入原始卡片。

首次使用固定资产管理子系统时，必须先把它安装在硬盘上。安装完成之后，以系统管理员身份登录进入“系统管理”，系统会提示：需要进行账套初始化操作，为固定资产建立账套。

建立一个适合本企业的固定资产子账套的过程就是系统的初始化，是使用固定资产管理子系统的首要操作。固定资产子账套是在会计核算账套的基础上建立的，对于已有会计核算账套的，需要注册启动该账套，再在固定资产管理系统中建立子账套；尚未建立会计核算账套的，要先在系统管理中建立会计核算账套，然后再在固定资产管理系统中建立子账套。本任务以新建子账套为例进行讲解。

一、设置账套参数

建立固定资产子账套是根据企业的具体情况，在已经建立会计核算账套的基础上建立一个合适企业实际需要的固定资产子账套的过程。建立账套需要设置的内容主要包括：约定及说明、启用日期、折旧信息、编码方式、账务接口和完成设置 6 部分。

【例 5-1】 以操作员 101（张三，密码为空）的身份在 2013 年 1 月 10 日登录注册总账系统 002 账套，并建立固定资产子账套。固定资产子账套的启用月份为“2013 年 1 月”。

固定资产折旧采用“平均年限法（一），按月计提折旧”，折旧汇总分配周期为“一个月”；当月初已计提折旧月份=可使用月份-1 时，要求提取全部剩余折旧。固定资产编码方式为“2-1-1-1”，采用手工编码，序号长度为 5。固定资产系统要求与总账系统进行对账，对账科目为“1601 固定资产”，累计折旧科目为“1602 累计折旧”，对账不平的情况下不允许结账。

操作步骤：

（1）以“张三”的身份在“系统管理”功能中启用 002 账套的“固定资产”系统（启用日期为 2013 年 1 月 10 日）。

（2）选择“开始”|“程序”|“用友 T3 系列管理软件”|“用友 T3”|“畅捷通 T3”|，或者直接单击桌面上的 畅捷通 T3 的图标打开“注册【控制台】”对话框。

（3）在“用户名”文本框中输入“101”，在“密码” 文本框中输入“空”。选择“账套”下拉列表中的“002 丰源家具公司”选项及“会计年度”下拉列表中的“2013”选项，选择“操作日期”为“2013-01-10”。

（4）单击【确定】按钮，打开“畅捷通 T3”窗口。

提示

- 在启动固定资产系统前应先在系统管理中设置相应的账套。
- 在启动固定资产系统前应已经建立了账套，或在建立账套后已经启动了 002 账套的“固定资产”系统。

（5）在“畅捷通 T3”窗口中，选择“固定资产”选项。系统提示：“这是第一次打开此账套，还未进行过初始化，是否进行初始化？”如图 5-1 所示。

（6）单击【是】按钮，打开“固定资产初始化向导—约定及说明”对话框，如图 5-2 所示。

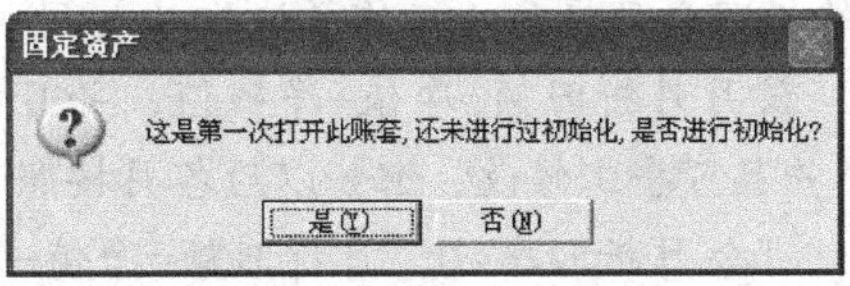

图 5-1　是否进行初始化的提示

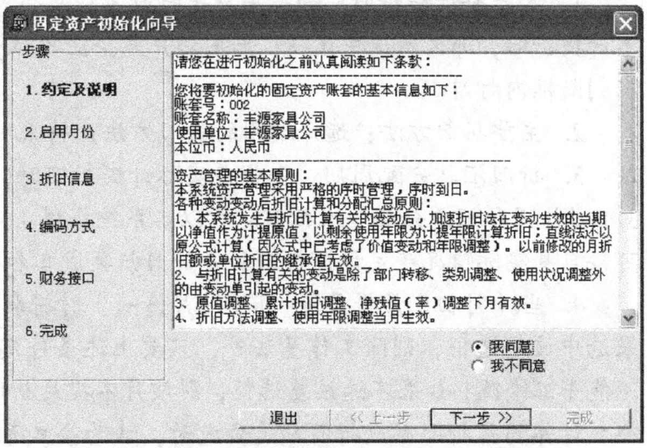

图 5-2　固定资产初始化向导—约定及说明

（7）选择“我同意”单选钮，单击【下一步】按钮，打开“固定资产初始化向导—启用月份”对话框，如图 5-3 所示。

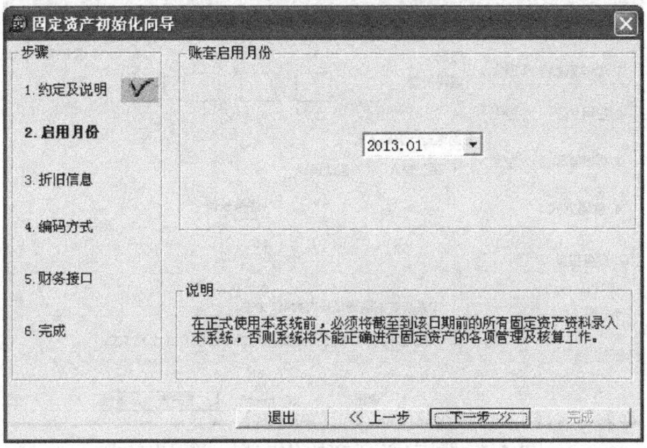

图 5-3　固定资产初始化向导—启用月份

（8）单击【下一步】按钮，打开“固定资产初始化向导—折旧信息”对话框，如图 5-4 所示。

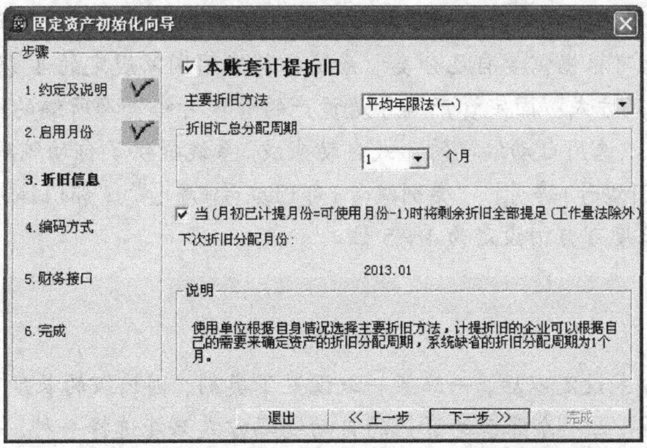

图 5-4　固定资产初始化向导—折旧信息

相关知识

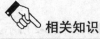

1．本账套计提折旧：如果用户是行政事业单位，按照新会计准则规定单位的固定资产并不计提折旧，那么不选中该项；如果用户是企业单位，请选中该复选框。本书以企业为例，故在判断框内打勾。

2．主要折旧方法：选择常用的折旧方法，将来对具体的固定资产可重新定义折旧方法。

3．折旧汇总分配周期：企业在实际计提折旧时，不一定每个月计提一次，如保险行业每3个月计提和汇总分配一次折旧。所以本系统提供1、2、3、4、6、12几个分配周期，选择时可按自身实际情况确定计提折旧和将折旧归集成本和费用的周期。

4．当（月初已计提月份=可使用月份-1）时将剩余的折旧全部提足（工作量法除外）：如果选中该复选框，则除工作量法外，只要上述条件满足，该月月折旧额=净值-净残值，并且不能手工修改；如果不选该复选框，则该月不提足折旧，并且可手工修改，但如以后各月按照公式计算的月折旧率或折旧额是负数时，认为公式无效，可令月折旧率=0，月折旧额=净值-净残值。

（9）单击【下一步】按钮，打开“固定资产初始化向导—编码方式”对话框，编码长度为默认，如图5-5所示。

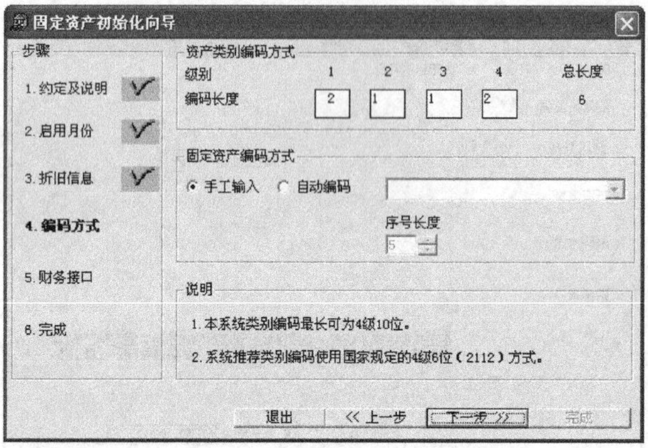

图5-5 固定资产初始化向导—编码方式

相关知识

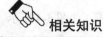

1．资产类别编码方式：资产类别是单位根据管理和核算的需要给资产所做的分类，可参照国家标准分类，也可根据需要自己分类。系统推荐采用国家规定的4级6位（2112）方式。

2．固定资产编码方式：固定资产编号是资产的管理者给资产所编的编号，可以在输入卡片时手工输入，也可以选用自动编码的形式自动生成。系统提供了自动编码的几种形式，如“类别编号+序号”、“部门编号+序号”、“类别编号+部门编号+序号”、“部门编号+类别编号+序号”。自动编号中序号的长度可自由设定为1～5位。

注意

资产类别编码方式设定以后，一旦某一级设置了类别，则该级的长度不能修改，未使用过的各级的长度可修改。每一个账套的资产的自动编码方式只能选择一种，一经设定，该自动编码方式不得修改。

（10）单击【下一步】按钮，打开“固定资产初始化向导—账务接口”对话框，如图 5-6 所示。

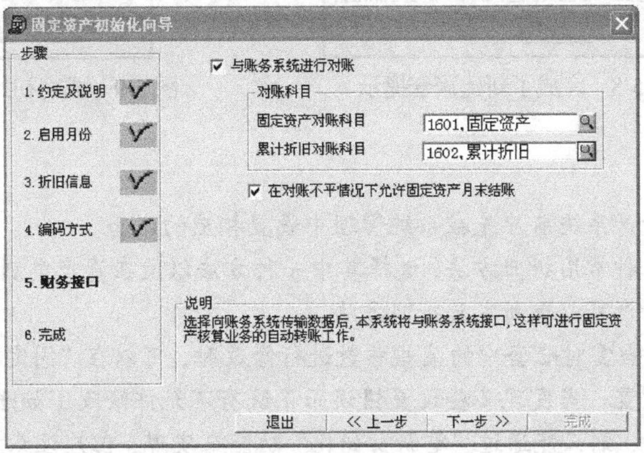

图 5-6　固定资产初始化向导—账务接口

相关知识

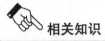

1. 与财务系统进行对账：在使用总账管理子系统的情况下，对账的含义是将固定资产系统内所有资产的原值、累计折旧与账务系统中的固定资产和累计折旧科目的余额核对，以检验数值是否相等。如果不希望与账务系统对账，可以不勾选此项，表示不对账。

2. 固定资产对账科目和累计折旧对账科目：参照财务系统的科目选择。所选的对账科目应与账务系统内的一级科目相一致。

3. 在对账不平情况下允许固定资产月末结账：如果希望严格控制系统内的平衡，并且能做到两个系统录入的数据没有时间差异，可勾选此复选框，否则不勾选。

（11）单击“固定资产对账科目”后的参照按钮，选择“1601，固定资产”；再单击“累计折旧对账科目”后的参照按钮，选择“1602，累计折旧”；选中 “在对账不平情况下允许固定资产月末结账”复选框。单击【下一步】按钮，打开“固定资产初始化向导—完成”对话框，如图 5-7 所示。

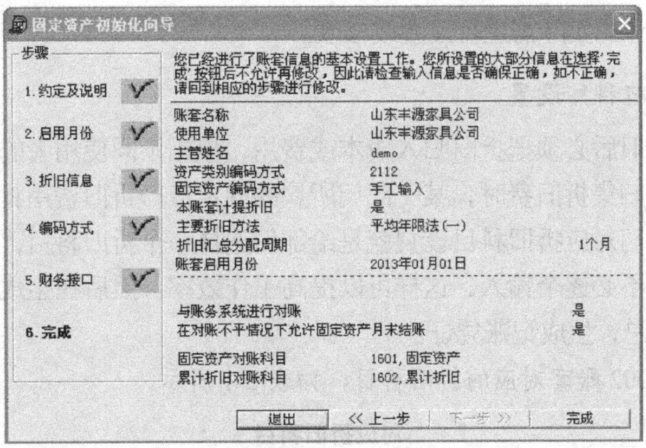

图 5-7　固定资产初始化向导—完成

（12）单击【完成】按钮，系统提示：“已经完成了新建账套的所有设置工作，是否确定所设置的信息完全正确并保存对新账套的所有设置？”如图 5-8 所示。

（13）单击【是】按钮，系统提示：“已成功初始化本固定资产账套！”如图 5-9 所示。

（14）单击【确定】按钮，进入固定资产系统。

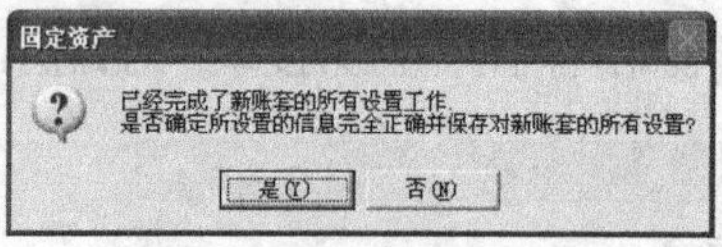

图 5-8 完成了新建账套提示

图 5-9 成功初始化提示

提示

- 在启动固定资产系统前应先在系统管理中设置相应的账套。
- 系统设置了 6 种常用折旧方法，选择其中一种方法以便在资产类别设置时自动带出。对具体的固定资产可以重新定义折旧方法。
- 建账完成后，当需对账套中的某些参数进行修改时，可以在“固定资产”|“设置”|“选项”中重新设置；当发现某些设置错误而系统有不允许修改（如账套是否计提折旧），但必须纠正时，则只能通过“重新初始化”功能来实现，但应注意重新初始化将清空对该子账套所做的一切工作。

二、基础设置

在使用固定资产系统进行固定资产卡片录入和日常业务处理之前，应检查系统是否已经完成了相应的基础设置。固定资产系统的基础设置主要包括“选项”、“部门档案”、“部门对应折旧科目”、“资产类别”、“增减方式”、“使用情况”和“折旧方法”。

1. 选项设置

由于在建设固定资产子账套时已经进行了有关选项的设置，因此在“选项”中只能对允许修改的参数进行修改，其他参数只能查看。

2. 部门档案设置

在“部门档案”设置中，可以对企业的各职能部门进行分类和描述，以便确定固定资产的归属。部门档案的设置在各个系统中是共享的，在固定资产系统中应检查其设置的内容是否完整，这里可以根据企业的实际需进行设置或修改。

3. 部门对应折旧科目设置

固定资产计提折旧后必须把折旧归入成本或费用，根据不同使用者的具体情况按部门或类别来归集。当按部门归集折旧费时，某一部门所属的固定资产折旧费用将归集到一个比较固定的科目中，所以以部门对应折旧科目设置就是给部门选择一个折旧科目，录入卡片时，该科目自动显示在卡片中，不必逐个输入，这样可以提高工作效率。然后在生成部门折旧分配表时每一部门按折旧科目汇总，生成记账凭证。

【例 5-2】 设置 002 账套对应的折旧科目，如表 5-1 所示。

表 5-1　　对应折旧科目

部门名称	折旧科目
财务部	管理费用—（6602）
办公室	管理费用—（6602）
采购部	管理费用—（6602）
销售部	销售费用—（6601）
生产车间	生产成本—（5001）

操作步骤：

（1）选择“固定资产”|“设置”|“部门对应折旧科目”命令，打开“部门编码表”窗口，如图 5-10 所示。

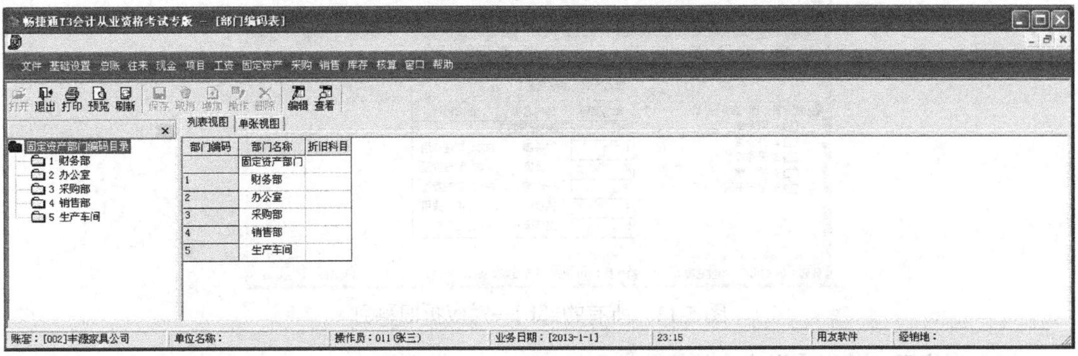

图 5-10　“部门编码表”窗口

（2）单击“财务部”所在行，再单击【修改】按钮，打开财务部的“单张视图”选项卡，如图 5-11 所示。

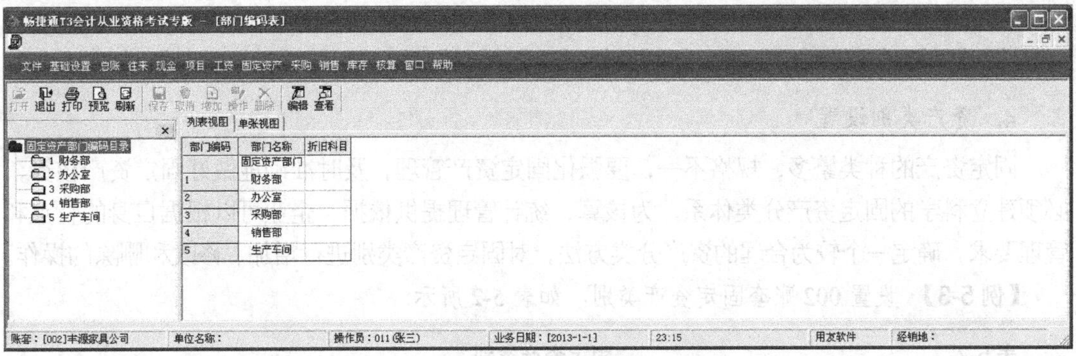

图 5-11　部门编码表

（3）单击“折旧科目”栏后的对照按钮，选择“6602　管理费用”。

（4）单击【保存】按钮，如图 5-12 所示。

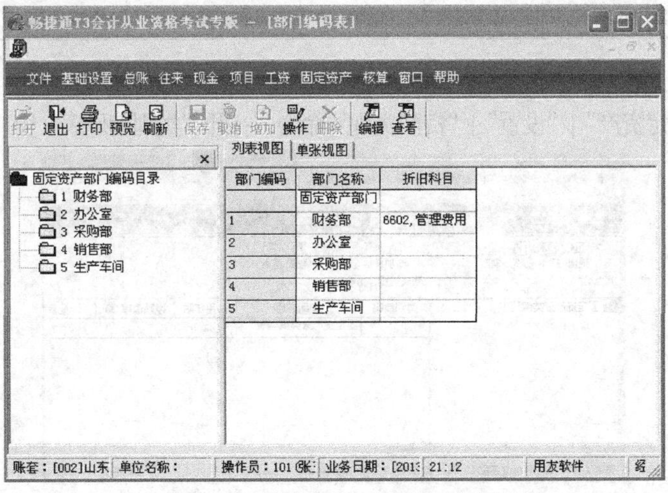

图 5-12　财务部—对应折旧科目

（5）依此方法继续设置“办公室”、“采购部”、“销售部”和“生产车间”的折旧对应科目，如图 5-13 所示。

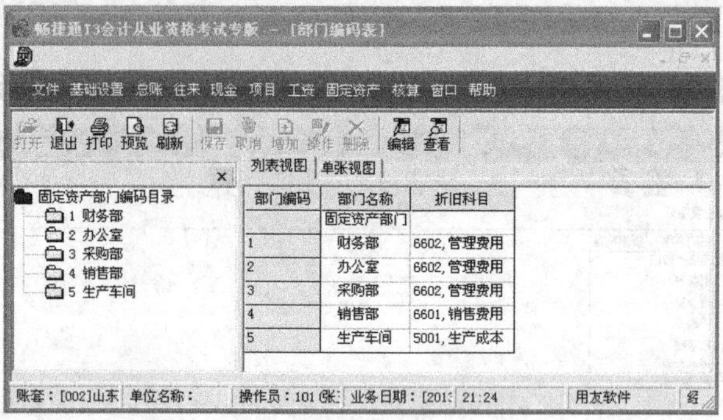

图 5-13 所有的部门—对应折旧科目

（6）完成后，单击【退出】按钮。

提示

- 在使用部门的折旧科目功能前，必须已建立好部门档案。
- 设置了上级部门的折旧科目，则下级部门可以自动继承，下级部门也可以选择与上级部门不同的会计科目。

4. 资产类别设置

固定资产的种类繁多，规格不一，要强化固定资产管理，及时准确地做好固定资产核算，必须建立科学的固定资产分类体系，为核算、统计管理提供依据。企业可以根据自身的特点和管理要求，确定一个较为合理的资产分类方法，对固定资产类别进行增加、修改和删除的操作。

【例 5-3】 设置 002 账套固定资产类别，如表 5-2 所示。

表 5-2 固定资产类别

分类编码	分类名称	使用年限	净残值率	计提属性	折旧方法	卡片样式
01	房屋建筑物	20 年	2%	正常计提	平均年限法（一）	通用样式
02	生产用机器设备	10 年	2%	正常计提	平均年限法（一）	通用样式
03	办公用设备	5 年	2%	正常计提	平均年限法（一）	通用样式

操作步骤：

（1）选择“固定资产”|“设置”|“资产类别”命令，打开“类别编码表”窗口，如图 5-14 所示。

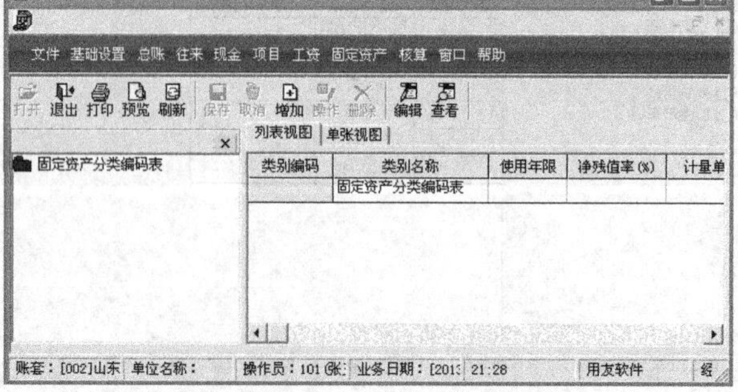

图 5-14 固定资产类别编码表

（2）单击【增加】按钮，打开“类别编码表—单张视图”窗口，如图5-15所示。

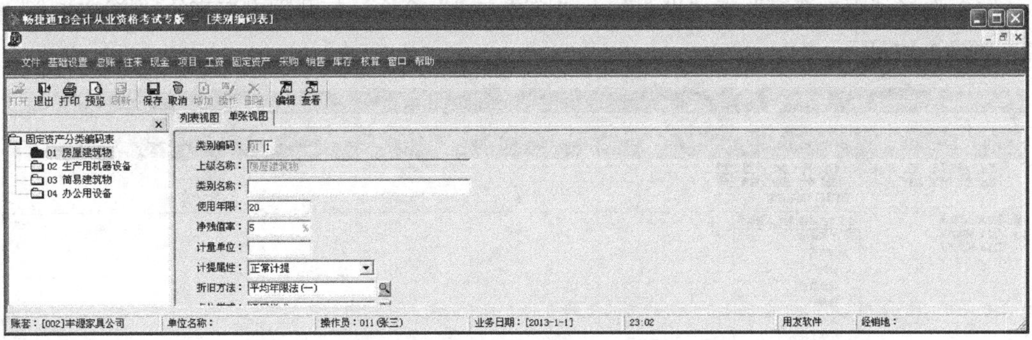

图5-15 类别编码表—单张视图

（3）录入类别名称、使用年限和净残值率。

（4）单击【保存】按钮。

（5）以此方法继续录入其他的资产类别，如图5-16所示。

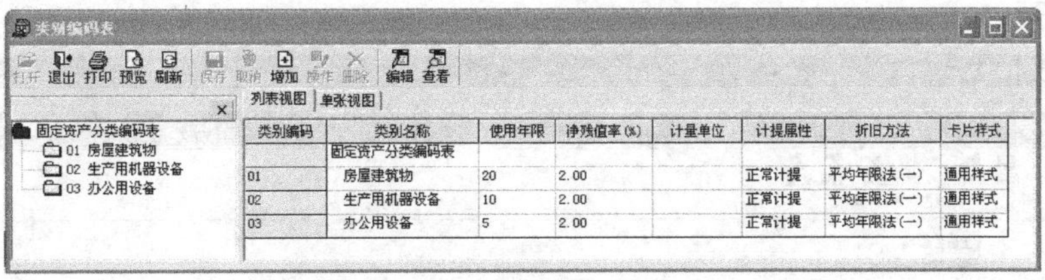

图5-16 类别编码表

（6）完成后，单击【退出】按钮。

提示

- 只有在最新的会计期间才可以增加资产类别，月末结账后则不能增加；
- 资产类别不能重复，同级的类别名称不能相同；
- 类别编码、名称、计提属性及卡片样式不能为空；
- 非明细类别编码不能被修改和删除，明细类别编码修改时只能修改本级的编码；
- 使用过的类别计提属性不允许删除或增加下级类别。

5. 增减方式设置

增减方式包括增加方式和减少方式两类。增加的方式主要有：直接购入、投资者投入、捐赠、盘盈、在建工程转入以及融资租入。减少的方式主要有：出售、盘亏、投资转出、捐赠转出、报废、摧毁、融资租出等。设置资产的增加和减少方式主要是用以确定资产计价和处理原值、原则以及资产的汇总管理。

【例5-4】 设置002账套固定资产的增减方式，对应入账科目如表5-3所示。

表5-3 固定资产增减方式及对应入账科目

增加方式	对应入账科目	减少方式	对应入账科目
直接购入	银行存款（1002）	出售	固定资产清理（1606）
投资者投入	实收资本（4001）	投资转出	长期股权投资（1511）
在建工程转入	在建工程（1604）	报废	固定资产清理（1606）

操作步骤：

（1）选择“固定资产”｜“设置”｜“增减方式”命令，打开固定资产的“增减方式”窗口，如图 5-17 所示。

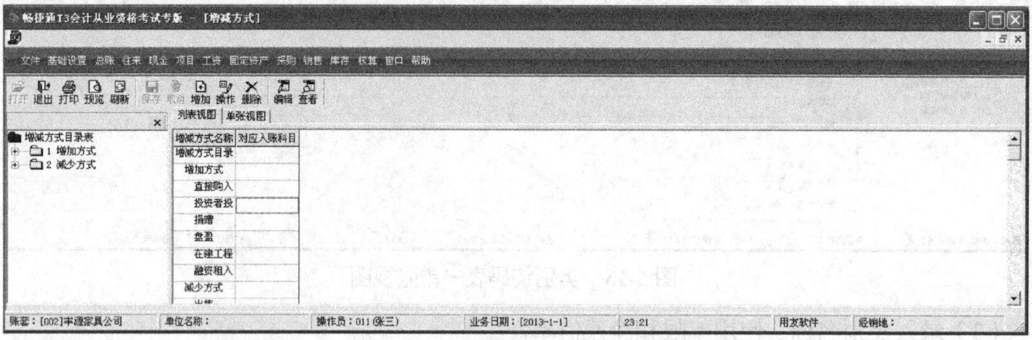

图 5-17 “增减方式”设置窗口

（2）选择“直接购入”所在行，再单击【修改】按钮，打开“增减方式—单张视图”窗口，如图 5-18 所示。

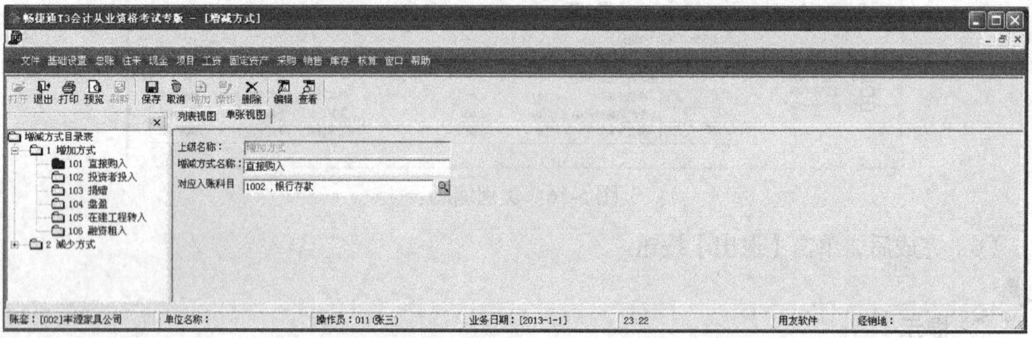

图 5-18 增减方式—单张视图

（3）单击“对应入账科目”栏后的参照按钮，选择“1002 银行存款”。

（4）单击【保存】按钮。

（5）依此方法继续录入其他的固定资产增减方式所对应的会计科目，如图 5-19 所示。

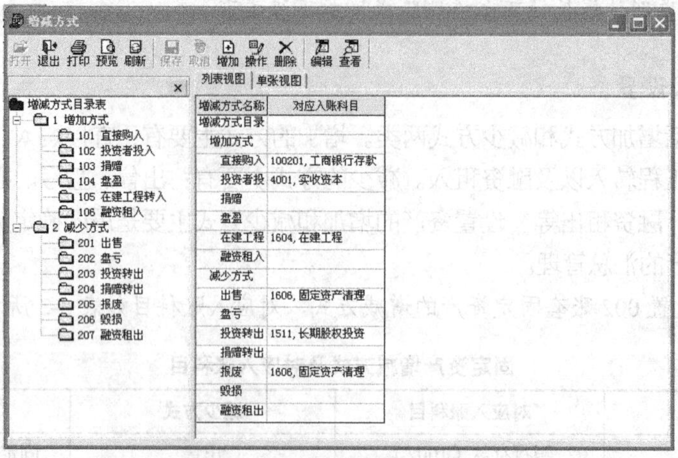

图 5-19 增减方式列表视图

（6）完成后，单击【退出】按钮。

提示

- 此处所设置的对应入账科目是为了在进行增减固定资产业务处理时直接生成凭证中的会计科目。
- 非明细级的增减方式不能删除，已使用的增减方式不能删除。
- 生成凭证时如果入账科目发生了变化，可以进行修改。

6. 使用状况设置

以固定资产核算和管理的角度，需要明确资产的使用状况，一方面可以正确地计算和计提折旧，另一方面便于统计固定资产的使用情况、提高资产的利用效率。系统预置的使用状况有：使用中、在用、季节性停用、经营性出租、大维修停用、未使用及不需用。

002 账套默认系统预置的使用状况，如图 5-20 所示。

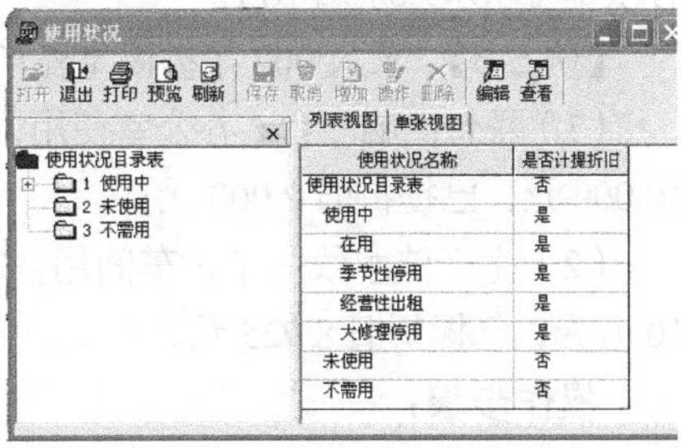

图 5-20 “使用状况”窗口

提示

- 修改某一使用状况的“是否计提折旧”选项后，对折旧计算的影响将从当期开始，不调整以前的折旧计算。
- “在用”状况下级默认的内容因涉及卡片的大修理记录和停用记录表的自动填写，因此不能删除，但名称可以修改。

7. 折旧方法设置

折旧方法设置是系统自动计算折旧的基础。系统给出了常用的 6 种方法：不提折旧、平均年限法（一和二）、工作量法、年数总和法以及双倍余额递减法。这些方法是系统设置的折旧方法，只能选用，不能删除和修改。另外，如果这几种方法不能满足企业的使用需要，则系统提供了折旧方法的自定义功能，可以定义合适的折旧方法名称和计算公式。

002 账套默认系统预置的折旧方法，如图 5-21 所示。

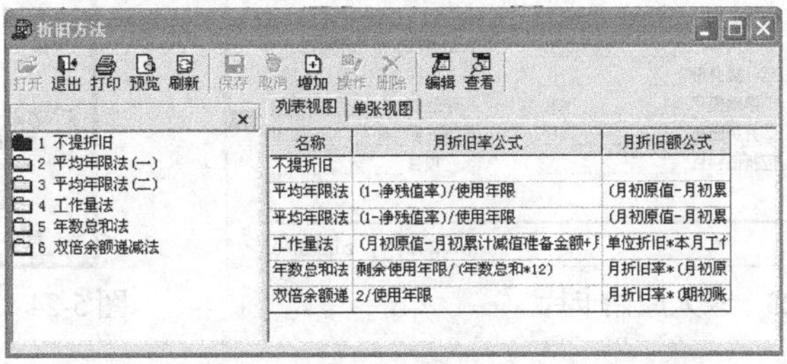

图 5-21 “折旧方法”窗口

提示

- 自定义公式中包含的项目只能是系统给定的项目；
- 月折旧额和月折旧率公式定义时必须有单项包含关系，但不能同时互相包含；
- 计提折旧时，若自定义折旧方法的月折旧额或月折旧率出现负数时，自动终止计提折旧；
- 修改卡片中已使用折旧方法的公式，将使所有使用该方法的资产折旧的计提按修改过的公式计算折旧，但以前各期间已经计提的折旧不变。

三、原始卡片录入

固定资产卡片是固定资产核算和管理的依据，为了保持历史资料的连续性，在使用固定资产核算前，除了要进行基础设置的工作外，还必须将建账日期以前的数据录入到系统中，使固定资产系统中有一个完整的数据资料。原始卡片的录入不限制必须在第一个期间结账前，任何时候都可以录入原始卡片。

【例 5-5】 录入 002 账套固定资产的原始卡片：

（1）联想电脑一台，办公室使用，2012-01-01 购入，原值 10 000 元，已提折旧 2 000 元；

（2）生产流水线一条，车间用，2011-11-15 购入，原值 10 万元，已提折旧 8 925 元。

操作步骤：

（1）选择“固定资产”|“卡片”|“录入原始卡片”命令，打开“资产类别参照”对话框，如图 5-22 所示。

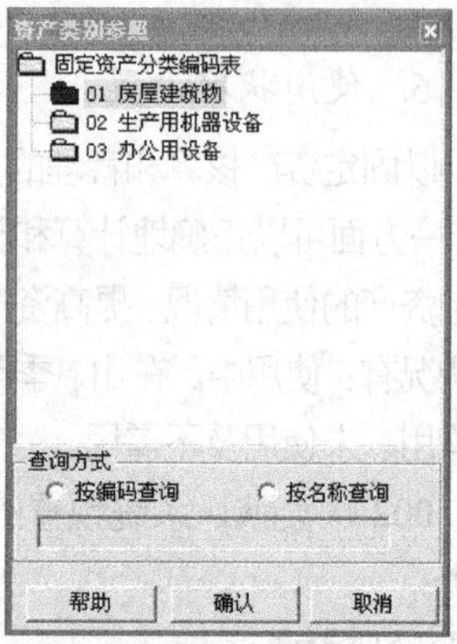

图 5-22 “资产类别参照”对话框

（2）选中“办公用设备”选项，单击【确认】按钮，打开“录入原始卡片—00001 号卡片”对话框，如图 5-23 所示。

（3）在“固定资产编号”栏中录入“02100001”，在“固定资产名称”栏中录入“联想电脑”。单击“部门名称”，出现【部门名称】按钮，再单击【部门名称】按钮，出现“部门参照”对话框。单击选中“办公室”，如图 5-24 所示。

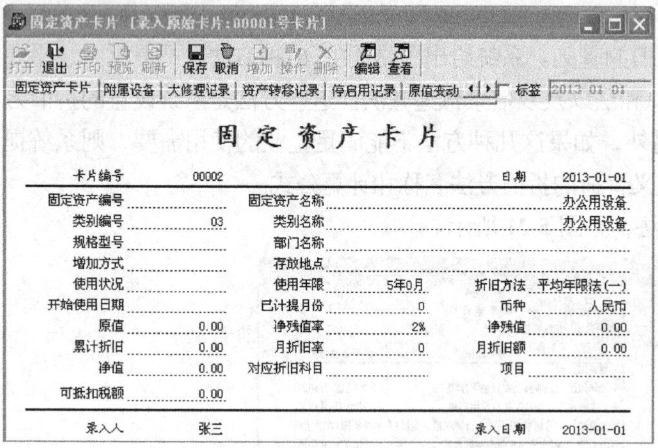

图 5-23 录入原始卡片

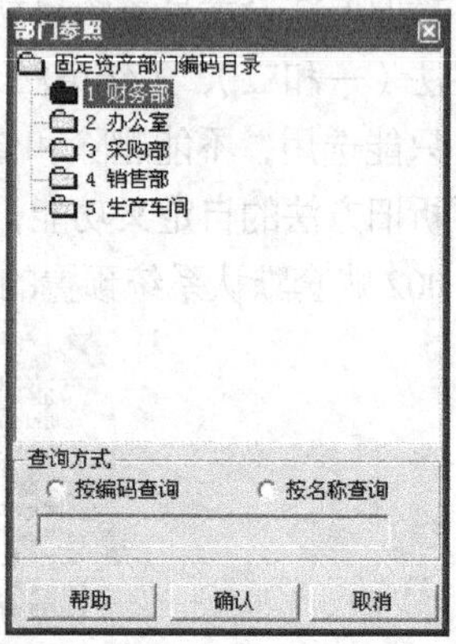

图 5-24 “部门参照”对话框

（4）单击【确认】按钮后，单击【增加方式】，出现【增加方式】按钮，再单击【增加方式】按钮，出现“增减方式参照”对话框，单击选中“直接购入”，如图 5-25 所示。

（5）单击【确认】按钮后，单击“使用状况”，出现【使用状况】按钮，再单击【使用状况】按钮，出现“使用状况参照”对话框，如图 5-26 所示。

（6）单击【确认】按钮后，单击“开始使用日期”，在“开始使用日期”栏中输入“2012-01-01”。

（7）单击“原值”，在“原值”栏中输入“10000”。

（8）单击“累计折旧”，在“累计折旧”栏中输入“2000”，如图 5-27 所示。

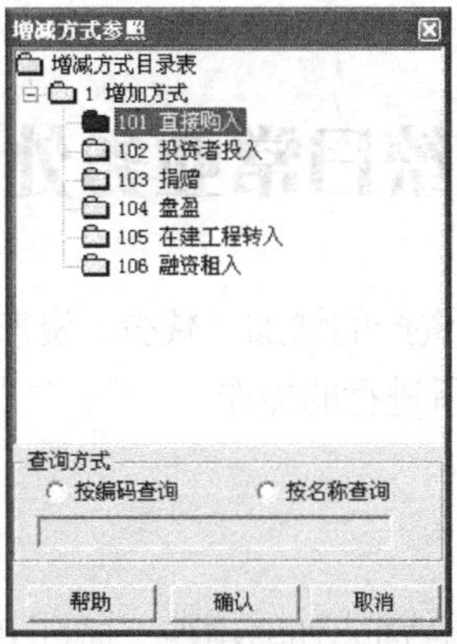

图 5-25 “增减方式参照”对话框

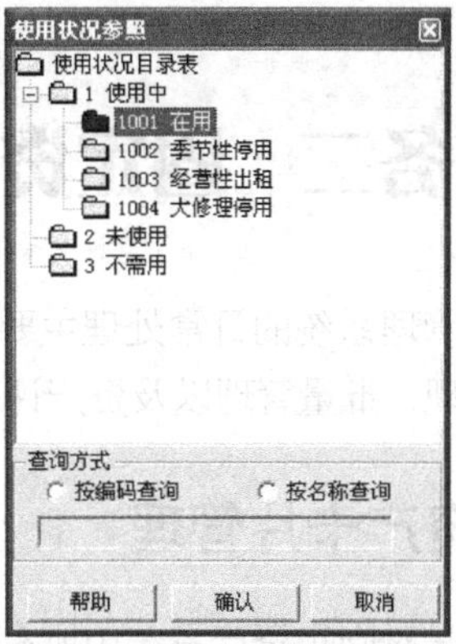

图 5-26 “使用状况参照”对话框

（9）单击【保存】按钮，系统提示：“数据成功保存！”如图 5-28 所示。

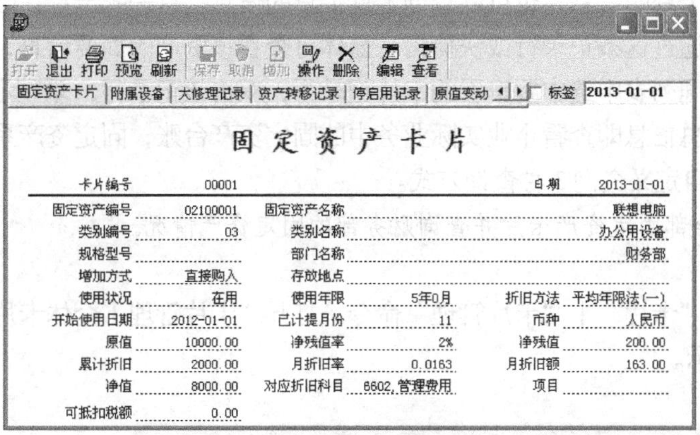

图 5-27 填制完成的卡片

图 5-28 数据成功保存提示

（10）单击【确定】按钮。依此方法继续录入其他的原始卡片。

提示

- 卡片中的固定资产编号根据初始化或选项设置中的编码方式，自动编码或需要用户手工录入。
- 录入人自动显示为当前操作员，录入日期为当前登录日期。
- 录入与计算折旧有关的项目后，系统会按照输入的内容将本月应提的折旧额显示在“月折旧额”项目内，可将该值与手工计算的值进行比较，看是否有录入错误。
- 其他页录入的内容只是为了管理卡片设置，不参与计算，并且除附属设备外，其他内容在录入月结账后除“备注”外不能修改和输入，而是由系统自动生成。
- 原值、累计折旧必须严格按照该资产已经计提的月份数，不包括使用期间停用等不计提折旧的月份，否则不能正确计算折旧。
- 开始使用的日期，必须采用 YYY-MM-DD 形式录入。其中的年和月对折旧计提有影响，日不能影响折旧的计提，但是也必须录入。
- 如果输入原值和净值，可自动计算累计折旧。
- 对应折旧科目，但根据所选择的使用部门自动带出。

任务二 固定资产管理系统日常业务处理

固定资产管理系统的日常处理主要是指卡片管理，资产的增加、减少，资产在使用过程中发生的变动处理，批量管理以及资产评估等业务发生时所进行的操作。

一、固定资产卡片管理

卡片管理是对固定资产系统中所有的卡片进行综合管理的功能操作。通过卡片管理，可以完成卡片查询、卡片修改、卡片删除、卡片打印等操作。

1. 卡片查询

卡片查询既可以查询单张卡片的信息，也可以查询卡片汇总的信息。每一张卡片在固定资产列表中显示为一条记录行。通过这条记录行或快捷信息窗体可查看该资产的简要信息，要想查看详细情况，可以在卡片管理列表中选中要查看的卡片记录行，双击该记录行，即显示单张卡片的详细内容。查看卡片汇总信息即查看企业实际业务中的固定资产台账，固定资产系统设置按部门查询、按类别查询和自定义查询 3 种查询方式。

【例 5-6】 查询 002 账套全部固定资产卡片并查询财务部的固定资产情况。

操作步骤：

（1）选择“固定资产”｜“卡片”｜“卡片管理”命令，打开“卡片管理【全体卡片，在役资产】”窗口，如图 5-29 所示。

图 5-29 全部卡片窗口

（2）单击左侧窗口中“固定资产部门编码目录”中的“财务部”选项，在右侧窗口中显示“财务部”的固定资产情况，如图 5-30 所示。

图 5-30 “财务部”的固定资产情况

（3）单击【退出】按钮。

提示

- 按部门查询卡片可以从左边查询条件下拉列表中选择“按部门查询”选项，目录区显示部门目录。选择“固定资产部门编码目录”选项，右边显示所有在役和已减少的资产状况；选择要查询的部门名称，则右侧列表显示的就是属于该部门的卡片列表，可分别显示在役资产和减少资产。
- 按类别查询卡片可以从左边的查询条件下拉列表中选择“按类别查询”选项，目录区显示类别目录，选择“分类编码表”选项，右边将显示所有在役和减少资产状况；选择要查询的固定资产类别，则右侧列表显示的就是属于该类别的卡片列表，可分别显示在役资产和减少资产。
- 双击某一卡片则会将其打开，查看该卡片的所有内容。

2. 卡片修改与删除

当发现卡片录入有错误，或资产在使用过程中必须要修改卡片的一些内容时，则可以通过卡片修改功能进行修改，这种修改为无痕迹修改。删除卡片是指把卡片资料彻底从系统中删除，而并不是资产清理或减少。

相关知识

1. 原始卡片的原值、使用部门、工作总量、使用状况、累计折旧、净残值（率）、折旧方法、使用年限以及资产类别在没有制作变动单或评估单的情况下，在录入当月可以修改。如果制作了变动单，则只有删除变动单才能修改。

2. 通过“资产增加”录入系统的卡片如果在没有制作凭证和变动单、评估单的情况下，在录入当月可修改。如果做过变动单，只有删除变动单才能修改。

3. 原值、使用部门、使用状况、累计折旧、净残值（率）、折旧方法、使用年限和资产类别各项目在进行一次月末结账后，只能通过变动单或评估单来调整，不能通过卡片修改功能改变。

4. 若在卡片录入当月发现卡片录入有错误，想删除该卡片，可通过“卡片删除”功能来实现，删除后如果该卡片不是最后一张，则卡片编号保留空号。

5. 非本月录入的卡片不能删除。

6. 卡片做过一次月末结账后不能删除。做过变动单、评估单或凭证的卡片在删除时，系统会提示先删除相关的变动单、评估单或凭证。

二、固定资产增减管理

1. 固定资产增加

“资产增加”即在系统中新增加固定资产卡片。在系统的日常使用过程中，可能会购进或通过其他方式增加企业资产，该部门资产通过“资产增加”操作录入系统。但固定资产开始使用日期的会计期间=录入会计期间时，才能通过“资产增加”来录入。

【例 5-7】 2013 年 1 月 20 日，生产车间直接购入一台生产用机器，价值为 110 000 元，预计使用年限 6 年，预计净残值率为 2%，采用双倍余额递减法计提折旧。

操作步骤：

（1）选择“固定资产” | “卡片” | “资产增加”命令，打开“资产类别参照”对话框，单击选中“生产用机器设备”选项，如图 5-31 所示。

（2）单击【确认】按钮，打开“固定资产卡产【新增资产：00003 号卡片】”窗口。

（3）分别录入固定资产名称为“生产用机器”、录入或选择部门名称为“生产车间”、增加方式为“直接购入”、使用状况为“在用”、开始使用日期为“2013-01-20”，原值为“110000”、净残值率为“2%”以及折旧方法为“双倍余额递减法”，如图 5-32 所示。

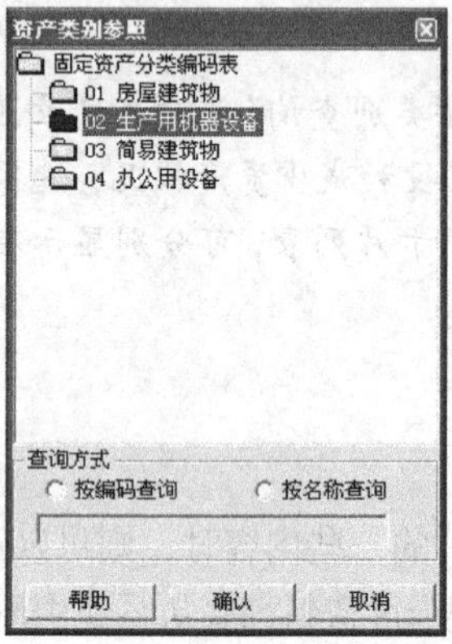

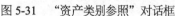

图 5-31 “资产类别参照”对话框

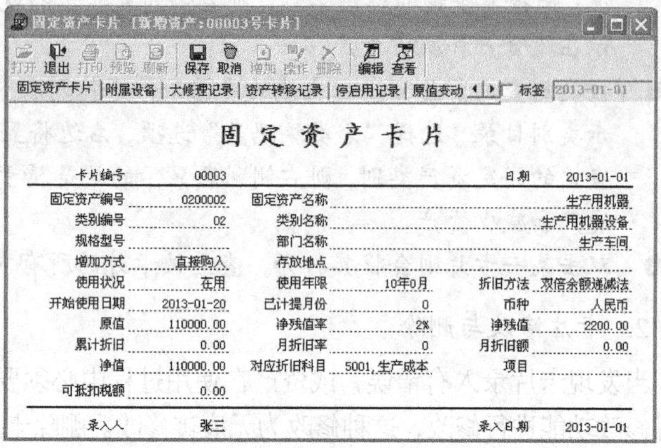

图 5-32 填制完整的 00003 卡片

（4）单击【保存】按钮，系统提示：“数据成功保存!”，单击【确定】按钮。

提示

- 新卡片第一个月不计提折旧，折旧额为空或零。
- 原值录入的一定要是卡片录入月月初的价值，否则将会出现计算错误。
- 如果录入的累计折旧、累计工作不是零，说明是旧资产，该累计折旧或累计工作量是在进入本企业前的值。

2. 固定资产减少

资产在使用过程中，总会由于各种原因，如毁损、出售以及盘亏等退出企业，该部分操作称为“资产减少”。在系统中提供资产减少的批量操作，为同时清理一批资产提供方便。

只有当账套开始集体折旧后才可以使用资产减少功能，否则，减少资产只是通过删除卡片来完成。由于 002 账套还没计提过折旧，所以现在还不能进行资产减少的操作。

资产减少的操作是在“卡片”菜单中的“资产减少”功能中完成的。在资产减少时应分别在资产减少功能中录入“卡片编号”、“资产编号”、“减少方式”、“减少日期”等内容。

提示

- 如果误减少资产，可以使用系统提供的纠错功能来恢复。只有当月减少的资产才可以恢复。如果资产减少操作已制作了凭证，则必须在删除凭证后才能恢复。
- 只要卡片未被删除，就可以通过卡片管理中的“已减少资产”功能来查看减少的资产。

三、固定资产变动管理

资产在使用过程中，可能会调整卡片上的某些项目，这种变动要求留下原始凭证，制作的原始凭证称为“变动单”。资产的变动包括：原值变动、部门转移、使用状况变动、使用年限调整、折旧方法调整以及净残值（率）调整等。

系统约定本月录入的卡片和本月增加的资产不允许进行变动处理，因此，要进行资产变动必须先计提折旧并制单，并且结账后才能进行有关变动的处理。

固定资产变动管理是在“卡片”菜单中的“变动单”或“批量变动”功能中完成的，在打开变动单后输入相应的变动内容并制单即可。

提示

- 变动单保存后不能修改，只能在当月删除后重新填制。
- 进行使用年限调整的资产在调整的当月就按调整后的使用年限计提折旧。
- 进行折旧方法调整的资产在调整的当月就按调整后的折旧方法计提折旧。
- 如果进行累计折旧调整则应保证调整后的累计折旧大于净残值。

任务三 固定资产期末业务处理

在固定资产系统中，期末业务处理的工作主要包括计提折旧、制单处理及对账与结账的处理工作。

一、折旧处理

自动计提折旧是固定资产系统的主要功能之一。根据已经录入系统的有关固定资产资料每期计提折旧一次，并自动生成折旧分配表；然后制作记账凭证，将本期的折旧费用自动登账，并将当期的折旧额自动累加到累计折旧项目中。

影响折旧的因素主要是有原值、减值准备、累计折旧、净残值（率）、折旧方法、使用年限及使用状况。

【例 5-8】 计提 002 账套 2013 年 1 月的固定资产折旧。

（1）选择“固定资产”|“处理”|“计提本月折旧”命令，系统提示：“本操作将计提本月折旧，并花费一定时间，是否要继续？”如图 5-33 所示。

（2）单击【是】按钮，系统提示：“是否要查看折旧清单？”如图 5-34 所示。

图 5-33 计提本月折旧提示

图 5-34 是否要查看折旧清单提示

（3）单击【是】按钮，生成“折旧清单”如图 5-35 所示。

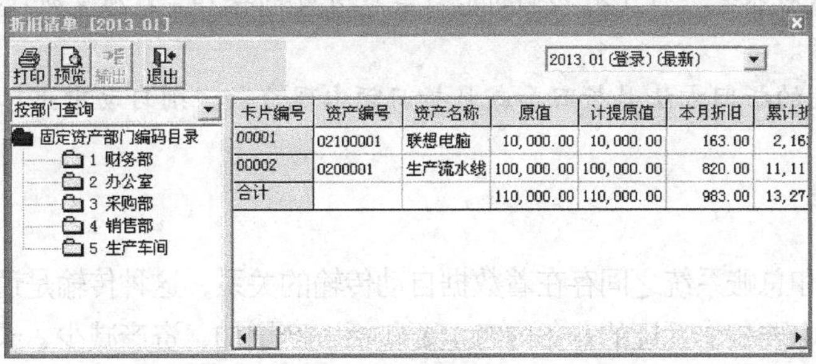

图 5-35 折旧清单

（4）单击【退出】按钮，打开“折旧分配表”窗口，如图 5-36 所示。

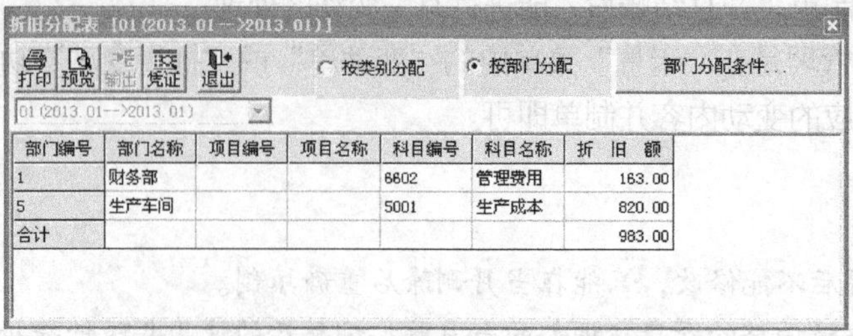

图 5-36　折旧分配表

（5）单击【凭证】按钮，生成一张计提折旧的记账凭证，选择凭证种类为“转账凭证”，单击第 3 条分录的科目名称参照按钮，选择“1602 累计折旧”选项，单击【保存】按钮，保存计提折旧的记账凭证，如图 5-37 所示。

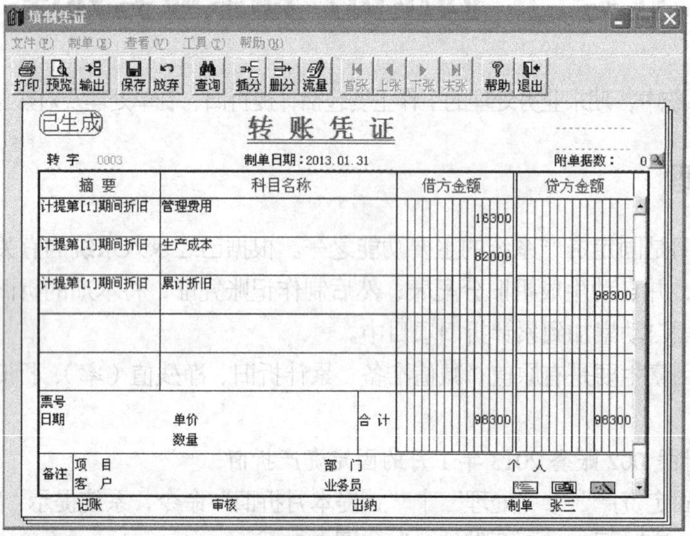

图 5-37　计提折旧的记账凭证

（6）单击【退出】按钮。

提示

- 本系统在一个期间内可以多次计提折旧，每次计提折旧后，都只是将计提的折旧累加到月初的累计折旧，不会重复累计。
- 如果上次累计折旧已制单并把数据传递到账务系统中，则必须删除该凭证才能重新计提折旧。
- 计提折旧后对账套进行了有影响折旧计算或分配的操作，必须重新计提折旧，否则系统不允许结账。
- 如果自定义的折旧方法月折旧率或月折旧额出现负数，则自动中止计提。

二、处理制单

固定资产系统和总账系统之间存在着数据自动传输的关系，这种传输是通过记账凭证来完成的。固定资产系统中要制作凭证的业务内容主要包括资产增加、资产减少、卡片修改（涉及原值和累计折旧时）、资产评估（涉及原值和累计折旧时）、原值变动、累计折旧调整及折旧分配。

制作凭证可以采用"立即制单"和"批量制单"两种方法。如果在"选项"中设置了"业务发生后立即制单"，则当需要制单的业务发生时系统自动调出不完整的凭证供修后保存；如果未选中"业务发生后立即制单"，则可以使用系统提供的"批量制单"功能完成制单的工作。批量制单功能可以同时将一批需要制单的业务连续制作凭证并传输到总账系统中。

【例 5-9】 将 2003 年 1 月份的新增固定资产进行制单处理。

操作步骤：

(1) 选择"固定资产" | "批量制单"命令，打开"批量制单"对话框。

(2) 选中"制单"栏。

(3) 单击"制单设置"选项卡，在第一行"科目"栏中输入新增固定资产的借方科目"1601 固定资产"，如图 5-38 所示。

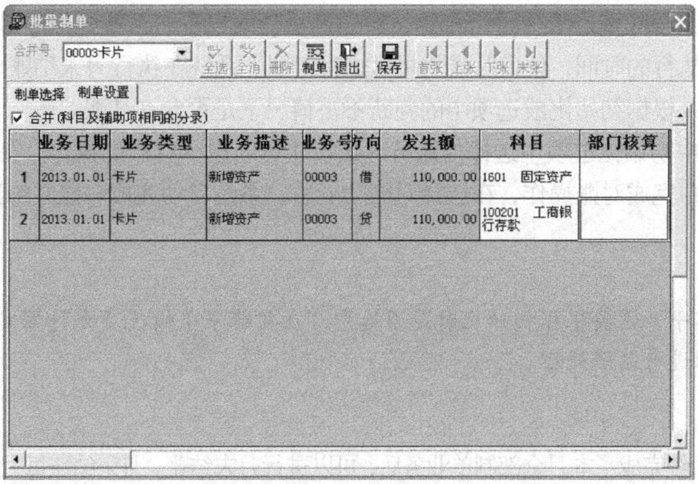

图 5-38 新增固定资产的制单设置

(4) 单击【制单】按钮，录入摘要为"新增固定资产"，选择凭证类别为"付款凭证"。

(5) 单击【保存】按钮，如图 5-39 所示。

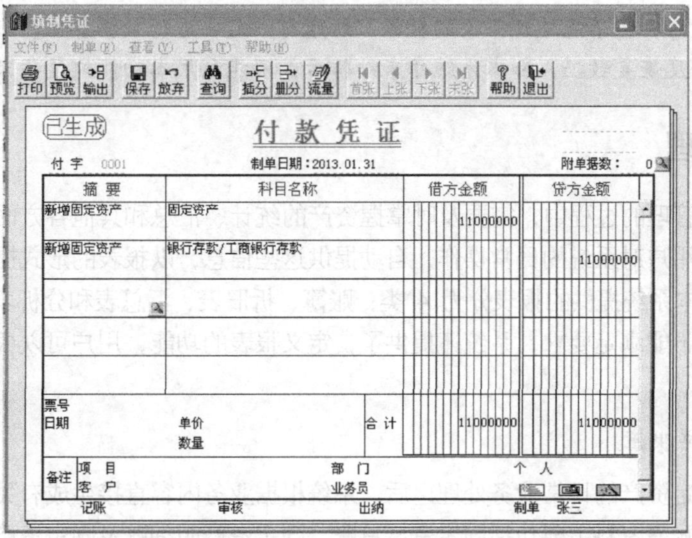

图 5-39 新增固定资产的记账凭证

提示

- 在固定资产系统中所有生成的凭证都可以在“凭证查询”功能中进行查询、修改和删除操作。
- 有固定资产系统传递到总账系统中的凭证，在总账系统中不能被修改和删除。
- 修改凭证时，能修改的内容仅限于摘要、用户自行增加的凭证分录、系统默认的折旧科目，而系统缺少的分录金额是原始交易相关的，不能修改。

三、对账与结账处理

1. 对账

系统在运行过程中，应保证系统所管理的固定资产的价值和账务系统中固定资产科目的数值相等。而两个系统的资产价值是否相等，应通过执行固定资产系统提供的对账功能来实现，对账操作不限制执行的时间，任何时候均可以进行对账。系统在执行月末结账时自动对账一次，给出对账结果，并根据初始化或选项中的判断不平情况下是否允许结账。

只有在系统中初始化选项中选择与账务对账，才可以进行对账的操作。在“处理”菜单中的“对账”功能中完成对账操作，在选择对账功能后，系统自动完成对账并给出对账的结果。

提示

如果对账不平，需要根据初始化时是否选中“在对账不平情况下允许固定资产月末结账”来判断是否可以进行结账处理。

2. 结账

当固定资产系统完成了本月全部制单业务后，可以进行月末结账。月末结账每月进行一次，结账后当期数据不能修改。结账的操作是在“处理”菜单中“月末结账”功能中完成的。结账后如果发现月末处理的业务有需要修改的事项，可以通过系统提供的“恢复月末结账前状态”功能来进行反结账。

提示

- 本期不结账，将不能处理下次的数据。结账前一定要进行数据备份。
- 不能跨年度恢复数据，即本系统年末结转后，不能利用本功能恢复年末结转。

四、账表管理

在固定资产管理的过程中，需要及时掌握资产的统计、汇总和其他各方面的信息。在固定资产系统中根据用户对系统的日常操作，自动提供这些信息，以报表的形式提供给财务人员和资产管理人员。本系统提供的报表分为 4 类：账簿、折旧表、汇总表和分析表。另外，如果系统所提供的报表不能满足要求，系统还提供了自定义报表的功能，用户可以根据需要定义符合要求的报表。

1. 固定资产账簿

在进行了固定资产的日常业务处理之后，系统根据业务内容直接生成有关固定资产账簿资料。固定资产的账簿资料主要包括固定资产总账、固定资产明细账及固定资产登记簿。固定资产的明细账包括单个固定资产明细账和分别按部门和类别登记的固定资产明细账。这些账簿以不同的方式，及时地反映了资产的变化情况，在查询的过程中可以联查某一时期或某一部门、某一类别的明细资料及记账凭证，从而获得全面固定资产的信息。固定资产账簿可以在“报表”菜单的“账表管理”功能中的“账簿”中进行查询。

2. 分析表

固定资产分析表主要通过对固定资产的综合分析，为管理者提供决策依据。系统提供了 4 种分析表，即部门构成分析表、价值结构分析表、类别构成分析表和使用状况分析表。管理者可以通过这些分析表了解企业固定资产的计提折旧情况和剩余价值大小等内容。

固定资产分析表可以在“报表”菜单的“账表管理”功能中的“分析表”中进行查询。

3. 统计表

统计表是出于管理资产的需要，按管理目的统计的数据。系统提供了 7 种统计表，即固定资产原值一览表、固定资产统计表、评估汇总表、评估变动表、盘盈盘亏报告表、逾龄资产统计表和役龄资产统计表。这些表从不同的侧面对固定资产进行统计分析，使管理者可以全面细致地了解企业对资产的管理，为管理者及时掌握资产的价值、数量以及新旧程序等指标提供依据。

4. 折旧表

系统提供了 4 种折旧表，即部门折旧计提汇总表、固定资产及累计折旧表（一）、固定资产及累计折旧表（二）和固定资产折旧计算明细表。通过固定资产折旧表可以了解并掌握企业所有固定资产本期、本年某部门、某类别固定资产计提折旧及明细情况。

五、数据维护

1. 数据接口管理

数据接口管理即卡片导入功能，可以将企业已有的固定资产核算系统的资产卡片，自动写入到本系统中，减少手工录入卡片的工作量。为了保证卡片导入顺利进行，应在执行该功能之前，仔细阅读卡片导入的约束条件、提示信息和栏目说明内容。

2. 重新初始化账套

如果系统在运行过程中发现账簿中的数据错误很多或太乱，无法或不想通过“反结账”来纠错，则可以通过“重新初始化账套”功能将该账套的内容全部清空，然后从系统初始化开始重新建立账套。

提示

- 重新初始化账套是针对已经打开和使用的账套而言的。
- 执行重新初始化账套会删除该账套的所有操作。

习题与实训

一、填空题

1. 固定资产管理子系统与系统管理______基础数据。
2. 固定资产管理子系统的操作流程：建立账套→______→原始卡片录入→______→卡片修

改删除→资产变动→______→资产减少→批量制单→对账→月末处理。

3. 建账完成后，如确有必要对账套中某些参数进行修改时，可在固定资产管理子系统主界面中选择“设置”菜单下______命令进行重新设置。

4. 固定资产系统的初始化设置包括建立固定资产子账套、______、部门档案设置、部门对应折旧科目设置、______、增减方式设置、使用状况设置、折旧方法设置、卡片项目设置、卡片样式设置和原始卡片录入。

5. ______是对固定资产系统中所有卡片进行综合管理的功能操作，可完成卡片修改、卡片删除、卡片打印、卡片查询等功能。

6. 用友财务软件的固定资产系统提供了______、______、______3 种卡片查询方式。

7. 在桌面直接单击______或选择“处理”菜单中的______命令，系统将自动计提各项固定资产当期的折旧额，并将当期的折旧额自动累加到累计折旧项目。

8. 只有当在初始化设置时或在“选项”中选择了“与账务系统对账”，才可使用固定资产管理子系统的______功能。

9. 账表管理功能中提供的报表分为账簿、折旧表、汇总表和______4 类。

10. 分析表主要通过对固定资产的综合分析，为管理者提供管理和决策依据，分析表包括______、______、______和______4 种。

11. ______包括固定资产原值一览表、固定资产统计表、资产评估汇总表、资产评估变动表、固定资产盘盈盘亏报告表、逾龄资产统计表、役龄资产统计表，这些表从不同角度对固定资产进行统计分析。

12. 账表管理中的______包括固定资产总账、固定资产登记簿（部门、类别）、固定资产明细账、（单个）固定资产明细账。

13. 账表管理中的______包括（部门）折旧计提表汇总、固定资产折旧计算明细表、固定资产及累计折旧表（一）、固定资产及累计折旧表（二）。

14. 新建专用账夹和新建公用账夹的主要区别在于______。

15. 系统在运行过程中发现账错误很多或太乱，无法或不想通过“反结账”纠错，这种情况可以通过______将该账套的内容全部清空，然后从系统初始化开始重新建立账套。

二、判断题

1.（　）每一个账套的固定资产的自动编码方式只能选择一种。

2.（　）固定资产的自动编码方式一经设定，不得修改。

3.（　）资产类别是单位根据管理和核算的需要给资产所做的分类，可参照国家标准分类，也可根据需要自己分类。

4.（　）固定资产管理子系统可以不与账务系统对账。

5.（　）录入固定资产原始卡片就是将建账日期以前的数据录入到系统中，原始卡片可以在任何时候录入。

6.（　）固定资产卡片修改功能可以实现无痕迹修改。

7.（　）只有超过了在账套“选项”中设定的删除年限的固定资产，才能通过“卡片删除”将原始资料从系统彻底清除。

8.（　）特殊情况下固定资产折旧计提方法可以改变，因此固定资产系统提供了折旧计提方法调整功能。

9.（　）当折旧方法发生变化时，固定资产系统可以自动调整累计折旧额。

10.（　　）只有当账套内有一项或几项固定资产选择采用工作量法计提折旧时，才需要录入这些资产当月的工作量。

11.（　　）用友软件固定资产系统在一个期间内只可以计提一次折旧。

12.（　　）固定资产系统任何时候均可与账务处理系统对账。

三、简答题

1. 简述如何进行固定资产管理子系统的账套初始化。
2. 固定资产管理子系统的基础设置有哪些内容?
3. 固定资产日常管理的内容有哪些?
4. 固定资产的变动有哪些情形，需在卡片上做哪些调整?
5. 如果原值、累计折旧、净残值（率）、折旧方法、使用年限等影响折旧计算的因素发生变动，计算固定资产折旧应遵循哪些原则?
6. 固定资产系统的期末处理包括哪些内容?
7. 哪些情况下固定资产系统需要制单或修改凭证?
8. 固定资产管理子系统有哪些账表管理功能?

四、实验题

华达公司2013年1月固定资产管理的相关资料如下。

（1）子账套及选项。

账套启用日期为2013年1月1日。按平均年限法（一）计提折旧，折旧分配周期为1个月，类别编码方式为2112，固定资产编码方式按“类别编码+部门编码+序号”自动编码，卡片序号长度为3；要求与账务系统进行对账，固定资产对账科目为1501固定资产，累计折旧对账科目为1502累计折旧，在对账不平情况下允许月末结账；业务发生后要立即制单，月末结账前一定要完成制单登账业务；已注销的卡片5年后删除；固定资产默认入账科目：1501，累计折旧默认入账科目：1502；当月初已计提月份=可使用月份-1时，要求将剩余折旧全部提足。

（2）资产类别如表5-4所示。

表5-4　　资产类别

编码	类 别 名 称	净残值率	计提属性
01	房屋及构筑物	5%	总计提
011	房屋	5%	总计提
012	构筑物	5%	总计提
02	通用设备	5%	正常计提
021	生产用设备	5%	正常计提
022	非生产用设备	5%	正常计提

（3）部门及对应折旧科目如表5-5所示。

表5-5　　部门及对应折旧科目

部　门	对应折旧科目
行政部	管理费用
财务部	管理费用
仓储部	制造费用

（4）增减方式设置。默认系统提供的常用增减方式。

（5）原始卡片如表 5-6 所示。

表 5-6　　原始卡片

名称	类别编号	所在部门	增加方式	使用年限	开始使用日期	原值（元）	累计折旧（元）	对应折旧科目名称
办公楼	101	行政部	在建工程转入	40	2003.11.01	1 200 000	142 500	管理费用
复印机	012	行政部	直接购入	6	2006.11.20	15 000	4 750	管理费用
微　机	021	财务部	直接购入	5	2007.11.30	6 000	1 140	管理费用

注：净残值率均为 5%，使用状况均为“在用”，折旧方法均采用平均年限法（一）。

要求：

（1）建立华达公司固定资产管理系统子账套；

（2）对华达公司固定资产管理子系统进行初始化设置；

（3）公司新购入一台设备，原值为 10 000 元，预计使用年限为 5 年，预计净残值率为 5%，采用年限平均法（一），2013 年 1 月 10 日开始使用，录入固定资产卡片；

（4）计提 2013 年 1 月的固定资产折旧；

（5）查看固定资产总账、固定资产及累计折旧表（一）。

项目六

往来管理

学习目标

知识目标

- 了解用友通系统往来管理的主要功能及其与其他业务模块之间的关系
- 掌握往来管理初始设置的方法
- 掌握往来管理发票输入、收款单据输入、往来核销和应收应付账表查询的方法

能力目标

- 能够根据业务要求完成初始设置
- 能够根据业务要求完成往来管理日常使用操作

工作情境

李娜完成总账岗位、现金管理岗位、工资管理岗位、固定资产管理岗位的实习工作，用友通的操作已能驾轻就熟，在张三的指导下开始进行往来管理岗位的工作。

1. 往来管理主要业务

（1）设置仓库分类。

001 原材料库——全月平均法

002 成品库——全月平均法

（2）设置存货分类。

01 原材料　　02 库存商品　　03 其他

（3）设置存货档案。

① 原材料类（01）。

01001 mc 木材 吨 17% 外购、生产耗用

01002 hm 海绵 块 17% 外购、生产耗用

② 库存商品（02）。

02001 sf 沙发 个 17% 销售、自制

02002 yg 衣柜 个 17% 外购、销售

02003 xzt 写字台 个 17% 外购、销售

02004 xmzcj 西门子厨具 套 17% 外购、销售

③ 其他（03）。

03001 yf 运费 公里 7% 劳务费用

（4）设置付款条件“2/10、1/20、n/30”。

（5）输入往来期初数据。2012 年 12 月 20 日，从西门子厨具店购入西门子厨具 1 套，2 000

元，一直没付款。发票号 2891，采购类型是普通采购，入库类别是采购入库。

（6）输入存货期初数据。

原料库：

木材 30 吨，单价 100 元，入库日期：12.12.10；3000

海绵 85 块，每块 20 元，入库日期：12.10.15。1700

成品库：

衣柜 15 台，单位成本 300 元 入库日期：12.12.16；

西门子厨具 1 套 2000 元 入库日期：12.12.20。

（7）完善客户信息（见表 6-1）。

表 6-1 完善客户信息

客户编码	客户名称	客户简称	地址	税号	开户银行	银行账号
002	滨海市集美家具城	集美家具城	滨海市滨海大道 237 号	12000000000000	建设银行	10000000000

（8）录入销售发票。2013 年 1 月 10 号，销售部王强以 500 元（不含税价）的价格，销售给集美家具城 11 台衣柜，由于集美资金紧张，款项暂欠。企业开出增值税专用发票一张，发票号 3355。销售类型为普通销售，发票到期日 2013 年 1 月 30 日。

（9）录入收款单。2013 年 1 月 15 号，销售部收到集美公司的转账支票一张，票号 2568，支付购买衣柜的款项，金额 6 435.00 元。

（10）进行往来核销。将客户为“集美公司”，金额 6435.00 元的收款单与相同金额的发票进行核销。

（11）查询往来余额表。

（12）查询往来明细账。

2. 工作情境分析

若要完成丰源家具公司往来管理工作，需分成以下几项工作任务。

（1）初始设置。主要包括设置往来单位档案、设置仓库及存货档案、输入往来期初数据等。

（2）日常业务处理。主要包括录入销售发票、录入收款单、进行往来核销等。

（3）往来账表查询。主要包括查询往来余额表、往来明细账、对账单、应收/应付账龄分析表、应收/应付账款预警表等。

任务一 初始设置

往来管理是指通过往来管理功能模块对债权债务科目如应收账款、应付账款、其他应收款、其他应付款等进行的辅助核算，又称往来核算。

用户既可以在往来核算功能中对往来账进行管理，也可以在总账系统中将往来客户设为明细科目直接进行核算管理。与直接将往来客户设为明细科目进行核算相比，通过往来账管理功能进行核算，功能更多更强，提供的资料更详尽，更有利于对往来账进行管理。有些软件将往来账核算功能集成在账务处理子系统中，也有的软件将往来账核算功能单独作为一个子系统，但无论怎样设计，其基本原理和功能都是相同的。

一、设置往来单位档案

往来核算模块主要用于核算客户/供应商往来款项，因此，首先需要把往来单位基本信息录入系统，主要是客户/供应商的编号和名称。往来单位档案可以在基础档案中设置，也可以在往来核算模块设置，在往来模块中可以查看、使用往来单位档案，也可以对内容进行编辑修改。

二、设置仓库及存货档案

往来核算涉及存货的流转，需要设置仓库及存货档案。

【例 6-1】 丰源公司有两个仓库，即 001 原料库，002 成品库，都是按全月平均法核算发出存货的成本。

操作步骤：

（1）在“畅捷通 T3 会计从业资格考试专版”窗口，单击“基础设置”菜单下的“购销存”|“仓库档案”命令，单击【增加】按钮，打开“仓库档案卡片”对话框。

（2）输入类别编码“001”，类别名称“原料库”，单击【保存】按钮完成设置，如图 6-1 所示。

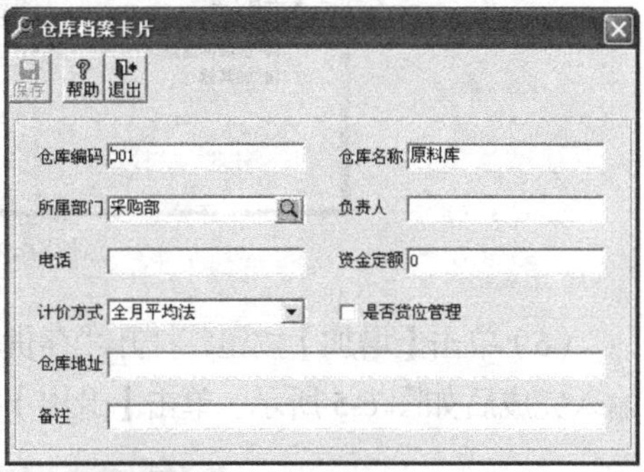

图 6-1 “仓库档案卡片”对话框

【例 6-2】丰源公司存货分为 3 类: 01 原材料，02 库存商品，03 其他。存货档案如表 6-2 所示。

表 6-2 存货档案

编号	代码	名称	计量单位	税率	用途
01001	mc	木材	吨	17%	外购、生产耗用
01002	hm	海绵	块	17%	外购、生产耗用
02001	sf	沙发	个	17%	销售、自制
02002	yg	衣柜	个	17%	外购、销售
02003	xzt	写字台	个	17%	外购、销售
02004	xmzcj	西门子厨具	套	17%	外购、销售
03001	yf	运费	公里	7%	劳务费用

操作步骤：

（1）在“畅捷通 T3 会计从业资格考试专版”窗口，单击“基础设置”菜单下的“存货”|“存货分类”命令，打开“存货分类”窗口。

（2）输入类别编码“01”，类别名称“原材料”，单击【保存】按钮完成设置，如图 6-2 所示。

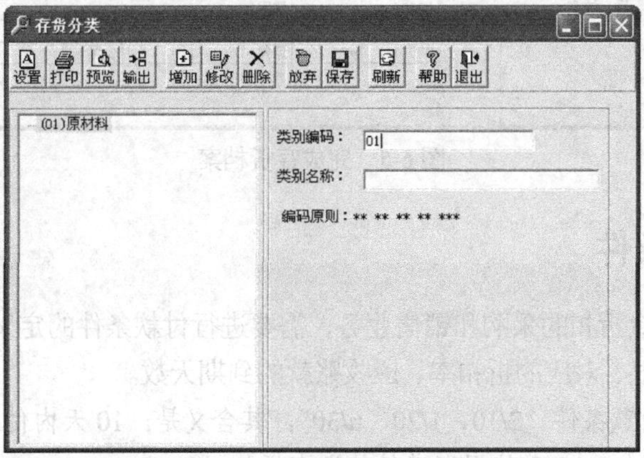

图 6-2 “存货分类”窗口

（3）依次输入 02、03 分类，完成分类设置后单击【退出】按钮，返回“畅捷通 T3 会计从业资格考试专版”窗口。

（4）单击“基础设置”菜单下的“存货”|“存货档案”命令，打开“存货档案”窗口。如图 6-3 所示。

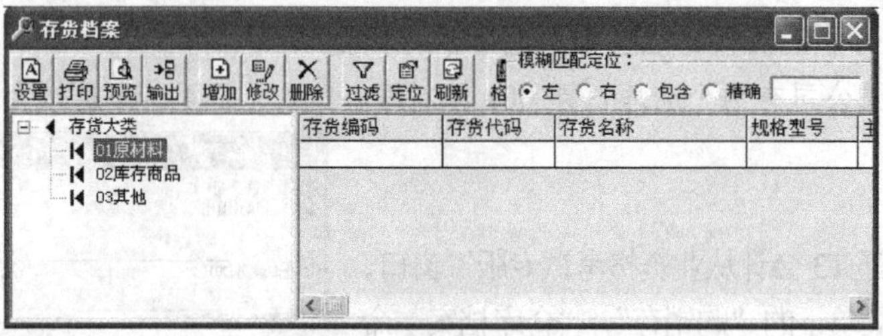

图 6-3 “存货档案”窗口

（5）单击【增加】按钮，打开“存货档案卡片”对话框，如图 6-4 所示。依次输入存货档案，输入完成后如图 6-5 所示。单击【退出】按钮，返回“畅捷通 T3 会计从业资格考试专版”窗口。

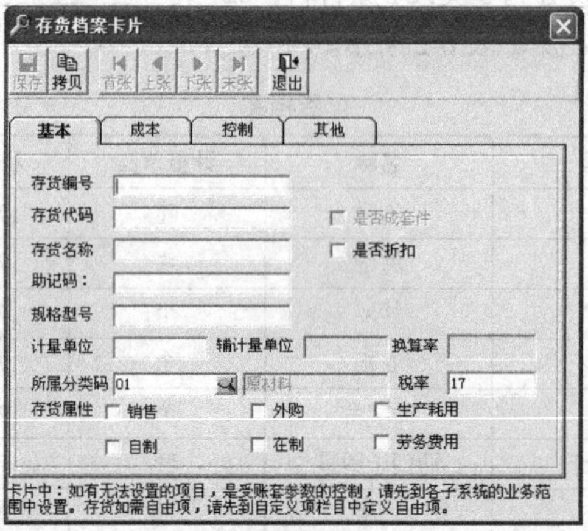

图 6-4 “存货档案卡片”对话框

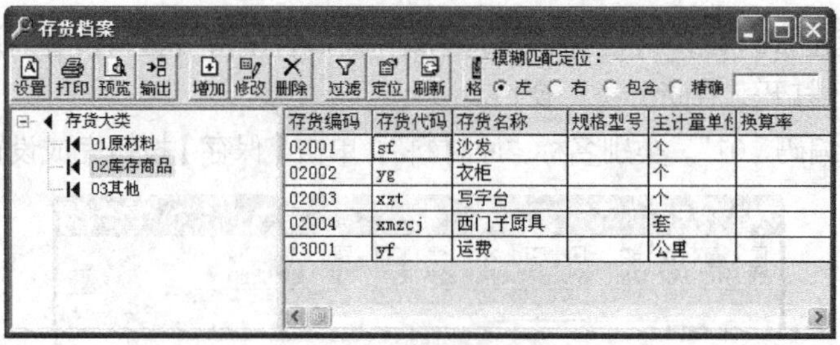

图 6-5 完成存货档案

三、设置付款条件

如果要处理有现金折扣的采购和销售业务，需要进行付款条件的定义。付款条件定义的内容包括：折扣有效期限、对应的折扣率、应收账款的到期天数。

【例 6-3】 设置付款条件“2/10、1/20、n/30”，其含义是：10 天内付款给予 2%的折扣，20 天内付款给予 1%的折扣，30 天信用期满付款没有折扣。

编码：01

操作步骤：

（1）在“畅捷通 T3 会计从业资格考试专版”窗口，单击“基础设置”菜单下的“收付结算”|“付款条件”命令，打开“付款条件”窗口。

（2）输入付款条件编码 01，信用天数 30，依次输入优惠天数和优惠率，如图 6-6 所示。

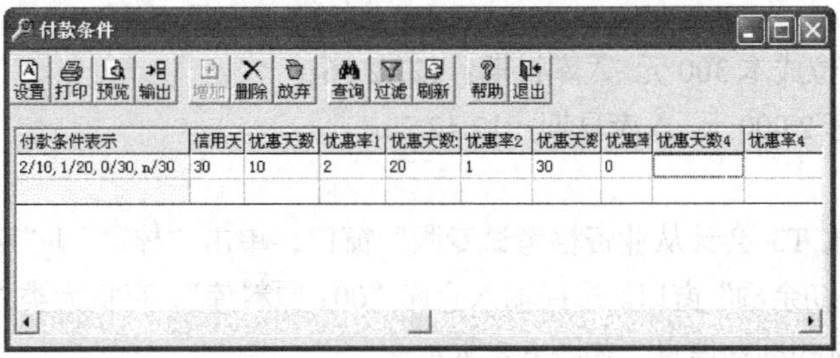

图 6-6 “付款条件”窗口

（3）输入完成后单击【退出】按钮，完成设置。

四、输入往来期初数据

初次使用本系统时，要将启用系统时未处理完的所有往来单位的应收/预收、应付/预付等数据录入到本系统，以便于以后的核销处理，并且作为期初建账的数据，系统即可对其进行管理，这样既保证了数据的连续性，又保证了数据的完整性。当进入第二年度处理时，系统自动将上年度未处理完的单据转为下一年度的期初余额。在下一年度的第一个会计期间里，可以进行期初余额的调整。

【例 6-4】 2012 年 12 月 20 日，从西门子厨具店购入西门子厨具 1 套，2 000 元，一直没付款。发票号 2891，采购类型是普通采购，入库类别是采购入库。

操作步骤：

（1）在“畅捷通 T3 会计从业资格考试专版”窗口，单击“采购”|“采购发票”命令，打开“销售发票”窗口。

（2）单击工具栏中的【增加】按钮旁边的下拉按钮，选择“专用发票”，按资料输入发票信息，如图 6-7 所示。

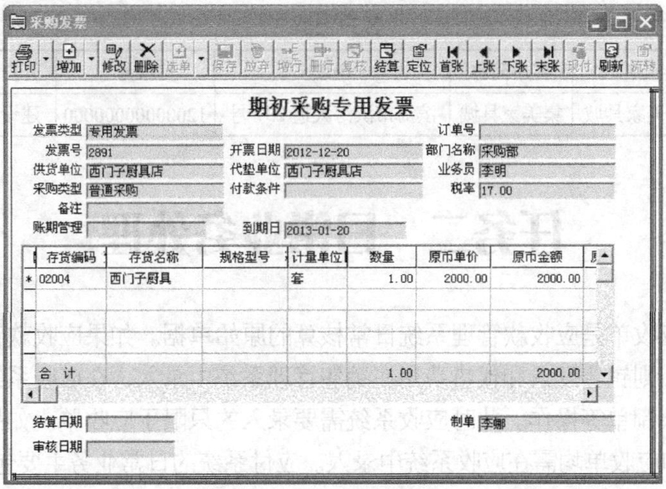

图 6-7 录入期初余额发票

（3）录入完成后单击【保存】按钮。

【例 6-5】 输入存货期初数据：

原料库：

木材 30 吨，单价 100 元，入库日期：12.12.10，3 000 元；

海绵 85 块，每块 20 元，入库日期：12.10.15，1 700 元。

成品库：

衣柜 15 台，单位成本 300 元 入库日期：12.12.16；

西门子厨具 1 套 2 000 元 入库日期：12.12.20。

操作步骤：

（1）在“畅捷通 T3 会计从业资格考试专版”窗口，单击“核算”|“期初数据”|“期初余额”命令，打开“期初余额”窗口。选择输入仓库“001 原料库”，存货大类“原材料”，单击【增加】按钮，输入木材的期初信息，如图 6-8 所示。

（2）继续输入海绵、衣柜、西门子厨具的期初信息。

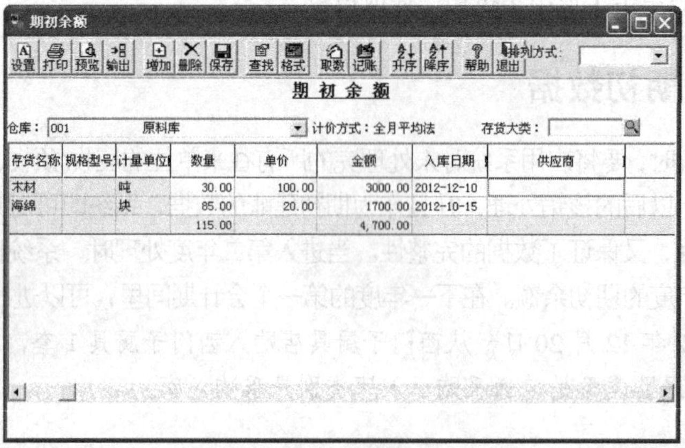

图 6-8 录入原料库期初余额

（3）输入完成后单击【保存】按钮完成设置，单击【记账】按钮完成记账，单击【退出】按钮，返回“畅捷通 T3 会计从业资格考试专版”窗口。

【练习】 完善客户信息如表 6-3 所示。

表 6-3 客户档案

客户编码	客户名称	客户简称	地址	税号	开户银行	银行账号
002	滨海市集美家具城	集美家具城	滨海市滨海大道 237 号	12000000000000	建设银行	10000000000

任务二 日常业务处理

销售发票与应收单是应收款管理系统日常核算的原始单据。如果应收款管理系统与销售管理系统集成使用，则销售发票和代垫费用在销售管理系统中录入，在应收系统中可对这些单据进行查询、核销、制单等操作。此时应收系统需要录入的只限于应收单。如果没有使用销售系统，则所有发票和应收单均需在应收系统中录入。应付系统的日常业务主要包括输入采购发票、输入付款单、采购核销和应付账表查询。由于应收和应付系统日常业务非常相似，这里只介绍应收系统的业务处理流程。

一、录入销售发票

销售开票是销售业务的重要环节，销售发票是一种用来表明已销售商品的规格、数量、价格、销售金额、运费和保险费、开票日期、付款条件等内容的凭证，是确认销售收入、计算销售成本、确认应交增值税和确认应收账款的依据。

应付系统需填制采购发票。

【例6-6】 2013年1月10号，销售部王强以500元（不含税价）的价格，销售给集美家具城11台衣柜，由于集美资金紧张，款项暂欠。企业开出增值税专用发票一张，发票号3355。销售类型为普通销售，发票到期日2013年1月30日。

操作步骤：

（1）在“畅捷通T3会计从业资格考试专版”窗口，单击“销售”|“销售发票”命令，打开“普通发票”窗口。

（2）单击工具栏中的【增加】按钮旁边的下拉按钮，选择“专用发票”，按资料输入发票信息，如图6-9所示。

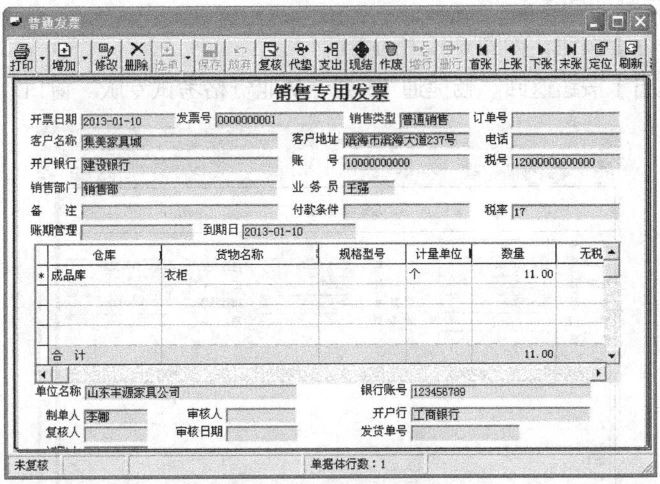

图6-9　录入销售发票

（3）单击【保存】按钮。

（4）单击【复核】按钮，弹出系统提示对话框，如图6-10所示。

（5）单击【是】按钮，系统提示：“0000000001号单据审核成功!”如图6-11所示。

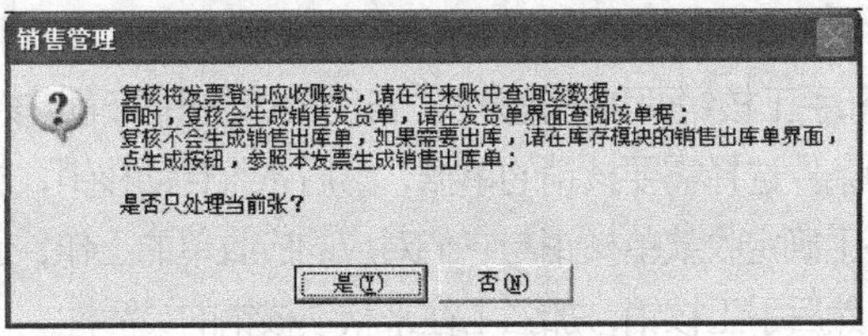

图6-10　销售管理提示

图6-11　复核成功提示

（6）单击【确定】按钮返回“普通发票”窗口，单击【退出】按钮返回“畅捷通T3会计从业资格考试专版”窗口。

二、录入收款单

收款单用来记录企业所收到的客户款项，款项性质包括应收款、预收款、其他费用等。其中应收款、预收款性质的收款单将与发票、应收单、付款单进行核销勾对。

收到客户款项时，该款项有 3 种可能用途：一是客户结算所欠货款；二是客户提前支付的预付款；三是用于支付其他费用。在应收款管理系统中，系统用款项类型来区别不同的用途。如果对于一张收款单同时有几种用途，那么应该在表体记录中分行显示。

应付系统需填付款单。

【例 6-7】 2013 年 1 月 15 号，销售部收到集美公司的转账支票一张，票号 2568，支付购买衣柜的款项，金额 6 435.00 元。

操作步骤：

（1）在“畅捷通 T3 会计从业资格考试专版”窗口，单击“销售”|“客户往来”|“收款结算”命令，打开“单据结算”窗口。

（2）选择客户“滨海市集美家具城”。

（3）单击【增加】按钮，输入结算日期“2013-01-15”，结算方式为“转账支票”，金额为“6 435.00”，票据号为“2568”。

（4）单击【保存】按钮，如图 6-12 所示。

（5）单击【退出】按钮返回“畅捷通 T3 会计从业资格考试专版”窗口。

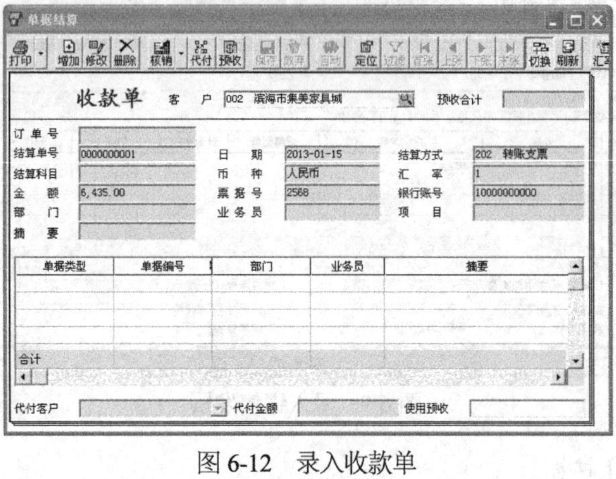

图 6-12 录入收款单

三、往来核销

销售核销处理是指日常进行的确定收款单与销售发票之间对应关系的操作，指明本次收款收的是哪几笔销售业务款项。系统提供自动核销和手工核销两种核销方式。自动核销指用户确定核销条件（主要是往来单位、金额）后，系统根据核销条件选择需要核销的单据，然后系统自动核销，加强了往来款项核销的效率性。手工核销指由用户手工确定收款单核销与它们对应的应收单的工作，通过本功能可以根据查询条件选择需要核销的单据，然后手工核销，加强了往来款项核销的灵活性。

【例 6-8】 将客户为“集美公司”，金额为 6 435.00 元的收款单与相同金额的发票进行核销。

操作步骤：

（1）在“畅捷通 T3 会计从业资格考试专版”窗口，单击“销售”|“客户往来”|“收款结

算”命令，打开“单据结算”窗口。

（2）选择客户“滨海市集美家具城”，找到要核销的收款单。

（3）单击【核销】按钮。

（4）在表体中找到与收款单对应的发票，在本次结算栏中输入“6435”，如图6-13所示。

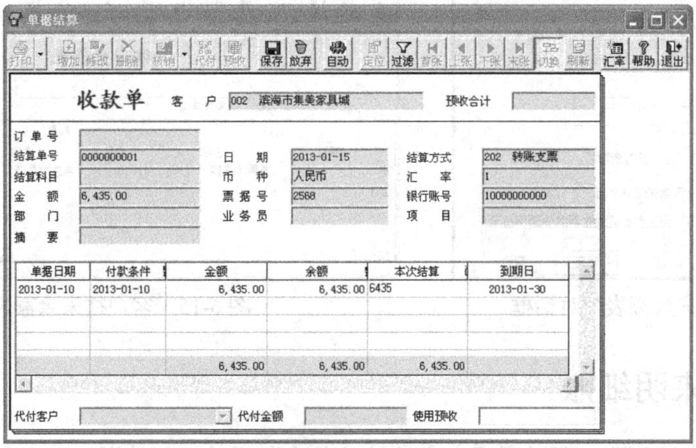

图6-13 销售核销

（5）单击【保存】按钮，再单击【退出】按钮，返回“畅捷通T3会计从业资格考试专版”窗口。

提示

手工核销时一次只能显示一个客户的单据记录，且结算单列表根据表体记录明细显示。当结算单有代付处理时，只显示当前所选客户的记录。若需要对代付款进行处理，则需要在过滤条件中输入该代付单位进行核销。在手工核销的情况下，一次只能对一种结算单类型进行核销，即需要将收款单和付款单分开核销。手工核销保存时，若结算单列表的本次结算金额合计大于或小于被核销列表的本次结算金额合计，系统将提示用户：结算金额不相等，不能保存。核销的记账日期=处理时的注册日期。若发票中同时存在红蓝记录．则核销时先进行单据的内部对冲。用户可以根据结算单单据取消核销处理。

任务三 往来账表查询

应收系统查询的账表主要包括客户往来余额表、客户往来明细账、客户对账单、应收账龄分析表、应收账款预警表等；应付系统查询的账表主要包括供应商往来余额表、供应商往来明细账、供应商对账单、应付账龄分析表、应付账款预警表等。

一、查询往来余额表

通过查询往来余额表，可以了解客户/供应商往来科目的期初余额、本期发生额及期末余额。

【例6-9】 查询集美家具城的往来余额表。

操作步骤：

（1）在“畅捷通T3会计从业资格考试专版”窗口，单击“往来”|“账簿”|“客户余额表”|“客户余额表”命令，打开“客户余额表”对话框，如图6-14所示。

（2）在“客户”文本框中输入“集美家具城”，单击【确定】按钮，显示集美家具城的客户余额表，如图 6-15 所示。

（3）单击【退出】按钮，返回“畅捷通 T3 会计从业资格考试专版”窗口。

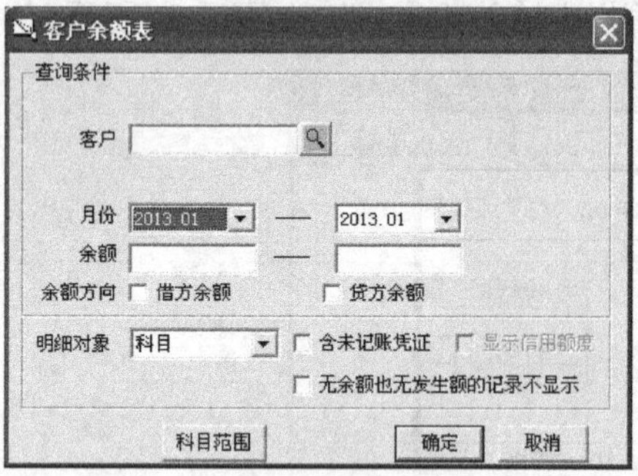

图 6-14 “客户余额表”对话框

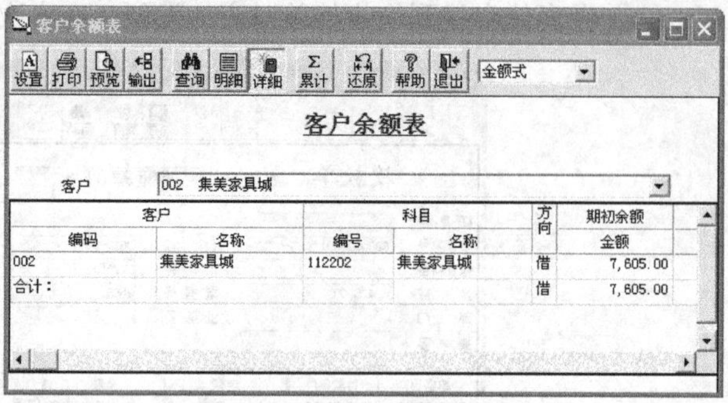

图 6-15 客户往来余额表

二、查询往来明细账

通过查询往来明细账，可以了解客户/供应商往来科目的详细情况。

【例 6-10】 查询集美家具城的往来明细账。

操作步骤：

（1）在“畅捷通 T3 会计从业资格考试专版”窗口，单击“往来”|“账簿”|“客户往来明细账”|“客户明细账”命令，打开“客户明细账”窗口。

（2）在“客户”下拉列表中选择“集美家具城”，单击【确定】按钮，显示集美家具城的客户明细账，如图 6-16 所示。

（3）单击【退出】按钮，返回“畅捷通 T3 会计从业资格考试专版”窗口。

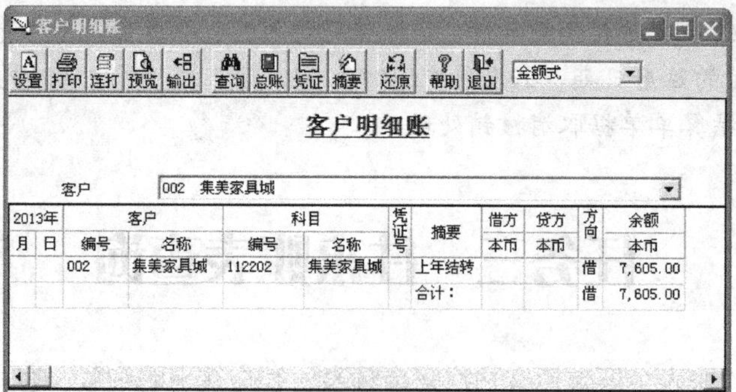

图 6-16 客户明细账

习题与实训

一、单选题

1. 下列各项中，不属于应收/应付账款核算初始设置的是（　　）。

A. 建立往来单位档案　　B. 设置账龄分析区间

C. 定义付款条件　　D. 录入往来初始数据

2. 下列选项中采购发票不能弃复的是（ ）。

A. 已经与采购入库单进行结算 B. 已经进行制单

C. 已经进行现结 D. 已经进行付款结算

3. 往来账款管理与账务处理系统的关系是（ ）。

A. 没有任何联系 B. 凭证录入口一致

C. 起辅助核算的作用 D. 不能相互独立运行

4. 采购入库单填制，单击参照选择不到存货的原因是（ ）。

A. 采购属性设置中选择了是否折扣项

B. 采购属性设置中未选择是否折扣项

C. 采购属性设置中选择了生产耗用项

D. 采购属性设置中未选择生产耗用项

5. 往来票据录入后，必须进行（ ）方可记账。

A. 核销 B. 审核 C. 抽单 D. 勾销

二、多选题

1. 供应商往来中的取消操作包括（ ）。

A. 核销 B. 汇兑损益 C. 转账 D. 并账

2. 往来核算辅助账初始化的主要内容包括（ ）。

A. 设置往来核算项目

B. 输入期初余额和未结清的往来业务

C. 输入本期发生的往来业务

D. 输入期末余额和已结清的往来业务

三、判断题

1.（ ）会计业务活动中，应收/应付账款均为往来业务科目，因此，一般也称应收/应付账款的核算为往来账管理核算模块。

2.（ ）往来账款管理是特殊的账务处理系统。

3.（ ）往来账款软件中一般都具有账龄分析功能。

4.（ ）审核后的往来票据可以直接修改。

5.（ ）手工辅助销账是因为往来账款核算软件功能不完善造成的。

四、上机操作题

接项目二的上机操作题。

1. 设置往来单位档案

2. 设置付款条件，“2/10，1/20，n/30”。

3. 输入往来期初数据。

4. 录入销售发票和收款单，并进行核销。

5. 查询往来余额表、往来明细账。

项目七

报表管理

学习目标

知识目标

- 了解用友通系统报表管理的主要功能及其与其他业务模块之间的关系
- 掌握使用报表模板生成报表数据的方法
- 掌握自定义报表时，报表格式设置和公式设置的方法以及报表数据的计算方法

能力目标

- 能够根据业务要求完成报表格式的设计
- 能够根据业务要求完成报表编制和输出的工作

工作情境

李娜完成总账岗位、现金管理岗位、往来管理岗位、工资管理岗位、固定资产管理岗位实习工作后，月末开始尝试报表编制岗位的工作。

1. 报表管理岗位相关工作

（1）自行设计山东丰源家具公司的资产负债表格式。

（2）使用报表模板生成山东丰源家具公司的资产负债表、利润表。

2. 工作情境分析

若要完成丰源家具公司报表编制工作，需分成以下几项工作任务。

（1）认识报表管理系统。包括认识报表管理系统的主要功能，理清报表管理系统的基本概念，掌握报表管理系统的处理流程。

（2）设计报表格式。包括启动财务报表、设计报表样式、设置关键字、设计报表公式等。

（3）报表数据处理。包括录入关键字、整表重算等操作。

（4）使用数据模板。使用报表模板，可快速编制财务报表。

任务一　认识报表管理系统

报表管理系统是报表处理的工具，利用报表管理系统既可以编制对外报送的报表，又可以编制各种内部报表。它的主要任务是设计报表的格式和编制公式，从总账系统、报表或其他业务系统中取得有关会计信息，自动编制各种会计报表，对报表进行审核、汇总、生成各种分析图，并按预定格式输出各种会计报表。

一、报表管理系统的主要功能

1. 提供各行业报表模板（包括现会流量表）

系统提供不同行业的标准财务报表模板，包括“现金流量表”，可轻松生成复杂报表。如果标准行业报表仍不能满足需要，系统还提供自定义模板的功能，可以根据本单位的实际需要定制模板。

2. 文件管理功能

文件管理是指对报表文件的创建、读取、保存、备份等进行管理。报表系统提供了各类文件管理功能，并且能够进行不同文件格式的转换，如 Access 文件、DBF 文件、Excel 文件、Lotus 1—2—3 文件。支持多个窗口同时显示和处理。

3. 格式管理功能

提供了丰富的格式设计功能，如设置组合单元、画表格线（包括斜线）、调整行高列宽、设置字体和颜色、设置显示比例等，可以制作满足各种要求的报表。

4. 数据处理功能

报表系统以固定的格式管理大量不同的表页，能将多达 99 999 张具有相同格式的报表资料在一个报表文件中管理，并且在每张表页之间建立有机的联系。此外，报表系统还提供了排序、审核、舍位平衡、汇总等功能；提供了绝对单元公式和相对单元公式，可以方便、迅速地定义计算公式；提供了种类丰富的函数，可以从“总账”、“工资”、“固定资产”等系统中提取数据，生成财务报表。

5. 图表功能

将数据表以图形的形式进行表示。采用“图文混排”，可以很方便地进行图形数据组织，制作包括直方图、立体图、圆饼图、折线图等多种图式的分析图表。可以编辑图表的位置、大小、标题、字体、颜色等，并打印输出图表。

6. 打印功能

报表系统的打印方式可谓“所见即所得”，而且报表和图形都可以打印输出。提供“打印预览”功能，可以随时观看报表或图形的打印效果。报表打印时，可以打印格式或数据，可以设置表头和表尾，可以在 0.3～3 倍之间缩放打印，可以横向或纵向打印等。

7. 二次开发功能

该功能可提供批命令和自定义菜单，自动记录命令窗口中输入的多个命令，将有规律性的操作过程编制成批命令文件；提供了 Windows 风格的自定义菜单，综合利用批命令，可以在较短时间内开发出适合于本企业用的系统。

二、报表管理系统的基本概念

1. 报表及报表文件

（1）报表：也叫表页，它是由若干行和若干列组成的一个二维表，一个报表最多可容纳 99 999

张表页，一个报表中的所有表页具有相同的格式，但其中的数据不同。报表是报表管理系统存储数据的基本单位。

（2）报表文件：一个或多个报表以文件的形式保存在存储介质中。每个报表文件都有一个名字，如资产负债表. rep，报表的文件名可以取会计报表的标题，也可以不是标题名。

每个报表文件可以包含若干张报表。为了便于管理和操作，一般把经济利益相近的报表放在一个报表文件中，如每月编制的资产负债表就可统一放在“资产负债表.rep”报表文件中。这样在某一报表文件中要查找某一数据，就要再增加一个表页。在报表文件中，确定数据所在位置的名称是“表页名”（或“表页号”）。

2. 单元及单元属性

（1）单元：报表中由表行和表列确定的方格称为单元，专门用于填制各种数据。它是组成报表的最小单位。每个单元都可用一个名字来标志，称为单元名。单元名可以用所在行和列的坐标表示，一般采用所在行的字母和列的数字表示，如 C2 表示报表中第 2 行第 C 列对应的单元。

（2）单元属性：单元属性是组成报表格式内容的重要部分，设置好每一个单元的属性是设计好一个报表的关键。单元属性包括单元类型、对齐方式、字体图案、边框等。

① 单元类型：包括数值型、字符型和表样型。

数值单元：数值单元是报表的数据，在数据状态下（格式，数据按钮显示为“数据”时）输入。数值单元必须是数字，它可直接输入也可由单元中存放的单元公式运算生成。建立一个新表时，所有单元的类型默认为数值型。

字符单元：字符单元是报表的数据，在数据状态下输入。字符的单位内容可以是汉字、字母、数字及各种键盘可输入的符号组成的一串字符，一个单元中最多可输入 63 个字符或 31 个汉字。字符单位的内容可以直接输入也可以由单元公式生成。

表样单元：表样单元是报表的格式，是定义一个没有数据的空表所需的所有文字、符号或数字。一旦单元被定义为表样，在其中输入的内容对所有表页都有效。表样可在格式状态下输入和修改，在数据状态下只能显示而不允许修改。

② 对齐方式：包括水平方向对齐和垂直方向对齐。其中，水平方向对齐和垂直方向对齐分别有居左方向对齐、居右方向对齐、居中方向对齐和自动对齐。

3. 区域与组合单元

（1）区域：由一张表页上的一组单元组成，自起点单元至终点单元是一个完整的长方形矩阵。在报表中，区域是二维的，最大的区域是一个表页的所有单元，最小的区域可只包含一个单元。在描述一个区域时，开始单元（左上角单元）与结束单元（右下角单元）之间用冒号“:”连接。例如，A2:D8。

（2）组合单元：由相邻的两个或更多的单元组成的区域。这些单元必须是同一种单元类型，在处理报表时将组合单元视为一个单元。组合单元的名称可以用区域名称或区域中的某一单元的名称来表示。

4. 关键字

关键字是游离于单元之外的特殊数据单元，可以唯一标识一个表页，用于区别并在大量表页中快速选择表页，为多维操作起“关键字”的作用。每个报表可以定义多个关键字。关键字一般包括单位名称、单位编号、年、季、月、日等。

5. 报表格式

（1）表样格式：将设置的报表基本结构称为表样格式（也称格式表、定义表）。在报表管理系统中，每一报表只能有一张表样格式，但可反复被使用。

（2）单元公式：指报表单元中的各种公式，如账务取数公式、审核公式等。

（3）固定表：报表的格式固定，不随业务或统计量的变动而改变固有格式。

（4）可变表：报表的格式不固定，可以根据业务统计与管理的需要改变报表的格式。

三、报表管理系统的处理流程

编制会计报表是每个会计期末最重要的工作之一，从一定意义上讲，编制完会计报表是一个会计期间工作完成的标志。

1. 手工方式下的报表编制业务处理过程

（1）根据有关总分类账户和明细分类账户的数据直接填入或经计算后填入有关报表。

（2）根据其他业务子系统等数据直接填入或经计算后填入有关报表。

（3）核算报表并生成报表。

（4）将其下属单位上报的报表进行汇总并生成汇总表。

2. 电算化方式下的报表数据处理流程

在电算化方式下，所有通用报表管理系统都遵循每月先定义后编制，最后输出报表的基本工作流程。

（1）设置报表的结构格式，形成报表结构格式文件。

（2）设置报表的数据来源运算关系和勾稽关系，形成运算关系文件。

（3）根据账务处理系统和其他系统中的相关数据，经运算后生成报表文件，并对报表文件进行审核。

（4）将编制完成的报表，根据需要对其进行输出、汇总、计算等操作。

任务二　设计报表格式

报表的格式设计是整个报表系统的重要组成部分，是数据录入和处理的依据，也是使用者操作使用报表系统的基础。

一、启动财务报表

在使用报表系统处理报表之前，应先启动财务报表系统，并建立一张空白的报表。

【例 7-1】 2013 年 1 月 20 日，账套主管“张三”登录注册 002 账套的报表系统并新增一张报表。

操作步骤：

（1）选择“开始”|“程序”|“用友 T3 系列管理软件”|“畅捷通 T3”|“畅捷通 T3”命令，或者直接双击桌面上的畅捷通 T3 图标，打开“注册【控制台】”对话框。

（2）输入操作员及密码，选择账套“002 山东丰源家具公司”，操作日期为“2013-01-20”。

（3）单击【确定】按钮，打开“畅捷通 T3 会计从业资格考试专版”窗口。

（4）单击“财务报表”，打开“用友通—财务报表（考试专版）”窗口，如图 7-1 所示。

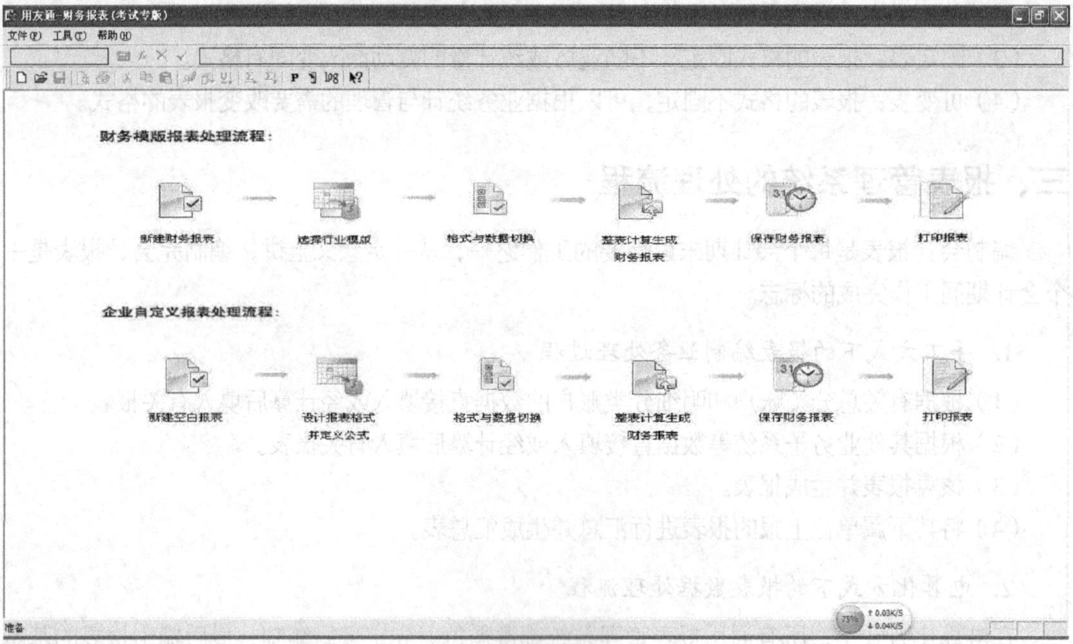

图 7-1 财务报表窗口

（5）单击“文件”|“新建”命令，或单击快捷图标□，建立一张新的报表，如图 7-2 所示。

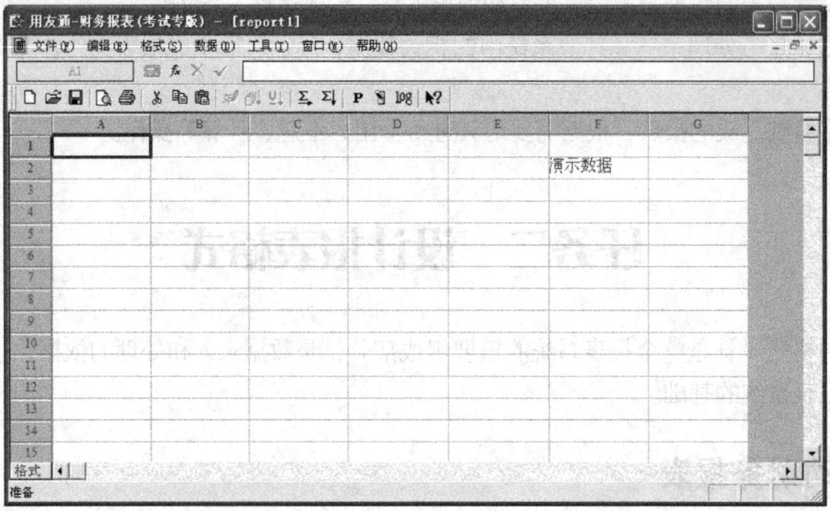

图 7-2 新增报表

窗口的主菜单包括“文件”、“编辑”、“格式”、“数据”、“工具”、“窗口”和“帮助”。

二、设计报表样式

设计报表样式包括设置报表尺寸、定义报表的行高和列宽、画表格线、定义组合单元、输入项目内容、定义单元属性、设置单元格风格等。

1. 设置报表尺寸

设置报表尺寸是指设置报表的行数和列数，设置前可事先根据所要定义的报表大小计算该表所需的行、列，然后再设置。

【例 7-2】 设置报表尺寸为 20 行 6 列。

操作步骤：

（1）选择“格式”|“表尺寸”命令，打开“表尺寸”对话框，如图 7-3 所示。

（2）在“行数”数值框中直接输入“20”，或单击“行数”文本框右侧的上下按钮，选择“20”；将列数设置成“6”。

（3）单击【确认】按钮。

2. 定义报表的行高和列宽

当报表的行高列宽有特定要求时，可以进行调整。

【例 7-3】 定义报表第 1 行行高为 15mm，第 2～20 行的行高为 8mm。

操作步骤：

（1）选中第一行，执行“格式”|“行高”命令，打开“行高”对话框，如图 7-4 所示。

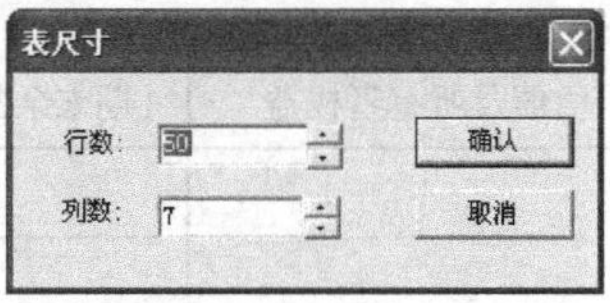

图 7-3 “表尺寸”对话框

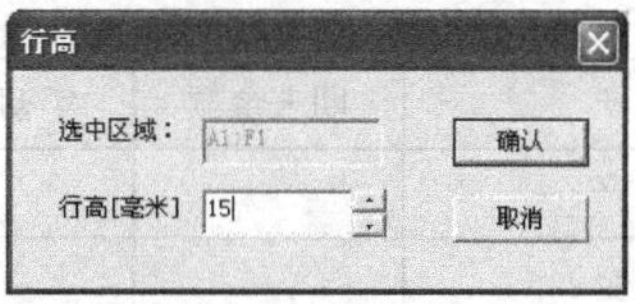

图 7-4 “行高”对话框

（2）在“行高”数值框中直接输入“15”，或单击“行高”文本框右侧的上下按钮，选择“15”，单击【确认】按钮。

（3）选中第 2～20 行，选择“格式”|“行高”命令，打开“行高”对话框，直接输入行高为“8”，或单击“行高”文本框右侧的上下按钮选择“8”，单击【确认】按钮。

3. 画表格线

报表的尺寸设置完成后，在报表输出时，该报表是没有任何表格线的，为了满足查询和打印的需要，还需要在适当的位置画表格线。

【例 7-4】 将 A4:F20 单元区域画上表格线。

操作步骤：

（1）选中报表需要画线的单元区域 A4：F20。

（2）执行“格式”菜单下的“区域画线”命令，打开“区域画线”对话框，如图 7-5 所示。

（3）单击“网线”单选钮，将“画线类型”设置为“网线”，选择“样式”为细实线。

（4）单击【确认】按钮。

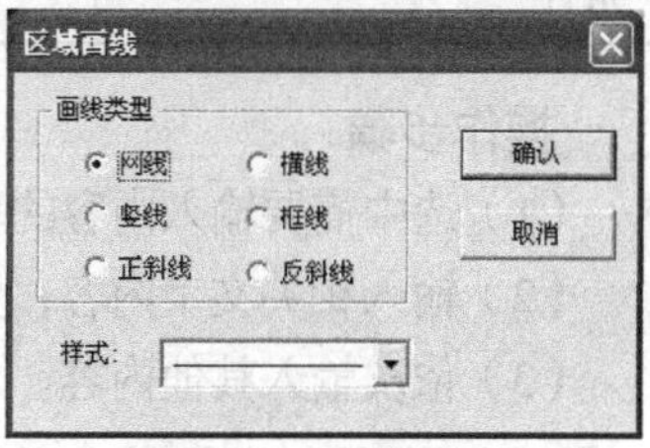

图 7-5 画表格线

4. 定义组合单元

定义组合单元即把几个单元作为一个单元来使用，组合单元实际上就是一个大的单元，所有针对单元的操作对组合单元均有效。

【例 7-5】 将 A1:F1 组合成一个单元。

操作步骤：

（1）选择需合并的单元区域 A1:F1。

（2）执行“格式”菜单下的“组合单元”命令，打开“组合单元”对话框，如图 7-6 所示。

（3）单击【整体组合】按钮或【按行组合】按钮，该单元即合并成一个整体。

【练习】 将单元区域 A2:F2 组合成一个单元，将单元区域 A3:F3 组合成一个单元。

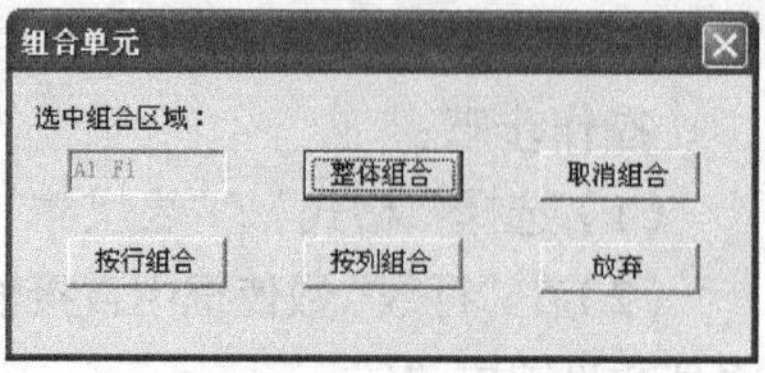

图 7-6　定义组合单元

5. 输入项目内容

项目内容是指报表的固定文字内容，主要包括表头、表体和表尾项目。

【例 7-6】 根据表 7-1 输入文字。

表 7-1　　资产负债表

	A	B	C	D	E	F
1	资产负债表					
2						
3						
4	资产	期末余额	年初余额	负债及所有者权益	期末余额	年初余额
5	一、流动资产					
6	货币资金					
7	交易性金融资产					
8	应收票据					
9						
10						
11						
12						
13						
14						
15						
16						
17						
18						
19						
20						

操作步骤：

（1）选中需要输入内容的单元或组合单元。

（2）输入相关文字内容，如在 A1：F1 组合单元内输入“资产负债表”，如图 7-7 所示。

（3）依次输入其他内容。

注意

在输入报表项目时，编制单位、日期一般不需要输入，报表一般将其设置为关键字。

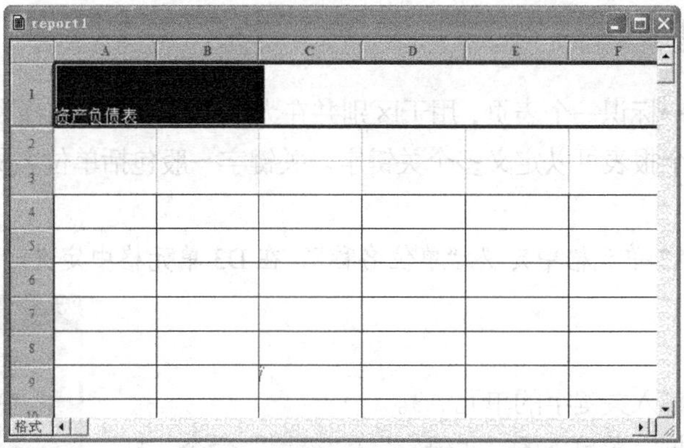

图 7-7　报表项目内容

6. 定义单元属性

单元属性包括单元类型、数字格式及边框格式等内容。

【例 7-7】 将单元区域 B6:C20 和 E6:F20 设置成单元类型为“数值型”，格式为“逗号”。

操作步骤：

（1）选中单元区域 B6:C20，执行“格式”菜单下的“单元属性”命令，打开“单元格属性”对话框，如图 7-8 所示。

（2）选择“单元类型”列表框中的“数值”，勾选“格式”栏中的“逗号”复选框。

（3）单击【确认】按钮。

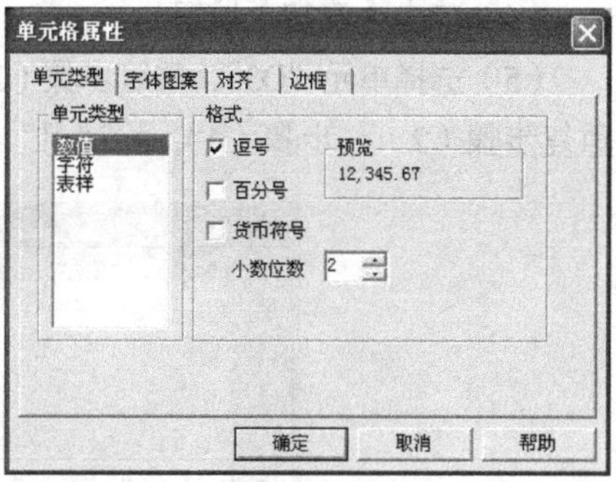

图 7-8　定义单元格属性

（4）重复步骤（1）～（3）步，完成 E6:F20 的单元属性设置。

7. 设置单元格风格

单元格风格主要指单元格内容的字体、字号、字型、对齐方式、颜色图案等。

【例 7-8】 将“资产负债表”设置成宋体、粗体、14 号字，水平方向和垂直方向居中。

操作步骤：

（1）选中单元区域 A1:F1，执行“格式”菜单下的“单元属性”命令，打开“单元格属性”对话框，选择“字体图案”选项卡。

（2）设置字体，如图 7-9 所示。

（3）选择“对齐”选项卡，设置水平方向和垂直方向为“居中”，如图 7-10 所示。

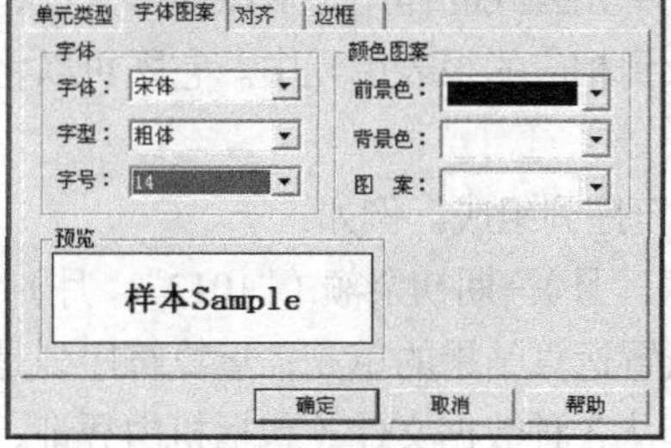

图 7-9　设置字体

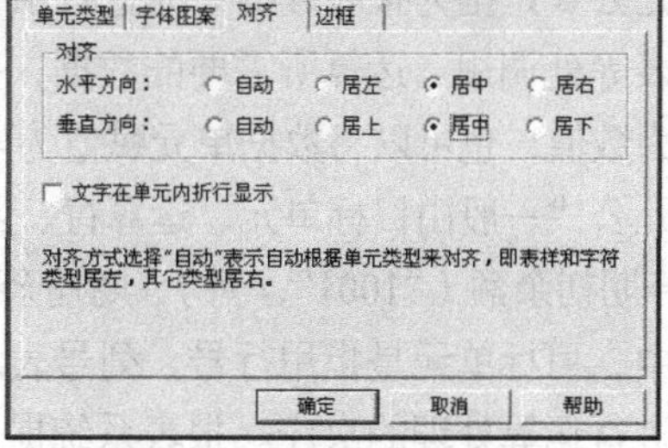

图 7-10　设置居中

（4）单击【确定】按钮完成设置。

三、设置关键字

关键字可以唯一标识一个表页，用于区别并在大量表页中快速选择表页，为多维操作起“关键字”的作用。每个报表可以定义多个关键字。关键字一般包括单位名称、单位编号、年、季、月、日等。

【例 7-9】 在 A3 单元格中定义“单位名称”，在 D3 单元格中定义“年”，在 E3 单元格中定义“月”。

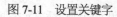

操作步骤：

（1）选中需要输入关键字的单元 A3。

（2）执行“数据”菜单下的“关键字”|“设置”命令，打开“设置关键字”对话框，如图 7-11 所示。

（3）单击“单位名称”单选钮。

（4）单击【确定】按钮。

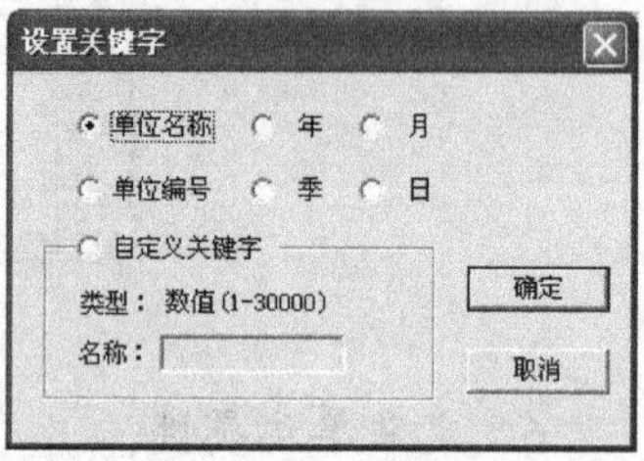

图 7-11 设置关键字

（5）选择单元“D3”，重复步骤（2）～步骤（4），将“年”定义为关键字；选择单元“E3”，重复步骤（2）～步骤（4），将“月”定义为关键字。设置后的状态如图 7-12 所示。

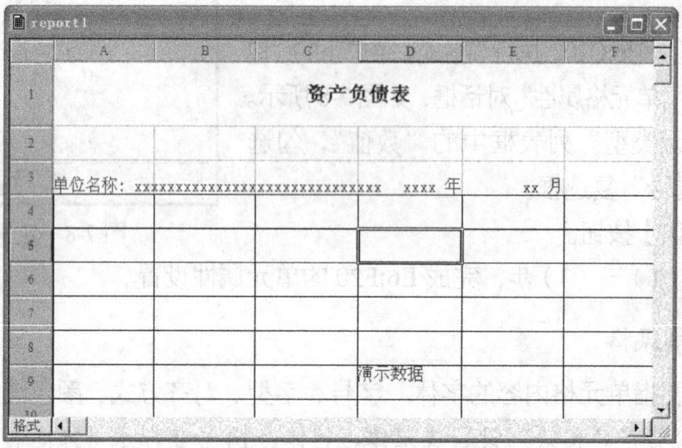

图 7-12 设置结果

四、设计报表公式

报表公式是指报表或报表数据单元的计算规则，主要包括单元公式、审核公式等。

1. 单元公式

单元公式是指为报表数据单元进行赋值的公式。单元公式的作用是从账簿、凭证、本表或其他报表等处调用、运算所需要的数据，并将其填入到相应的报表单元中。它既可以将数据单元赋值为数值，也可以将数据单元赋值为字符。

单元公式一般由目标单元、运算符、函数和运算符序列组成。例如：

C6=期初余额（“1001”，月）+期初余额（“1002”，月）+期初余额（“1012”，月）

其中，目标单元是指用行号、列号表示的用于放置运算结果的单元；运算符序列是指采集数据并进行运算处理的次序。报表系统提供了一整套从各种数据文件（包括机内凭证、账簿和报表，也包括机内其他数据资源）中采集数据的函数。企业可根据实际情况，合理地调用不同的相关函数。常用的报表数据一般是来源于总账系统或报表系统本身，取自于报表的数据又可以分为从本表中取数和从其他报表的表页中取数。

（1）账务取数公式。

账务取数是会计报表数据的主要来源，账务取数函数架起了报表系统和总账等其他系统之间进行数据传递的桥梁。账务取数函数（也称账务取数公式或数据传递公式）的使用可实现报表系统从账簿、凭证中采集各种会计数据生成报表，实现账表一体化。

账务取数公式是报表系统中使用最为频繁的一类公式，此类公式中的函数表达式最为复杂，公式中往往要使用多种取数函数，每个函数中还要说明如科目编码、会计期间、发生额或余额、方向、账套号等参数。

① 账务取数公式的基本格式如下：

函数名（"科目编码"，会计期间，"方向"，"账套号"，"会计年度""编码 1"，"编码 2"）。

说明：

- "科目编码"是会计科目的代码，必须用双引号括起来。
- "会计期间"可以是"年"、"季"、"月"等变量，也可以是具体数字表示的年、季、月。
- "方向"即"借"或"贷"，可以省略。
- "账套号"为数字，默认时为第一套账。
- "会计年度"即数据取数的年度，可以省略。
- "编码 1"与"编码 2"与科目编码的核算账类有关，可以取科目的辅助账，如职员编码、项目编码等，如无辅助核算则省略。

② 账务取数函数：主要的账务取数函数如表 7-2 所示。

表 7-2 主要账务取数函数表

总账函数	金额式	数量式	外币式
期初额	QC（ ）	SQC（ ）	WQC（ ）
期末额	QM（ ）	SQM（ ）	WQM（ ）
发生额	FS（ ）	SFS（ ）	WFS（ ）
累计发生额	LFS（ ）	SLFS（ ）	WLFS（ ）
净额	JE（ ）	SJE（ ）	WJE（ ）

（2）报表取数公式。

会计报表数据的来源除了账务取数外，还有一部分数据来自于报表中。报表取数公式主要包括本表页内部统计公式、本表其他页取数公式和报表之间取数公式。

① 本表页内部统计公式。本表页内部统计公式用于在本表页内的指定区域内作出诸如求和、求平均值、计数、求最大值、求最小值、求统计方差等统计结果的运算。主要实现表页中相关数据的计算、统计功能。应用时，要按所求的统计量选择公式的函数名和统计区域，如表 7-3 所示。

表 7-3 本表页内部主要取数函数表

函数名	函数	函数名	函数
期初额求和	PTOTAL（ ）	最大值	PMAX（ ）
期末额计数	PCOUNT（ ）	最小值	PMIN（ ）

例如，用 PTOTAL（B3:B8）表示求区域 B3～B8 单元的总和；用 PAVG（B3:B8）表示求区域 B3～B8 单元的平均值；用 PMAX（B3:B8）表示求区域 B3～B8 单元的最大值；用 PMIN（B3:B8）

表示求区域 B3～B8 单元的最小值等。

② 本表其他页取数公式。一张报表由多个表页组成，并且表页之间具有极其密切的联系，如一个表页可能代表同一个单位但不同会计期间的同一报表。因此，一个表页中的数据可能取自上一会计期间表页的数据，本表其他页取数公式可完成此类操作。

编辑此类公式应注意报表处理软件中的表页选择函数的函数名及参数个数与参数格式。特别是如何描述历史上的会计期间。

对于取自于本表其他表页的数据可以利用某个关键字作为表页定位的依据或者直接以页标号作为定位依据，指定要取的某张表页的数据。

可以使用 SEL ECT（ ）函数从本表的其他表页取数。

例如，C1 单元取自于上个月的 C2 单元的数据：C1=SELECT（C2，月@—月+1）；C1 单元取自于第二张表页的 C2 单元数据可表示为 C1:C2@2。

③ 报表之间取数公式。报表之间取数公式即它表取数公式，用于从另一报表某期间某页中的某个或某些单元中采集数据。在进行报表与报表之间的取数时，不仅要考虑数据取自哪一张表的哪一单元，还要考虑数据来源于哪一页。

例如，某年 l0 月份的“资产负债表”中的未分配利润，需要取“利润分配表”中同一月份的未分配利润数据，如果“利润分配表”中存在其他月份的数据，而不存在 10 月份的数据，则“资产负债表”就不应取出其他月份的数据。表间计算公式就可以保证这一点。

编辑表间计算公式与同一报表内各表页间的计算公式类似，主要区别在于把本表表名换为它表表名。对于取自于其他报表的数据可以用“报表名.rep→单元”格式来指定要取数的某张报表的单元。

为了方便而又准确地编制会计报表，系统提供了手工设置和引导设置两种方式。在引导设置状态下，根据对各目标单元填列数据的要求，通过逐项设置函数及运算符，即可自动生成所需的单元公式。当然，在对函数和公式的定义十分了解，运用非常自如的情况下，可以直接手工设置公式，并直接输入公式。

【例 7-10】 完成 C6 单元“货币资金”与“年初余额”的计算公式。

操作步骤：

（1）选中需要输入公式的单元 C6。

（2）执行“数据”菜单下的“编辑公式”|“单元公式”命令，打开“定义公式”对话框，如图 7-13 所示。

图 7-13 定义单元公式

（3）在“定义公式”对话框内，直接输入总账期初函数公式：QC（“1001”，全年…年，）+QC（“1002”，全年…年，）+QC（“1012”，全年…年，）。

（4）单击【确认】按钮。

提示

单元公式在输入时，凡是涉及数学符号的均须输入英文半角字符。如果对报表函数不太了解，可以利用函数向导引导输入公式，这种利用引导输入的方法简单直观。

【例 7-11】 完成 B8 单元“应收票据”期末余额的计算公式。

操作步骤：

（1）选定被定义单元 B8，即应收票据期末数。

（2）执行“数据”菜单下的“编辑公式”|“单元公式”命令，打开“定义公式”对话框。

（3）单击【函数向导】按钮，打开“函数向导”对话框。

（4）在“函数分类”列表框中选择“用友账务函数”选项。

（5）在“函数名”列表框中选择“期末（QM）”选项，如图 7-14 所示。

（6）单击【下一步】按钮，打开“用友账务函数”对话框，如图 7-15 所示。

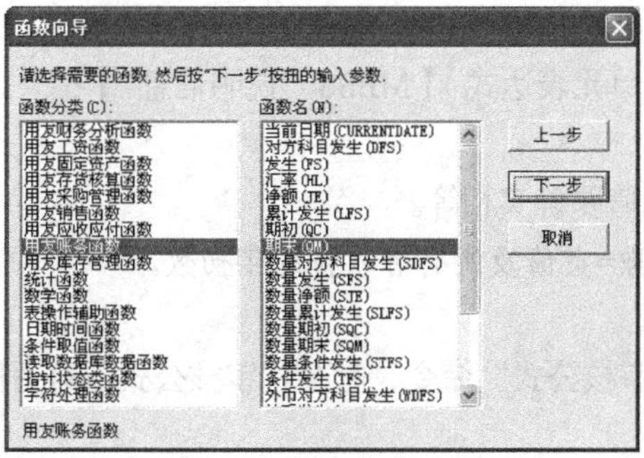

图 7-14 引导输入公式

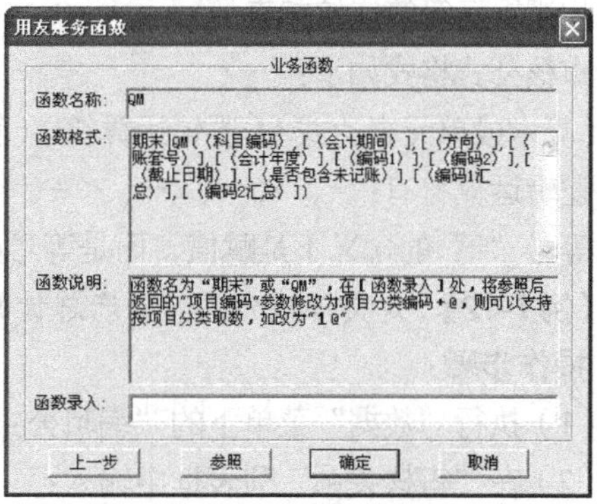

图 7-15 选择函数

（7）单击【参照】按钮，打开“账务函数”对话框，如图 7-16 所示。

（8）单击“账套号”下拉列表框的下三角按钮，在下拉列表中选择“002”选项。

（9）单击“会计年度”下拉列表框的下三角按钮，在下拉列表中选择“2013”选项。

（10）在“科目”文本框中输入“1121”。

（11）单击“期间”下拉列表框的下三角按钮，在下拉列表中选择“月”选项。

（12）单击“方向”下拉列表框的下三角按钮，在下拉列表中选择“默认”选项。

（13）单击【确定】按钮，返回到“用友账务函数”对话框，如图 7-17 所示。

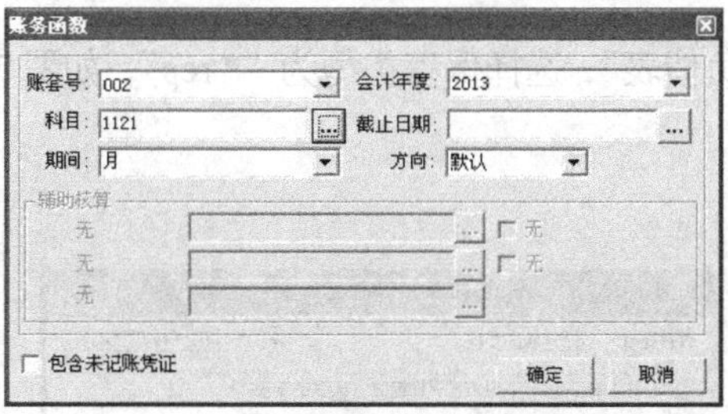

图 7-16 “账务函数”对话框

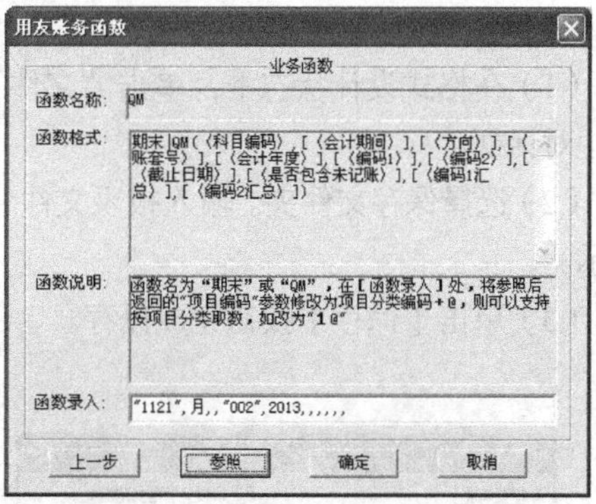

图 7-17 “用友账务函数”对话框

（14）单击【确定】按钮，返回到“定义公式”对话框，如图 7-18 所示。单击【确认】按钮，完成 B8 单元的公式定义。

图 7-18 “定义公式”对话框

2. 审核公式

报表中的各个数据之间一般都存在某种勾稽关系，利用这种勾稽关系可定义审核公式，可以进一步检验报表编制的结果是否正确。审核公式可以验证表页中数据的勾稽关系，也可以验证同报表中不同表页的勾稽关系，还可以验证不同报表之间的数据勾稽关系。

审核公式由验证关系公式和提示信息组成。定义报表审核公式，首先要分析报表中各单元之间的关系，来确定审核关系，然后根据确定的审核关系定义审核公式。其中审核关系必须确定正确，否则审核公式会起到相反的效果，即由于审核关系不正确导致一张数据正确的报表被审核为错误，而编制报表者又无从修改。

审核公式是把报表中某一单元或某一单元区域与另外某一单元或某一单元区域或其他字符之间用逻辑运算符连接起来。

审核公式格式如下：

（算术或单元表达式）（逻辑运算符）（算术或单元表达式）【MESS“说明信息”】

逻辑运算符有：=、>、<、>=、<=、<>。

等号“=”的含义不是赋值，而是等号两边的值要确实相等。

【例 7-12】 定义审核公式：资产总计的年初数=负债及所有者权益的年初数。

操作步骤：

（1）执行“数据”菜单下的“编辑公式”|“审核公式”命令，打开“审核公式”对话框。

（2）在“审核关系”列表框中输入：

C20=F20

MESS"资产总计的年初数<>负债及所有者权益的年初数"

如图 7-19 所示。

（3）单击【确定】按钮完成设置。

3. 保存报表

报表的格式设置完成之后，为了确保今后能够随时调出使用并生成报表数据，应将会计报表的格式保存起来。

【例 7-13】 将报表文件保存为“资产负债表”。

操作步骤：

（1）在格式设计状态下，单击“文件”|“保存”命令。如果是第一次保存，则打开“另存为”对话框。

（2）选择保存文件夹。输入报表文件名“资产负债表”，选择保存类型为“*.rep”，如图 7-20 所示。

（3）单击【保存】按钮完成保存。

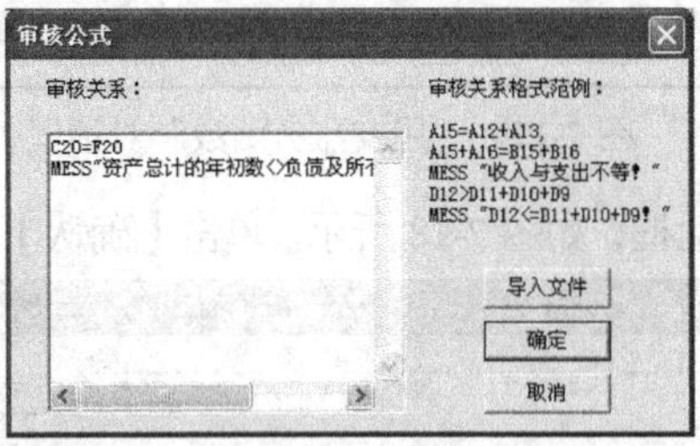

图 7-19 “审核公式”对话框

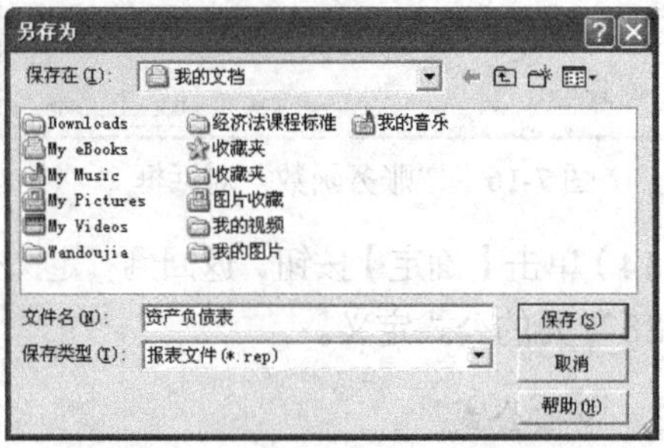

图 7-20 保存报表

提示

- 报表格式设置完成后切记要及时将这张报表格式保存下来，以便以后随时调用。
- “.rep”为用友报表文件专用扩展名。

任务三　报表数据处理

报表数据处理主要包括生成报表数据、审核报表数据和舍位平衡操作等工作。处理时，计算机会根据已定义的单元公式、审核公式和舍位平衡公式自动进行取数、审核及舍位等操作。

报表数据处理一般是针对某一特定表页进行的，因此，在数据处理时还涉及表页的操作，如增加、删除、插入、追加表页等。

提示

报表数据处理工作必须在“数据”状态下进行。

下面重点介绍如何生成报表数据。

一、进入报表数据状态

进入报表数据状态可以使用菜单进入，也可以直接使用【数据/格式】切换按钮。

【例 7-14】 进入“资产负债表”数据状态。

操作步骤：

（1）单击“文件”|“打开”命令，打开“打开”对话框。

（2）选择“资产负债表”，单击【打开】按钮。

也可以在资产负债表格式状态下，单击报表左下角的【数据/格式】切换按钮，进入报表的数据状态。

二、录入关键字

关键字是表页定位的特定标识，在格式状态下设置完成关键字以后，只有在数据状态下对其实际赋值才能真正成为表页的鉴别标志，为表页间、表间的取数提供依据。

【例 7-15】 录入关键字"2013 年 1 月 31 日"。

操作步骤：

（1）执行“数据”|“关键字”|“录入”命令，打开“录入关键字”对话框。

（2）输入单位名称“丰源公司”，年“2013”，月“1”，日“31”。

（3）单击【确认】按钮，弹出“是否重算第 1 页？”对话框。

（4）单击【是】按钮，系统会自动根据单元公式计算 1 月份数据；单击【否】按钮，系统不计算 1 月份数据，以后可利用“表页重算”功能生成 1 月数据。

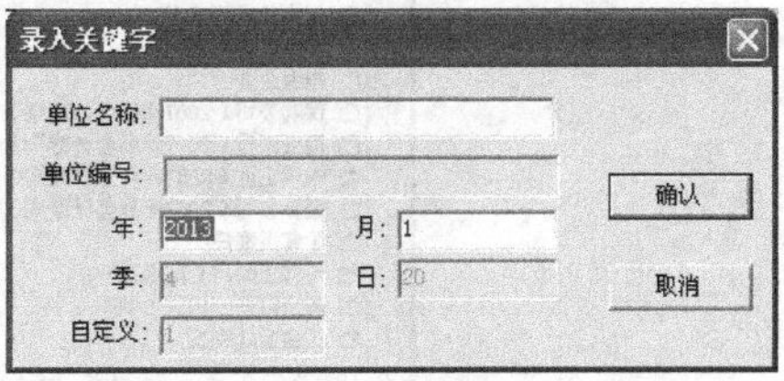

图 7-21　“录入关键字”对话框

三、整表重算

当完成报表的格式设计并完成账套初始和关键字的录入之后，便可以计算指定账套并指定报表时间的报表数据了。计算报表数据是在数据处理状态下进行的，它既可以在录入完成报表的关键字后直接计算，也可以使用菜单功能计算。

【例 7-16】 对丰源公司的资产负债表进行整表重算。

操作步骤：

（1）执行“数据”|“表页重算”命令，弹出“是否重算第 1 页？”提示框，如图 7-22 所示。

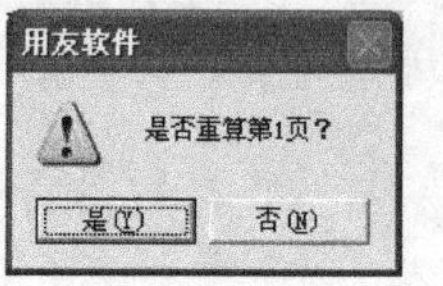

图 7-22 表页重算提示

（2）单击【是】按钮，系统会自动在初始的账套和会计年度范围内根据单元公式计算生成数据。

提示

- 报表数据生成之后可以进行相应的保存输出和打印操作。
- 利润表和其他报表的数据处理同资产负债表相似，在这里不再赘述。

任务四 使用数据模板

财务报表系统中一般都预置了分行业的常用会计报表格式，称之为报表模板，企业可以以系统提供的报表模板为基础，快速编制财务报表。

财务报表系统提供了包含 19 个行业的 70 多张标准财务报表，还包含了用户自定义模板。

【例 7-17】 调用资产负债表模板，输入关键字“2013 年 1 月 31 日”，生成资产负债表数据。

操作步骤：

（1）执行“文件”|“新建”命令，打开“新建”对话框。

（2）选择模板“一般企业（2007 年新会计准则）”，财务报表为“资产负债表”，如图 7-23 所示。

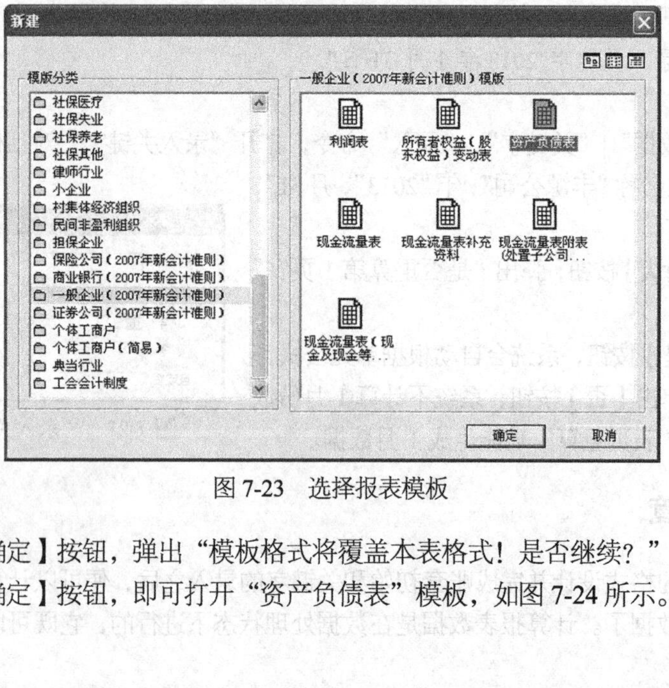

图 7-23 选择报表模板

（3）单击【确定】按钮，弹出“模板格式将覆盖本表格式！是否继续？”提示框。

（4）单击【确定】按钮，即可打开“资产负债表”模板，如图 7-24 所示。

（5）单击报表左下角的【数据/格式】切换按钮，进入报表的数据状态。

（6）执行“数据”|“关键字”|“录入”命令，打开“录入关键字”对话框，如图 7-25 所示。

A	B	C	D	E	F
资产负债表					
					会企01表
单位名称：xxxxxxxxxxxxxxxxxxxxxxxxxxxxxxx年		xx 月	xx 日		单位：元
资　　产	期末余额	年初余额	负债及所有者权益（或股东权益）	期末余额	年初余额
流动资产：			流动负债：		
货币资金	公式单元	公式单元	短期借款	公式单元	公式单元
交易性金融资产	公式单元	公式单元	交易性金融负债	公式单元	公式单元
应收票据	公式单元	公式单元	应付票据	公式单元	公式单元
应收账款	公式单元	公式单元	应付账款	公式单元	公式单元
预付款项	公式单元	公式单元	预收款项	公式单元	公式单元
应收利息	公式单元	公式单元	应付职工薪酬	公式单元	公式单元
应收股利	公式单元	公式单元	应交税费	公式单元	公式单元
其他应收款	公式单元	公式单元	应付利息	公式单元	公式单元
存货	公式单元	公式单元	应付股利	公式单元	公式单元
一年内到期的非流动资产	公式单元	公式单元	其他应付款	公式单元	公式单元
其他流动资产			一年内到期的非流动负债		
流动资产合计	公式单元	公式单元	其他流动负债	公式单元	公式单元

图 7-24　“资产负债表”模板

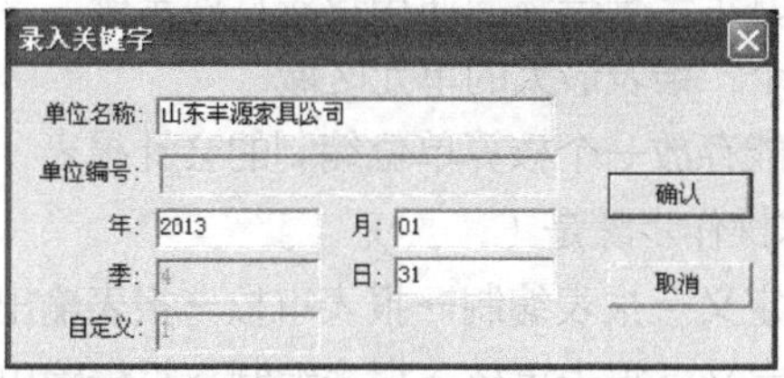

图 7-25　“录入关键字”对话框

（7）单击【确认】按钮，弹出“是否重算第 1 页？”对话框。

（8）单击【是】按钮，生成资产负债表的数据，如图 7-26 所示。

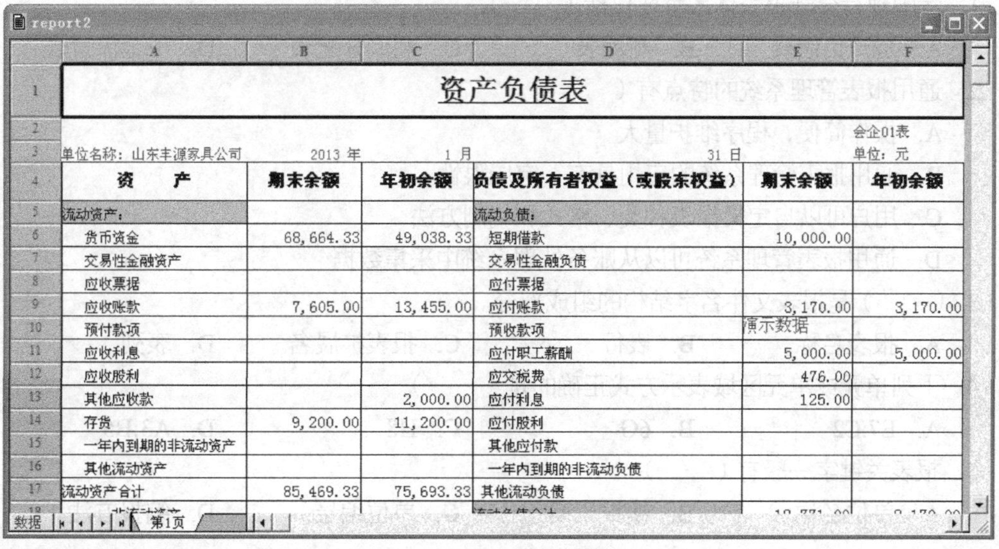

A	B	C	D	E	F
资产负债表					
					会企01表
单位名称：山东丰源家具公司	2013 年	1 月	31 日		单位：元
资　　产	期末余额	年初余额	负债及所有者权益（或股东权益）	期末余额	年初余额
流动资产：			流动负债：		
货币资金	68,664.33	49,038.33	短期借款	10,000.00	
交易性金融资产			交易性金融负债		
应收票据			应付票据		
应收账款	7,605.00	13,455.00	应付账款	3,170.00	3,170.00
预付款项			预收款项		
应收利息			应付职工薪酬	5,000.00	5,000.00
应收股利			应交税费	476.00	
其他应收款		2,000.00	应付利息	125.00	
存货	9,200.00	11,200.00	应付股利		
一年内到期的非流动资产			其他应付款		
其他流动资产			一年内到期的非流动负债		
流动资产合计	85,469.33	75,693.33	其他流动负债		

图 7-26　生成资产负债表

习题与实训

一、单选题

1. 专用报表管理系统的特点是（　　）。
   A. 报表的种类、格式和编制方法等已在程序中固定化
   B. 用户根据需要可以自定义报表的格式和编制方法
   C. 图文并茂，易于维护
   D. 操作简便、便于推广
2. 由相邻两个不同类型单元组成的区域是（　　）。
   A. 单元格式　　B. 组合区域　　C. 单元类型　　D. 单元区域
3. 下列说法错误的是（　　）。
   A. 一个报表文件就是一个二维表　　B. 组合单元是一种特殊的单元区域
   C. 固定单元通常为字符型数据　　D. 变动单元一般是数值型数据
4. 下列说法正确的是（　　）。
   A. 报表文件的扩展名在不同报表管理系统中应该相同
   B. 财经电子表系统就是一种特殊的通用报表管理系统
   C. 一个单元就是一个二维表最大的单元区域
   D. 一个报表文件只能存放一个核算单位编制的会计报表
5. 报表管理系统的基本操作步骤是（　　）。
   A. 新表登记→报表定义→报表编制→报表审核→报表输出
   B. 新表登记→报表定义→报表审核→报表编制→报表输出
   C. 报表定义→新表登记→报表编制→报表审核→报表输出
   D. 新表登记→报表定义→报表输出→报表审核→报表编制

二、多选题

1. 我国现行会计报表体系主要包括（　　）。
   A. 资产负债表　　B. 利润表　　C. 利润分配表　　D. 现金流量表
2. 通用报表管理系统的特点有（　　）。
   A. 操作简便，程序维护量大
   B. 通用报表管理系统的应用具有一定局限性
   C. 用户可以自定义报表种类、格式和编制方法
   D. 通用报表管理系统可以从账务处理系统中采集数据
3. （　　）是报表文件名字结构的组成部分。
   A. 报表名称　　B. 表行　　C. 报表扩展名　　D. 表列
4. 下列单元或单元区域表示方式正确的是（　　）。
   A. E7:C2　　B. 6G　　C. H8　　D. A3:B5
5. 报表关键字一般有（　　）。
   A. 单位名称　　B. 编报日期　　C. 单位编号　　D. 编报方法

三、判断题

1. (　　) 报表管理系统只能编制会计报表，不能分析会计报表。
2. (　　) 财经电子表系统可以实现表内、表间数据的灵活移动。
3. (　　) 报表单元格式决定着报表数据的内容和性质。
4. (　　) 为了便于用户查找，可将本月编制的资产负债表和利润表存放在同一报表文件中。
5. (　　) 关键字是对表页识别定位的一类特殊标志，因而每个表页只能有一个关键字。

四、简答题

1. 简述报表管理系统的主要功能。
2. 图示报表管理系统的数据处理流程。

五、上机操作题

接项目二的上机操作题。

1. 新建报表，根据下表格式定义报表格式。

资产负债表简表

编制单位：　　年　月　日　　　　　　单位：元

资产	年初数	期末数	权益	年初数	期末数
货币资金					
应收账款			股本		
存货			未分配利润		
合计			合计		

2. 定义各项目的单元取数公式。
3. 编制产生业务当月的报表数据。
4. 保存报表，将报表文件名设为“安雅报表1”。

项目八

综合实训

学习目标

知识目标

- 掌握实训操作流程
- 掌握用友 T3 各模块之间的关系

能力目标

- 能够熟练操作各模块，做到融会贯通
- 能够根据业务要求完成实训

工作情境

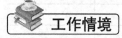

李娜完成了丰源公司的用友 T3 实施工作，她发现电算化使会计工作变得相对轻松，每月的工作就是输入凭证、审核凭证，记账、结账都由软件完成，轻松方便，而且企业生产经营的各种信息能及时、准确地传递、确认和报告，为企业会计信息的需求者提供及时、准确的信息。

李娜的同学杨雪在一家面条生产企业实习，也想用上适合本企业的财务软件。在李娜的推荐下，经过市场考查，杨雪所在公司也决定用用友 T3 财务软件。

田园有限责任公司是一家小型食品加工企业，主要从事面条生产，产品有普通挂面、西红柿鸡蛋挂面和绿豆挂面，原材料有面粉、鸡蛋、西红柿、绿豆粉，辅助材料有食用碱、食用盐。公司注册资本为 50 万元，拥有资产总额 115 万余元，其中固定资产 90 万元。公司设总经理 1 名，全面负责公司的生产经营，设有办公室、供应科、销售科、财务科、生产车间。公司共有职工 8 人。2013 年 1 月 1 日开始启用除老板通、移动商务以外的用友通所有模块，启用日期为 2013 年 1 月 1 日。

工作情境分析

若要完成田园公司会计信息化实施工作，需要按照以下程序进行设置。

一、系统管理

系统管理包括建立账套、设置操作员及操作员权限。

1. 设置操作员

按表 8-1 所示设置操作员权限。

表 8-1　　操作员

编号	姓名	口令	所属部门	权限
101	张达	空	财务部	账套主管
102	杨雪	空	财务部	共用目录设置、总账系统的所有权限
103	李玲玲	空	财务部	总账和现金管理的所有权限

2. 账套信息

账套号：100

账套名称：田园有限责任公司

单位简称：田园公司

单位地址：滨海市人民路 50 号

税号：100002333358901

启用会计期：2013 年 1 月；会计期间设置：1 月 1 日至 12 月 31 日

企业类型：工业

行业性质：2007 年新会计准则

账套主管：张达；按行业性质预置科目

分类编码方案如下：

科目编码级次：4222

客户分类编码级次：123

部门编码级次：122

数据精度：小数点位数 2

3. 进行账套备份

备份名为 100-1。

二、基础设置

基础设置的工作包括设置部门档案、设置职员档案、设置客户分类、设置客户档案和设置供应商档案。

（1）设置部门档案如表 8-2 所示。

表 8-2　　部门档案

部门编码	部门名称	部门属性
1	财务科	财务管理
2	办公室	综合管理
3	供应科	采购
4	销售科	营销
5	生产车间	生产

（2）设置职员档案如表 8-3 所示。

表 8-3　　职员档案

人员编号	姓名	部门	人员类别
101	张达	1 财务部	管理人员
102	杨雪	1 财务部	管理人员

续表

人员编号	姓名	部门	人员类别
103	李玲	1 财务部	管理人员
201	田丰收	2 办公室	管理人员
202	王丽	2 办公室	管理人员
301	李强	3 采购部	管理人员
401	张明	4 销售部	销售人员
501	赵波	5 生产车间	生产人员

（3）设置客户分类如表 8-4 所示。

表 8-4　　客户档案

类别编码	类别名称
1	本市区
2	外地市

（4）设置客户档案如表 8-5 所示。

表 8-5　　客户档案

客户编码	客户名称	客户简称	地址	所属分类
01	滨海市泰隆商场	泰隆商场	滨海市人民路 89 号	1
02	滨海市日盛批发市场	日盛批发市场	滨海市滨海大道 156 号	1
03	鲁中市利群超市	利群超市	鲁中市中心路 278 号	2

（5）设置供应商档案如表 8-6 所示。

表 8-6　　供应商档案

供应商编码	供应商名称	供应商简称	地址
01	滨海市华龙面粉厂	华龙面粉厂	滨海市沿海路 178 号
02	滨海市鲁东粮油公司	鲁东粮油公司	滨海市中心路 256 号

三、总账系统初始化

总账系统初始化的工作包括设置系统参数、设置会计科目、设置凭证类别、输入期初余额、设置结算方式。

（1）设置系统参数。不允许修改、作废他人填制的凭证。

（2）设置会计科目如表 8-7 所示。

表 8-7　　会计科目

科目编码	科目名称	余额方向	备注
1001	库存现金	借	现金总账科目
1002	银行存款	借	银行总账科目 日记账科目
100201	工行	借	
100202	建行	借	
1101	交易性金融资产	借	

续表

科目编码	科目名称	余额方向	备注
1121	应收票据	借	
1122	应收账款	借	客户往来辅核算
112201	泰隆商场	借	
112202	日盛批发市场	借	
1231	坏账准备	贷	
1123	预付账款	借	
112301	华龙面粉厂	借	
112302	鲁东粮油公司	借	
1221	其他应收款	借	个人辅助核算
122101	李强	借	
122102	张明	借	
1402	在途物资	借	
1403	原材料	借	
140301	主要材料	借	
140302	辅助材料	借	
1405	库存商品	借	
140501	普通挂面	借	
140502	西红柿鸡蛋挂面	借	
140503	绿豆挂面	借	
1601	固定资产	借	
1602	累计折旧	贷	
2001	短期借款	贷	
2201	应付票据	贷	
2202	应付账款	贷	供应商往来辅助核算
220201	华龙面粉厂	贷	
220202	鲁东粮油公司	贷	
2211	应付职工薪酬	贷	
221101	工资	贷	
221102	福利费	贷	
2221	应交税费	贷	
222101	应交增值税	贷	
22210101	进项税额	借	
22210102	销项税额	贷	
22210103	已交税金	贷	
222102	未交增值税	贷	
222103	应交所得税	贷	
222110	应交教育费附加	贷	
2231	应付利息	贷	

续表

科目编码	科目名称	余额方向	备注
2241	其他应付款	贷	
2501	长期借款	贷	
250101	本金	贷	
250102	应付利息	贷	
4001	实收资本	贷	
4002	资本公积	贷	
4101	盈余公积	贷	
410101	法定盈余公积	贷	
4103	本年利润	贷	
4104	利润分配	贷	
410401	未分配利润	贷	
5001	生产成本	借	
500101	基本生产成本	借	
500102	辅助生产成本	借	
5101	制造费用		
6001	主营业务收入		
6111	投资收益		
6401	主营业务成本		
6402	其他业务成本		
6403	营业税金及附加		
6601	销售费用		
6602	管理费用		
660201	办公费		部门辅助核算
660202	差旅费		部门辅助核算
660203	工资		部门辅助核算
660204	折旧费		
6603	财务费用		
6711	营业外支出		
6801	所得税费用		

（3）设置凭证类别如表 8-8 所示。

表 8-8 凭证类型

类别字	类别名称	限制类型	限制科目
01	收款凭证	借方必有	1001，1002
02	付款凭证	贷方必有	1001，1002
03	转账凭证	凭证必无	1001，1002

（4）输入期初余额如表 8-9 所示。

表 8-9 期初余额

科目编码	科目名称	期初借方余额	期初贷方余额
1001	库存现金	5 000.00	
1002	银行存款	95 000.00	
100201	工行	65 000.00	
100202	建行	30 000.00	
1101	交易性金融资产	15 000.00	
1121	应收票据	6 000.00	
1122	应收账款	60 000.00	
112201	泰隆商场	51 000.00	
112202	日盛批发市场	9 000.00	
1231	坏账准备		1 200.00
1123	预付账款	20 000.00	
112301	华龙面粉厂	20 000.00	
112302	鲁东粮油公司		
1221	其他应收款	3 000.00	
122101	李强	3 000.00	
1402	在途物资	5 000.00	
1403	原材料	24 360.00	
140301	主要材料	23 560.00	
140302	辅助材料	800.00	
1405	库存商品	24 900.00	
140501	普通挂面	10 000.00	
140502	西红柿鸡蛋挂面	8 400.00	
140503	绿豆挂面	6 500.00	
1601	固定资产	900 000.00	
1602	累计折旧		364 460.00
2001	短期借款		50 000.00
2201	应付票据		30 000.00
2202	应付账款		22 000.00
220202	鲁东粮油公司		22 000.00
2221	应交税费		30 000.00
222103	应交所得税		30 000.00
2241	其他应付款		600.00
2501	长期借款		100 000.00
250101	本金		100 000.00
4001	实收资本		500 000.00
4002	资本公积		10 000.00
4104	利润分配		50 000.00
410401	未分配利润		50 000.00
合计		1 158 260.00	1 158 260.00

（5）设置结算方式如表 8-10 所示。

表 8-10 结算方式

结算方式名称	结算方式编码	是否票据管理
现金	1	否
现金支票	2	是
转账支票	3	是
银行汇票	4	是

四、总账系统日常业务处理

日常业务处理工作主要包括填制凭证、审核凭证、出纳签字和记账工作。

1. 由操作员张达设置常用摘要、常用凭证，审核凭证；由操作员杨雪填制凭证、查询凭证、记账；由操作员李玲进行出纳签字。

表 8-11 常用摘要

摘要编码	摘要内容
1	报销差旅费
2	销售产品
3	提取现金

常用凭证：从工行提取现金。凭证类别：付款凭证。结算方式：现金支票。

2. 填制凭证

2013 年 1 月发生如下经济业务：

（1）1 日，从华龙面粉厂购入面粉 2 000 公斤，单价 3 元。款项以上月预付账款结算，采购发票号 101211。

（2）3 日，销售给泰隆商场普通挂面 50 箱，单价 180 元；西红柿鸡蛋挂面 20 箱，单价 210 元，款项还未收回。

（3）5 日，车间领用面粉 2000 公斤，单价 3 元。

（4）8 日，车间领用辅助材料，碱 30 公斤，单价 5 元；盐 50 公斤，单价 3 元。

（5）9 日，销售西红柿鸡蛋挂面 50 箱给日盛批发市场，单价 220 元，款项还未收回。

（6）11 日，车间领用材料，包括面粉 3000 公斤，单价 3 元；绿豆 200 公斤，单价 11.8 元；西红柿 200 公斤，单价 3.2 元；鸡蛋 200 公斤，单价 8 元。

（7）15 日，销售给日盛批发市场普通挂面 100 箱，单价 180 元；西红柿鸡蛋挂面 50 箱，单价 210 元，16 日收到转账支票已送存工行，支票号 36890。

（8）26 日，从鲁东粮油公司采购绿豆粉 300 公斤，单价 12 元；采购鸡蛋 300 公斤，单价 8 元，采购西红柿 200 公斤，单价 3 元。货款以工行转账支票（支票号 27890）付讫，采购发票号 201801。

（9）27 日，报销办公费 195 元，以现金支付。

（10）31 日，计提折旧。

（11）31 日，领用的材料全部加工完成，没有在产品，结转完工产品成本。

（12）31 日，结转已销产品的成本。

表 8-12 会计分录

凭证日期	摘要	总账科目	明细科目	借方金额	贷方金额
2013-1-1	购入材料	原材料	主要材料	6 000.00	
2013-1-1	购入材料	应交税费	进项税额	1 020.00	
2013-1-1	购入材料	预付账款	华龙面粉厂		7 020.00
2013-1-3	销售产品	应收账款	泰隆商场	15 444.00	
2013-1-3	销售产品	主营业务收入	主营业务收入		13 200.00
2013-1-3	销售产品	应交税费	销项税额		2 244.00
2013-1-5	生产领料	生产成本	基本生产成本	6 000.00	
2013-1-5	生产领料	原材料	主要材料		6 000.00
2013-1-8	生产领料	生产成本	基本生产成本	300.00	
2013-1-8	生产领料	原材料	辅助材料		300.00
2013-1-9	销售产品	应收账款	日盛批发市场	12 870.00	
2013-1-9	销售产品	主营业务收入	主营业务收入		11 000.00
2013-1-9	销售产品	应交税费	销项税额		1 870.00
2013-1-11	生产领料	生产成本	基本生产成本	13 600.00	
2013-1-11	生产领料	原材料	主要材料		13 600.00
2013-1-15	销售产品	银行存款	工行	33 345.00	
2013-1-15	销售产品	主营业务收入	主营业务收入		28 500.00
2013-1-15	销售产品	应交税费	销项税额		4 845.00
2013-1-26	购入材料	原材料	主要材料	6 600.00	
2013-1-26	购入材料	应交税费	进项税额	1 122.00	
2013-1-26	购入材料	银行存款	工行		7 722.00
2013-1-27	报销办公室	管理费用	管理费用	195.00	
2013-1-27	报销办公室	库存现金	库存现金		195.00
2013-1-31	计提折旧	生产成本	基本生产成本	3 604.64	
2013-1-31	计提折旧	管理费用	管理费用	799.99	
2013-1-31	计提折旧	累计折旧	累计折旧		4 404.63
2013-1-31	结转完工产品成本	库存商品	普通挂面	20 000.00	
2013-1-31	结转完工产品成本	库存商品	西红柿鸡蛋挂面	20 000.00	
2013-1-31	结转完工产品成本	库存商品	绿豆挂面	15 000.00	
2013-1-31	结转完工产品成本	生产成本	基本生产成本		55 000.00
2013-1-31	结转已销产品成本	主营业务成本	主营业务成本	31 800.00	
2013-1-31	结转已销产品成本	库存商品	普通挂面		15 000.00
2013-1-31	结转已销产品成本	库存商品	西红柿鸡蛋挂面		16 800.00

五、出纳管理

出纳管理工作主要包括查询日记账、查询资金日报表和银行对账。

1. 查询日记账

查询 2013 年 1 月份的现金日记账。

2. 查询资金日报表

查询 2013 年 1 月 31 日的资金日报表。

3. 银行对账

2013 年 1 月银行对账单如表 8-13 所示。

表 8-13　　银行对账单

日期	结算方式	票号	借方金额	贷方金额	余额
2013.1.15	转账支票	36890		33 345	

六、总账期末业务处理

总账期末业务处理包括登记账簿、查询账簿、定义转账凭证、生成转账凭证、期末对账与结账。

1. 登记账簿
2. 查询账簿
3. 定义转账凭证

将期间损益结转计入“本年利润”。

4. 生成转账凭证
5. 期末对账与结账
6. 查询凭证及账簿

查询“6602 管理费用”明细账。

七、报表管理

报表管理包括设计报表格式、利用报表模板生成报表。

1. 报表格式设计

设计“田园公司”简易的利润表格式，如表 8-14 所示。

表 8-14　　简易的利润表

1	利润表		
2	会企 02 表		
3	编制单位：田园公司　　2013 年 1 月		
4	项目	本期金额	上期金额
5	一、营业收入		
6	减：营业成本		

续表

7	营业税金及附加		
8	销售费用		
9	管理费用		
10	财务费用		
11	加：投资收益		
12	二、营业利润		
13	加：营业外收入		
14	减：营业外支出		
15	三、利润总额		
16	减：所得税费用		
17	四、净利润		

2. 输入报表中的计算公式

输入报表中的计算公式如表 8-15 所示。

表 8-15　　输入计算公式

利润表	
会企 02 表	
编制单位：田园公司	2013 年 1 月
项目	本期金额
一、营业收入	FS("6001",月,"贷",,年)+FS("6051",月,"贷",,年)
减：营业成本	FS("6401",月,"借",,年)+FS("6402",月,"借",,年)
营业税金及附加	FS("6403",月,"借",,年)
销售费用	FS("6601",月,"借",,年)
管理费用	FS("6602",月,"借",,年)
财务费用	FS("6603",月,"借",,年)
加：投资收益	FS("6111",月,"贷",,年)
二、营业利润	=B5-B6-B7-B8-B9-B10+B11
加：营业外收入	FS("6301",月,"贷",,年)
减：营业外支出	FS("6701",月,"借",,年)
三、利润总额	=B12+B13-B14
减：所得税费用	FS("6801",月,"借",,年)
四、净利润	=B15-B16

3. 利用报表模板生成报表

（1）按“一般企业（2007 年新会计准则）”生成 100 账套 1 月份的“资产负债表”。

（2）保存“资产负债表”。

八、薪资管理

薪资管理主要包括建立工资账套、进行基础设置、设置工资项目、人员档案、计算公式、分摊工资生成转账凭证，进行期末处理。

（1）由 100 账套主管“张达”（密码:空）启用“工资”系统，启用日期为 2013 年 1 月 1 日。

（2）设置银行名称为“工商银行”。账号长度为 11 位，录入时自动带出的账号长度为 8 位。

（3）设置本企业的人员类别为“管理人员”和“生产人员”。

（4）本企业的工资项目如表 8-16 所示。

表 8-16　　工资项目

工资项目名称	类型	长度	小数	增减项
基本工资	数字	8	2	增项
奖金	数字	8	2	增项
事假扣款	数字	8	2	减项

（5）在“在职人员”工资类别下设置如表 8-17 所示的人员档案。

表 8-17　　人员档案

人员编号	姓名	部门	人员类别
101	张达	1 财务部	管理人员
102	杨雪	1 财务部	管理人员
103	李玲玲	1 财务部	管理人员
201	田丰收	2 办公室	管理人员
202	王丽	2 办公室	管理人员
301	李强	3 采购部	管理人员
401	张明	4 销售部	销售人员
501	赵波	5 生产车间	生产人员

（6）2013 年 1 月有关的工资数据如表 8-18 所示。

表 8-18　　工资数据

人员编号	姓名	部门	人员类别	基本工资	奖金	事假扣款
101	张达	1 财务部	管理人员	2 400	500	
102	杨雪	1 财务部	管理人员	1 600	500	
103	李玲玲	1 财务部	管理人员	2 000	500	
201	田丰收	2 办公室	管理人员	3 000	500	50
202	王丽	2 办公室	管理人员	1 600	500	
301	李强	3 采购部	管理人员	2 000	500	
401	张明	4 销售部	销售人员	2 000	500	60
501	赵波	5 生产车间	生产人员	2 200	500	

（7）2013 年 1 月，100 账套中扣除 3 500 元的费用基数后计算个人所得税，附加费用改为

1 300 元。试计算应缴个人所得税并重新计算工资。

（8）100 账套中工资分摊的类型为“应付职工薪酬”和“工会经费”。“应付职工薪酬”的分摊比例为 100%，按照工资总额的 2%计提工会经费。应付分摊的内容如表 8-19 所示。

表 8-19 分摊内容

部门	人员类别	项目	分摊类型	借方科目	贷方科目
财务部	管理人员	应发合计	应付职工薪酬	660203（管理费用）	2211（应付职工薪酬）
			工会经费	660203（管理费用）	2211（应付职工薪酬）
办公室	管理人员	应发合计	应付职工薪酬	660203（管理费用）	2211（应付职工薪酬）
			工会经费	660203（管理费用）	2211（应付职工薪酬）
采购部	管理人员	应发合计	应付职工薪酬	660203（管理费用）	2211（应付职工薪酬）
			工会经费	660203（管理费用）	2211（应付职工薪酬）
销售部	管理人员	应发合计	应付职工薪酬	6601（销售费用）	2211（应付职工薪酬）
			工会经费	6601（销售费用）	2211（应付职工薪酬）
生产车间	生产人员	应发合计	应付职工薪酬	500101（生产成本）	2211（应付职工薪酬）
			工会经费	500101（生产成本）	2211（应付职工薪酬）

（10）分摊 100 账套 1 月份的工资。

（11）将 100 账套进行 1 月份月末处理。月末处理时不仅仅限于清零处理。

（12）查询 2013 年 1 月所填制的工资分摊记账凭证。

九、固定资产管理

固定资产管理主要工作包括建立固定资产账套、进行基础设置、录入原始卡片、增加固定资产、进行折旧处理、生成增加固定资产的记账凭证、在总账系统对未审核的凭证进行审核记账。

（1）固定资产折旧采用“平均年限法（一），按月计提折旧”，折旧汇总分配周期为“一个月”；当月初已计提折旧月份=可使用月份-1 时，要求提取全部剩余折旧。固定资产编码方式为“2—1—1—1”，采用手工编码按“类别编码+序号”；序号长度为 5。固定资产系统要求与总账系统进行对账，对账科目为“1601 固定资产”，累计折旧科目为“1602 累计折旧”，对账不平的情况下不允许结账。

（2）设置 100 账套对应的折旧科目，如表 8-20 所示。

表 8-20 折旧科目

部门名称	折旧科目
财务科	管理费用—（660204）
办公室	管理费用—（660204）
采购科	管理费用—（660204）
销售科	销售费用—（6601）
生产车间	生产成本-基本生产成本—（500101）

（3）设置 100 账套固定资产类别，如表 8-21 所示。

表 8-21 固定资产类别

分类编码	分类名称	使用年限	净残值率	计提属性	折旧方法	卡片样式
01	房屋建筑物	20 年	2%	正常计提	平均年限法（一）	通用样式
02	生产用机器设备	10 年	2%	正常计提	平均年限法（一）	通用样式
03	办公用设备	5 年	2%	正常计提	平均年限法（一）	通用样式

（4）设置 100 账套固定资产的增减方式及对应入账科目如表 8-22 所示。

表 8-22 固定资产的增减方式及对应入账科目

增加方式	对应入账科目	减少方式	对应入账科目
直接购入	银行存款（100201）	出售	固定资产清理（1606）
投资者投入	实收资本（4001）	投资转出	投资转出（1511）
在建工程转入	在建工程（1604）	报废	固定资产清理（1606）

（5）设置系统默认的使用方法和折旧方法。

（6）录入 002 账套固定资产的原始卡片。

① 联想服务器一台，财务部使用，2012-01-01 购入，原值 10 000 元，已提折旧 2 000 元；

② 生产流水线一条，车间用，2010-11-15 购入，原值 190 000，已提折旧 12 460 元。

③ 1 号楼，办公楼，2000-01-01 在建工程转入，原值 400 000，已提折旧 200 000 万。

④ 2 号楼，厂房，2000-01-01 在建工程转入，原值 300 000 元，已提折旧 150 000 元。

（7）查询 100 账套全部固定资产卡片并查询财务部的固定资产情况。

（8）2013 年 1 月 20 日，生产车间购入一台生产用机器，价值为 100 000 元，预计使用年限 5 年，预计净残值率为 2%，采用双倍余额递减法计提折旧。

（9）计提 100 账套 2013 年 1 月的固定资产折旧。

（10）将 1 月份的新增固定资产进行制单处理。

十、往来管理

往来管理主要工作包括进行初始设置、录入往来期初数据、录入销售发票、录入收款单、进行往来核销、进行查询。

1. 初始设置

（1）设置仓库分类。

001 原材料库——全月平均法

002 成品库——全月平均法

（2）设置存货分类。

01 原材料　02 辅助材料　03 库存商品

（3）设置存货档案。

① 原材料类（01）。

01001 mf 面粉 公斤 17% 外购、生产耗用

01002 jd 鸡蛋 公斤 17% 外购、生产耗用

01003 xhs 西红柿 公斤 17% 外购、生产耗用

01004 ldf 绿豆粉 公斤 17% 外购、生产耗用

② 辅助材料（02）。

02001 syj 食用碱 公斤 17% 外购、生产耗用

02002 syy 食用盐 公斤 17% 外购、生产耗用

③ 库存商品（03）。

03001 ptgm 普通挂面 公斤 17%、销售

03002 xhsgm 西红柿鸡蛋挂面 公斤 17%、销售

03003 ldgm 绿豆挂面 公斤 17%、销售

（4）设置付款条件“2/10、1/20、n/30”。

2. 输入往来期初数据

2012 年 12 月 20 日，从鲁东粮油公司购入面粉 22 000 元，一直没付款。发票号 3789，采购类型是普通采购，入库类别是采购入库。

3. 输入存货期初数据

原料库：

面粉 6000 公斤，单价 3 元，入库日期：12.12.10；

绿豆粉 300 公斤，单价 10 元，入库日期：12.12.10；

鸡蛋 120 公斤，单价 10 元，入库日期：12.12.30；

西红柿 272 公斤，单价 5 元，入库日期：12.12.30；

食用碱 100 公斤，单价 5 元，入库日期：12.12.15；

食用盐 100 公斤，单价 3 元，入库日期：12.12.20。

成品库：

普通挂面 50 箱，单位成本 200 元，入库日期：12.12.16；

西红柿鸡蛋挂面 40 箱，单位成本 210 元，入库日期：12.12.20；

绿豆挂面 25 箱，单位成本 260 元，入库日期：12.12.20。

4. 录入销售发票

2013 年 1 月 15 号，销售给日盛批发市场普通挂面 100 箱，单价 180 元；西红柿鸡蛋挂面 50 箱，单价 210 元；企业开出增值税专用发票一张，发票号 3355。销售类型为普通销售，发票到期日 2013 年 1 月 30 日。

5. 录入收款单

2013 年 1 月 16 号，销售部收到日盛批发市场的转账支票一张，票号 2568，支付购买挂面的款项，金额 33 345.00 元。

6. 进行往来核销

将客户为“日盛批发市场”，金额 33 345.00 元的收款单与相同金额的发票进行核销。

7. 查询往来余额表

8. 查询往来明细账

附 录

附录 A 会计从业资格考证大纲——初级会计电算化

第一章 会计电算化概述

第一节 会计电算化简介

一、模拟手工记账的探索起步

二、与其他业务结合的推广发展

三、引入会计专业判断的渗透融合

四、与内控相结合建立 ERP 系统的集成管理

第二节 会计核算软件

一、会计核算软件的概念和演进

二、会计核算软件的分类

（一）通用和专用会计核算软件

（二）单用户和多用户会计核算软件

三、会计核算软件的功能模块

（一）会计核算软件的构成

（二）账务处理模块与主要核算模块间的联系

四、会计核算软件与手工会计核算的异同

（一）会计核算软件与手工会计核算的相同点

1. 目标一致

2. 遵守共同的会计准则和会计制度

3. 遵守共同的基本会计理论和会计方法

4. 会计数据处理流程大体一致

（二）会计核算软件与手工会计核算的区别

1. 会计核算工具不同

2. 会计信息载体不同

3. 记账规则不完全相同

4. 账务处理流程类型存在差别

5. 内部控制方式不同

第二章　会计电算化的工作环境

第一节　计算机一般知识

一、计算机及其种类

二、计算机的主要性能指标

三、计算机的应用领域

第二节　计算机硬件

一、输入设备

二、输出设备

三、运算器

四、控制器

五、存储器

第三节　计算机软件

一、系统软件

二、计算机程序设计语言

三、应用软件

第四节　计算机网络

一、计算机网络概念及功能

二、计算机网络的分类

（一）按地理有效范围划分，可分为广域网、局域网、城域网

（二）按通信媒体划分，可分为有线网、无线网

（三）按使用范围划分，可分为公用网、专用网

（四）按配置划分，可分为同类网、单服务器网、混合网

（五）按对数据的组织方式划分，可分为分布式数据组织网络系统、集中式数据组织网络系统

三、因特网

（一）因特网协议——TCP/IP 协议

（二）因特网的应用

（三）网址

第五节　计算机安全

一、计算机安全隐患

（一）影响计算机系统安全的主要因素

（二）保证计算机安全的对策

二、计算机病毒防范

（一）计算机病毒的特点

（二）计算机病毒分类

（三）防范计算机病毒的有效方法

（四）计算机病毒的检测和清除

三、计算机黑客及其防范

（一）黑客常用手段

（二）防范黑客的措施

第三章 会计电算化基本要求

第一节 会计电算化法规制度

会计电算化相关法规制度有《会计法》《会计电算化管理办法》《会计核算软件基本功能规范》《会计电算化工作规范》《会计基础工作规范》《会计档案管理办法》。

第二节 会计核算软件的要求

一、会计核算软件的基本要求

（一）会计核算软件设计应当符合我国法律、法规、规章的规定

（二）会计核算软件应当按照国家统一会计制度的规定划分会计期间

（三）会计核算软件中的文字输入、屏幕提示和打印输出必须采用中文，可以同时提供少数民族文字或者外国文字对照

（四）会计核算软件必须提供人员岗位及操作权限设置的功能

（五）会计核算软件应当符合GB/T19581—2004《信息技术会计核算软件数据接口》国家标准的要求

（六）会计核算软件在设计性能允许使用范围内，不得出现由于自身原因造成死机或者非正常退出等情况

（七）会计核算软件应当具有在机内会计数据被破坏的情况下，利用现有数据恢复到最近状态的功能

（八）单位修改、升级正在使用的会计核算软件，改变会计核算软件运行环境，应当建立相应的审批手续

（九）会计核算软件开发销售单位必须为使用单位提供会计核算软件操作人员培训、会计核算软件维护、版本更新等方面的服务

二、会计数据输入功能的基本要求

（一）对初始数据输入的基本要求

1. 输入会计核算所必需的期初数据及有关资料
2. 输入需要在本期进行对账的未达账项
3. 选择会计核算方法
4. 定义自动转账凭证
5. 用户设置

（二）对记账凭证输入的基本要求

会计核算软件必须具备输入记账凭证的功能

（三）对记账凭证的控制功能

1. 正在输入的记账凭证编号与已输入的记账凭证编号重复的，予以提示并拒绝保存
2. 以编号方式输入会计科目的，自动显示该代码所对应的会计科目名称
3. 借贷双方金额不平衡，或没有输入金额的，予以提示并拒绝保存
4. 有借方会计科目而无贷方会计科目或者有贷方会计科目而无借方会计科目的，予以提示并拒绝保存
5. 正在输入的收款凭证借方科目或付款凭证贷方科目不是“现金”或“银行存款”的，予以提示并拒绝保存
6. 会计核算软件应提供对已经输入尚未记账的记账凭证进行修改和审核的功能

7. 对同一张记账凭证，应当具有权限控制功能

（四）对原始凭证输入的基本要求

1. 在输入记账凭证的同时，输入相应原始凭证

2. 在记账凭证未输入前，直接输入原始凭证，由会计软件自动生成记账凭证

三、会计数据输出功能的基本要求

（一）屏幕查询的基本要求

1. 各级会计科目的名称、编号、年初余额、期初余额、累计发生额、本期发生额和当前余额等项目

2. 本期输入的记账凭证、原始凭证

3. 本期和以前各期的总账和明细账

4. 往来项目的结算情况

5. 本期和以前各期的会计报表

（二）打印输出的基本要求

1. 应当提供打印输出原始凭证、记账凭证、日记账、明细账、总账、会计报表的功能

2. 在总账和明细账的直接记账依据完全相同的情况下，总账可以用总分类账户本期发生额、余额对照表替代

3. 在保证会计账簿清晰的条件下，打印输出的会计账簿中的表格线条可以适当减少

4. 对于业务量较少的账户，提供会计账簿的满页打印输出功能

四、会计数据处理功能的基本要求

（一）会计核算软件应当具有记账功能

（二）会计核算软件应当提供自动进行银行对账的功能

（三）会计核算软件应当提供按照规定的会计期间结账的功能

（四）会计核算软件应当具有自动编制符合国家统一会计制度规定的会计报表的功能

（五）会计软件应当采取加密存储、用户身份验证等多种手段确保会计数据安全保密，防止对数据的未授权访问、复制、篡改、删除

第三节　会计电算化岗位及其权限设置的基本要求

一、电算化会计岗位的划分及职责

（一）电算主管，负责协调计算机及会计软件系统的运行工作

（二）软件操作，负责会计核算软件具体使用操作

（三）审核记账，负责凭证的审核记账

（四）电算维护，负责保证计算机硬件、软件的正常运行，管理机内会计数据

（五）电算审查，对电算化系统运行进行监督，防范利用电算化系统的舞弊

（六）数据分析，负责对计算机内的会计数据进行分析

（七）会计档案保管，负责会计电算化数据和程序备份，打印的账表、凭证和各种会计档案资料的保管

二、中小企业实行会计电算化的岗位设置

第四节　计算机替代手工记账的基本要求

一、替代手工记账的任务和条件

（一）替代手工记账是会计电算化的目标之一

（二）替代手工记账的条件

1. 配有适用的会计软件和相应的计算机硬件设备
2. 配备了相应的会计电算化工作人员
3. 建立了严格的内部管理制度

二、替代手工记账的过程

（一）整理手工会计业务数据

1. 重新核对各类凭证和账簿，做到账证、账账、账实相符
2. 整理各账户余额
3. 清理往来账户和银行账户

（二）建立会计账户体系并确定编码

1. 符合财政部和有关管理部门的规定
2. 满足本单位会计核算与管理的要求
3. 满足会计报表的要求，凡是报表所用数据需要从账务处理系统中取数的，必须设立相应科目
4. 保持体系完整，不能只有下级科目而没有上级科目
5. 保持相对稳定
6. 要考虑与核算模块的衔接，凡是与其他核算模块有关的科目，在整理时应将各核算大类在账务处理模块中设为一级科目

三、规范各类账证表格式和会计核算方法与过程

四、会计核算软件初始化

五、计算机与手工并行

（1）检验各种核算方法

（2）检查会计科目体系的有效性

（3）考查操作准确性

（4）纠正会计核算软件程序错误或业务处理错误

第五节　会计电算化档案管理的基本要求

一、保存打印出的纸质会计档案

（一）现金日记账和银行日记账要求每天打印输出，做到日清月结

（二）明细账要求每年打印一次或在需要时进行打印

（三）会计电算化后，在所有记账凭证数据和明细账数据都存储在计算机内的情况下，总账一般用“总分类科目余额、发生额对照表”替代，“总分类科目余额、发生额对照表”一般要求每月打印一次

（四）会计报表每月打印一次进行保管

二、系统开发资料和会计软件系统也应视同会计档案保管

三、制定与实施会计电算化档案管理制度

（一）存档的手续

（二）各种安全和保密措施

（三）档案管理员的岗位责任制度

（四）档案分类管理办法

（五）档案使用的各种审批手续

（六）各类文档的保管期限及销毁手续

四、会计电算化档案安全和保密措施

第四章　会计核算软件的操作要求

第一节　电算化会计核算基本流程

一、编制记账凭证

二、凭证审核

三、记账

四、结账和编制会计报表

第二节　账务处理模块基本操作

一、系统初始化

（一）设置操作员及权限

（二）建立账套

（三）设置会计期间

（四）设置记账本位币

（五）设置会计科目

（六）录入科目初始数据

（七）设置辅助核算项目

（八）设置外币币种及汇率

（九）设置凭证类别

二、日常账务处理操作

三、结账

四、编制会计报表

第三节　其他会计核算软件功能模块的操作

一、应收/应付账款核算模块基本操作

（一）初始设置操作

（二）日常使用操作

二、工资核算模块基本操作

（一）初始设置

（二）日常业务处理

三、固定资产核算模块基本操作

（一）初始设置

（二）日常使用操作

附录 B　会计从业资格考证练习题

练习题一

一、单选题

1. 下列关于账套数据库路径的表述中，不正确的是（　　）。

A. U 盘等移动储存介质根目录及所有子目录不宜作为数据库路径

B. 为便于查找，也可以将磁盘根目录作为数据库路径

C. 数据库路径就是账套在计算机磁盘系统中的存放位置

D. 一般在硬盘上建立专门目录作为数据库路径

2. 在会计核算软件中发现已记账的凭证错误，正确的处理方法是（　　）。

A. 取消记账. 取消审核后由凭证录入人员修改

B. 直接修改

C. 取消审核后修改

D. 编制补充凭证或冲销凭证

3. 下列关于 Microsoft Internet Explorer 的叙述中，正确的是（　　）。

A. 一种电子表格软件　　B. 一种杀毒软件

C. 一种文字处理软件　　D. 一种浏览器

4. 目前在媒体报道上最常见的影响计算机系统安全的风险类型是（　　）。

A. 系统故障风险　　B. 内部人员道德风险

C. 系统关联方道德风险　　D. 社会道德风险

5. 下列关于电算化环境下记账凭证编制方式的表述中，不正确的是（　　）。

A. 可以直接在计算机中编制　　B. 可以由计算机自动生成凭证

C. 可以手工编制后录入计算机　　D. 输入计算机中的凭证不再需要打印

6. "会计电算化"一词始于（　　）年。

A. 1989　　B. 1974　　C. 1981　　D. 1993

7. 下列不属于会计核算软件模块的是（　　）。

A. 账务处理　　B. 工资核算　　C. 成本核算　　D. 人员管理

8. 构成计算机电子的或者机械的物理实体被称为（　　）。

A. 计算机系统　　B. 计算机硬件系统　　C. 主机　　D. 外设

9. 微型计算机系统中的中央处理器主要有（　　）。

A. 内储存器和控制器　　B. 内储存器和运算器

C. 控制器和运算器　　D. 内储存器. 控制器和运算器

10. 微型计算机的内存储器比外存储器（　　）。

A. 储存容量大　　B. 储存可靠性高　　C. 读写速度快　　D. 价格便宜

二、多选题

11. 下列会计电算化岗位中，可由会计主管兼任的岗位有（　　）。

A. 电算主管　　B. 审核记账　　C. 电算审查　　D. 数据分析

12. 下列各项中属于工资核算模块日常业务处理工作内容的有（　　）。

A. 录入变动的基础工资数据　　B. 录入变动工资数据

C. 计算所得税，进行扣缴处理　　D. 工资计算

13. 下列关于会计核算软件固定资产模块功能的表述中，正确的有（　　）。

A. 完成固定资产固定折旧计算任务

B. 完成固定资产折旧录账任务

C. 完成固定资产增减变动凭证编制任务

D. 完成固定资产折旧分配凭证编制任务

14. 下列各情形中，不允许科目删除的有（　　）。

A. 科目存在下级明细科目　　B. 科目存在外币核算
C. 曾用此科目做过凭证　　D. 科目有发生额

15. 下列各项中属于计算机替代手工记账主要任务的有（　　）。
A. 数据整理　　B. 初始化　　C. 计算机与手工并行　　D. 甩账

16. 下列设备中，属于输入输出设备的有（　　）。
A. 键盘　　B. 软盘　　C. 硬盘　　D. 显示器

17. 计算机安全的内部管理工作主要包括以下（　　）方面。
A. 加强基础设施的安全防范工作　　B. 加强设备管理
C. 加强计算机系统应用人员的安全管理　　D. 加强系统操作的安全管理

18. 会计信息化的发展阶段包括（　　）。
A. 模拟手工记账的探索起步
B. 与其他业务结合的推广发展
C. 引入会计专业判断的渗透融合
D. 与内部控制相结合建立 ERP 系统的集成管理

19. 计算器网络按分布距离分类的话，通常可以分为（　　）。
A. 局域网　　B. 广域网　　C. Internet　　D. 校园网

20. 常见的输出设备有（　　）。
A. 显示器　　B. 扫描仪　　C. 绘图仪　　D. 键盘

三、判断题

21. 各单位负责人或总会计师应当亲自组织领导会计电算化工作。（　　）
A. 正确　　B. 错误

22. 计算机病毒造成的损坏主要是程序和数据。（　　）
A. 正确　　B. 错误

23. 高级语言编写的源程序必须经编译才能被计算机识别和执行。（　　）
A. 正确　　B. 错误

24. 如果发现计算机感染病毒，应立即将该台计算机从网络上撤下，以防病毒蔓延。（　　）
A. 正确　　B. 错误

25. 计算机替代手工记账的第一步是会计核算软件的初始化。（　　）
A. 正确　　B 错误

26. 商品化会计核算软件可以向用户销售的基本要求是必须达到《会计核算软件基本功能规范》的要求。（　　）
A. 正确　　B. 错误

27. 数据录入人员通常由会计人员结合本人所负责的核算业务承担其录入工作，并对录入数据的正确性负责。（　　）
A. 正确　　B. 错误

28. 账务处理模块是会计核算软件的核心模块。（　　）
A. 正确　　B. 错误

29. 企业资源计划(Enterprise Resources Planning,ERP)软件中用于处理会计核算数据部分的模块不属于会计核算软件的范畴。（　　）
A. 正确　　B. 错误

30. 商品化会计核算软件通用性强，不需要在会计部门进行任何调整即可使用。(　　)

A. 正确　　B. 错误

练习题二

一、单选题

1. 用来完成各种算数和逻辑判断的部件是(　　)。

A. 键盘　　B. 显示器　　C. 运算器　　D. 控制器

2. 会计电算化档案不包括（　　)。

A. 机内会计数据　　B. 软盘等备份的会计数据

C. 操作系统与数据库系统　　D. 打印输出的会计证账表数据

3. 会计核算软件发现已经登账的记账凭证有错误，更正法正确的是(　　)。

A. 直接更改错误的记账凭证

B. 删除该错误的记账凭证，重新输入一张记账凭证更正

C. 采用红字凭证冲销法或者补充登记法进行更改

D. 将错误的记账凭证打印出来，用红笔修改

4. 下列不属于会计核算软件功能模块的有（　　)。

A. 财务分析系统　　B. 电子商务系统　　C. 存货核算系统　　D. 成本核算系统

5. 要求会计核算软件必须提供的查询功能中不包括（　　)。

A. 查询机内各种程序的运行情况　　B. 查询往来账款项目的结算情况

C. 查询到期票据的结算情况　　D. 查询出来的机内数据如果已经结账，屏幕显示应给予提示

6. 关联方非法入侵企业内部网，以剽窃数据和知识产权，破坏数据，搅乱某项特定交易所产生的风险是(　　)。

A. 系统故障风险　　B. 内部人员道德风险

C. 系统关联方道德风险　　D. 社会道德风险

7. 下列关于报表编制叙述不正确是(　　)。

A. 报表定义工作量大，准确性高　　B. 报表定义完成后，日常工作量可大幅减少

C. 可自动对表间勾稽关系检查　　D. 不会出现报表不平衡情况

8. 微型计算机的别称中不正确的是(　　)。

A. 电脑　　B. 个人计算机　　C. PC机器　　D. 工作站

9. XBRL中国地区组织成立时间是(　　)。

A. 2006.7　　B. 2006.8　　C. 2008.6　　D. 2008.11

10. 在输入记账凭证过程中，会计核算软件必须提供的提示功能不包括(　　)。

A. 记账凭证有借方科目无贷方科目或有贷方科目无借方科目

B. 转账凭证借贷双方无库存现金和银行存款科目

C. 收款凭证借方不是库存现金和银行存款科目

D. 付款凭证贷方不是库存现金和银行存款科目

二、多选题

11. 下列记账凭证中不能进行删除的有(　　)。

A. 红字记账凭证　　B. 已审核的记账凭证
C. 已记账的记账凭证　　D. 非操作人员本人录入的记账凭证

12. 属于审核记账凭证主要工作的有（　　）。
A. 各类代码合法性　　B. 摘要规范性
C. 会计科目和数据正确性　　D. 附件完整性

13. 会计软件初始化过程中可选择的会计核算方法有（　　）。
A. 成本核算方法　　B. 固定资产折旧方法
C. 记账方法　　D. 存货计价方法

14. 属于会计科目设置内容的有（　　）。
A. 外币核算　　B. 结账日期　　C. 报表计算关系　　D. 辅助核算科目

15. 属于会计核算软件报表处理模块实现的报表处理功能有（　　）。
A. 报表编制　　B. 报表浏览　　C. 报表打印　　D. 报表分析

16. 在会计电算化下，下列各项查询内容中屏幕查询一般应当实现的有（　　）。
A. 往来项目的结算情况　　B. 本期输入记账凭证，原始凭证
C. 本期和以前各期的总账和明细账　　D. 本期和以前各期会计报表

17. 计算机代替手工记账的前提和基本条件有（　　）。
A. 计算机与手工会计核算并行运行三个月以上，计算机与手工核算的数据互相一致，软件运行安全可靠
B. 配有专用的或者主要用于会计核算的硬软件系统
C. 配有与会计电算化工作需要相适应的专职人员
D. 建立健全相应的内部管理制度

18. 6月1日开始使用会计核算软件，期初需录入（　　）。
A. 各科目年初余额　　B. 6月初余额
C. 1～5月份借方累计发生额　　D. 1～5月份贷方累计发生额

19. 以下属于文字处理软件的是（　　）。
A. WPS　　B. UNIX　　C. MS Word　　D. DOS

20. 工资核算模块，进行工资核算并生成凭证，必须先做的是（　　）。
A. 人员档案设置　　B. 工资项目设置　　C. 工资公式定义　　D. 工资转账定义

三、判断题

21. 较小单位的会计电算化岗位设置，可有会计人员担任操作员和电算化维护员。（　　）
A. 正确　　B. 错误

22. 电子邮件软件是一种用于实现网络底层各种通信协议的通信软件。（　　）
A. 正确　　B. 错误

23. 凭证查询只能以清单的形式显示不能调出类似于凭证输入的界面。（　　）
A. 正确　　B. 错误

24. 控制器在工作过程中要接收计算机各部件反馈回来的信息。（　　）
A. 正确　　B. 错误

25. 在会计核算软件的数据库系统阶段，会计信息系统逐渐成为企业管理信息系统的一个重要子系统。（　　）
A. 正确　　B. 错误

26. 记账凭证录入科目时必须为最明细的科目。（　　）

A. 正确　　B. 错误

27. 会计核算软件推广发展阶段，财务部开始启动了商品化会计核算软件的审批工作。（　　）

A. 正确　　B. 错误

28. 设置辅助核算后，输入凭证涉及该科目的，系统会自动提示。（　　）

A. 正确　　B. 错误

29. 完成建账后可以新增凭证类别。（　　）

A. 正确　　B. 错误

30. 会计信息渗透融合阶段，电算化工作有单机模式向局域网模式转变。（　　）

A. 正确　　B. 错误

练习题三

一、单选题

1. 会计电算化条件下，企业在设置会计科目时，要考虑与核算模块的衔接，凡是与其他核算模块有关的科目，在整理时应将各大类在账务处理模块中设置（　　）。

A. 上级科目　　B. 下级科目　　C. 一级科目　　D. 明细科目

2. 下列计算机键盘的功能区中，其按键与其他功能区某些键重复的是（　　）。

A. 打字键区　　B. 编辑键区　　C. 小键盘区　　D. 控制键区

3. 根据计算机中信息的表示和处理方式进行分类，计算机可分为（　　）。

A. 大型机、中型机和小型机　　B. 通用计算机和专用计算机

C. 服务器和终端

D. 数字电子计算机、模拟电子计算机和数字模拟混合计算机

4. 下列各项操作过程中，不会导致计算机系统被感染病毒的是（　　）。

A. 下载文件　　B. 接收电子文件　　C. 浏览网站　　D. 录入工资数据

5. 下列有关会计信息化推广发展阶段的表述中，不正确的是（　　）。

A. 实现了会计管理和会计工作的信息化

B. 实现了会计信息和业务信息的有效共享和利用

C. 实现以会计核算系统为核心的信息集成化

D. 实现会计信息化和业务信息化的一体化

6. 一般中、小企业实施会计电算化的合理做法是（　　）。

A. 购买商品化会计软件　　B. 本单位定点开发软件

C. 使用国外会计软件　　D. 从其他企业复制取得会计软件

7. 下列说法错误的是（　　）。

A. 以编号形式输入会计科目的，应该提示编号所对应的科目名称

B. 正在输入的记账凭证中的会计科目，当借贷双方金额不平衡，或没有输入金额时，应该提示并拒绝执行

C. 正在输入的收款凭证的借方科目不是“库存现金”或“银行存款”科目，付款凭证的贷方科目不是“库存现金”或“银行存款”科目时，应提示并拒绝执行

D. 会计核算软件中采用的各级会计科目名称、编码方法，必须符合国家统一会计制度的规定

8. 模拟手工记账在我国会计信息化发展过程中处于的阶段是（ ）。

A. 探索初步阶段 B. 渗透融合阶段 C. 推广发展阶段 D. 集成管理阶段

9. 适应会计主责制度发展要求引入会计专业判断，在我国会计信息化发展过程中处于（ ）。

A. 探索初步阶段 B. 渗透融合阶段 C. 推广发展阶段 D. 集成管理阶段

10. 下列（ ）负责规定会计软件系统各类使用员的操作权限。

A. 系统管理员 B. 系统操作员 C. 软件编程人员 D. 电算主管

二、多选题

11. 有关电子邮件地址的表述中，正确的是（ ）。

A. 电子邮件的一般格式如下：<用户名>@<电子邮件服务器域名>

B. 电子邮件的用户名由用户在申请电子信箱时自己确定

C. 美国人收发电子邮件的用户必须有一个电子邮件地址

D. 电子邮件地址主要用来标示电子邮件用户

12. 会计电算化条件下，下列各项中属于电算审查岗位要求的有（ ）。

A. 具备会计和计算机知识 B. 达到会计电算化中级水平

C. 通过大学英语四级考试 D. 通过全国计算机等级考试二级

13. 下列各项中，属于会计软件取得方式的有（ ）。

A. 购买商品化通用会计软件 B. 定点开发会计软件

C. 通用会计软件与定点开发会计软件相结合

D. 委托开发专用会计软件

14. 下列有关电子邮件的表述中正确的有（ ）。

A. 电子邮件简称 E-mail

B. 电子邮件是网上用户利用计算机相互通信和联络的一种方式

C. 要收发电子邮件，必须购买邮件服务器

D. 要收发电子邮件，必须先有电子邮件地址

15. 下列各项中，属于计算机终端组成部分的有（ ）。

A. 显示器 B. 键盘 C. 中央处理器 D. 控制器

16. 工资核算功能模块，主要用来计算职工（ ），并根据工资用途进行分配。

A. 应发工资 B. 实发工资 C. 养老保险金 D. 住房公积金

17. 记账凭证填制保存后，在未经审核前，不可以进行修改的内容有（ ）。

A. 金额 B. 凭证类别 C. 凭证编号 D. 摘要

18. 下列有关软件的说法中，正确的有（ ）。

A. 应用软件用于管理和维护计算机资源

B. 系统软件是未解决各类应用问题而设计的各种计算机软件

C. 系统软件是用于协调计算机各部分的工作、增强计算机功能

D. Word 和 Excel 系统都属于应用软件

19. 我国计算机信息工作经历了（ ）等几个阶段。

A. 探索初步阶段 B. 推广发展阶段 C. 渗透融合阶段 D. 集成管理阶段

20. 软件操作岗位负责的工资主要是（ ）。

A. 输入记账凭证　　B. 输入原始凭证

C. 进行会计数据处理　　D. 输出会计账簿

三、判断题

21. 具备采用磁带、磁盘、光盘、微缩胶片等存储介质保存会计档案条件的，由国务院业务主管部门统一规定，并报财政部、国家档案备案后，可以采用磁带、磁盘、光盘微缩胶片等存储介质保存会计档案。（ ）

A. 正确　　B. 错误

22. E-mail 只能传出文字信息。（ ）

A. 正确　　B. 错误

23. 会计核算软件是根据现代信息技术开发而成的，现代信息技术极大地改变了会计数据处理方式，因此，会计核算软件已经不再处理会计业务数据。（ ）

A. 正确　　B. 错误

24. 会计电算化操作人员的口令密码均可以向领导汇报。（ ）

A. 正确　　B. 错误

25. 在会计电算化条件下，必须每天将空间财务数据打印输出。（ ）

A. 正确　　B. 错误

26. IP 地址由 4 个小数 点分开的 16 位为二进制数组成。（ ）

A. 正确　　B. 错误

27. 审核记账岗位不可以由出纳兼任，出纳不可以审核记账凭证。（ ）

A. 正确　　B. 错误

28. 服务程序属于计算机的应用软件。（ ）

A. 正确　　B. 错误

29. 保障会计软件及计算机硬件的正常运行是电算化管理员的职责。（ ）

A. 正确　　B. 错误

30. 常用的外存储器有软盘、硬盘、光盘和磁带等。（ ）

A. 正确　　B. 错误

练习题四

一、单选题

1. 下列关于工资数据录入的表述中，不正确的是（ ）。

A. 不是每个工资项目都需要每月重新输入

B. 录入工资数据前，必须设定好工资项目

C. 所有工资项目都可录入

D. 可以筛选需要录入的人员和项目

2. 下列支持服务程序的别称中，正确的是（ ）。

A. 网络通信协议　B. 应用程序　C. 操作系统　D. 工具软件

3. 下列有关计算机病毒分类的表述中，正确的有（ ）。

A. 计算机病毒分为 6 类　　B. 计算机病毒分为外壳型和入侵型

C. 计算机文件型病毒又称引导区病毒

D. 计算机病毒通常可分为系统引导型病毒、稳健型病毒、复合型病毒和宏病毒

4. 下列关于电算化环境下记账凭证编制方式的表述中，不正确的是（　　）。

A. 输入计算机中的凭证不再需要打印　　B. 可以手工编制后录入计算机

C. 可以直接在计算机自动生成凭证　　D. 输入计算机中的凭证不再需要打印

5. 下列有关电算化人员权限的表述中，正确的是（　　）。

A. 会计电算化主管可以修改其他操作员的密码和权限

B. 会计电算化具体操作人员只能修改自己口令和操作权限的权限

C. 只有会计电算化主管定义各个操作员的权限

D. 负责软件操作的会计电算化岗位有权更改他人的操作权限

6. 将高级语言编写的程序翻译成机器语言程序，采用的两种翻译方式为（　　）。

A. 编译和解释　　B. 编译和汇编　　C. 编译和链接　　D. 解释和汇编

7. 财政部制定的《会计核算软件基本功能规范》是对会计软件的（　　）要求。

A. 最高　　B. 较高　　C. 最低　　D. 较低

8. 会计电算化系统开发的全套文档资料，其保存期截止该系统停止使用或
有重大更改后的（　　）年。

A. 1　　B. 2　　C. 3　　D. 4

9. 采用会计电算化软件的单位，其会计档案保管期限与手工核算时相比，应该（　　）。

A. 一致　　B. 有所差别　　C. 延长　　D. 缩短

10. 与内部控制相结合建立 ERP 系统，在我国快捷键信息化发展过程中处于（　　）。

A. 探索起步阶段　　B. 渗透融合阶段　　C. 推广发展阶段　　D. 集成管理阶段

二、多选题

11. 财务处理模块中，可以查询的账簿有（　　）。

A. 总账　　B. 明细账　　C. 日记账　　D. 科目余额表

12. 下列关于手工记账会计核算数据处理流程的表述中，正确的是（　　）。

A. 会计制证人员要根据原始凭证制作记账凭证

B. 结账前进行账账核对和账证核对

C. 记账人员根据审核的记账凭证登记明细账和总账

D. 月末结账并生成报表

13.《中华人民共和国会计法》对于单位实施会计电算化的基本要求有（　　）。

A. 使用的会计软件达到符合财政部规定的会计软件的功能和技术标准

B. 用电子计算机生成的会计资料应当符合国家统一会计制度的要求

C. 使用的会计软件必须为通用商品软件

D. 生成的会计资料应当满足监管部门的要求

14. 下列操作中，可能导致计算机系统传染病毒的有（　　）。

A. 安装 IE 插件　　B. 接收电子邮件

C. 浏览网页　　D. 打印会计信息系统的报表

15. 计算机网络的划分标准有（　　）。

A. 按照地理有效范围划分　　B. 按照通信媒体划分

C. 按照配置划分　　D. 按照使用范围划分

16. 下列关于电算审查员职责的说法中，正确的有（　）。

A. 负责监督计算机及会计软件系统的运行，防止利用计算机进行舞弊

B. 及时对电算化系统运行中软件、硬件的故障进行排除

C. 审查电算化系统各类人员的工作岗位的设置是否合理

D. 发现系统问题或隐患，应及时向会计主管反映，提出处理意见

17. 会计电算化工作的管理包括（　）。

A. 会计核算管理　B. 宏观管理　C. 微观管理　D. 系统管理

18. 电算化主管的主要职责有（　）。

A. 协调计算机及会计软件系统的运行工作

B. 协调各岗位的工作关系

C. 负责电算化岗位设置　D. 人员分工和设置操作权限

19. 从用户应用角度，一般可将计算机分为（　）。

A. 电子计算机　B. 微型计算机　C. 服务器　D. 终端计算机

20. 从计算机数据管理技术的发展来看，会计核算软件经历的阶段有（　）。

A. 手工核算　B. 人工管理　C. 文件管理系统　D. 数据库系统

三、判断题

21. 会计核算软件具有查询机内会计数据的功能，发现结账时，可以随时修改。（　）

A. 正确　B. 错误

22. 账务处理系统中的数据备份只需将计算机内的凭证、科目和账簿文件复制到硬盘上予以保存即可。（　）

A. 正确　B. 错误

23. 账务处理软件的年度期初数录入后，软件必须提供平衡效验功能，保证借方年初数与贷方年初数相等本年累计借方发生数本年累计贷方发生数相等，借方余额合计与贷方余额合计相等。（　）

A. 正确　B. 错误

24. 会计核算软件中，对于拟采用的总分类会计科目的名称和编号方法，用户可以根据自己的需要进行设定。（　）

A. 正确　B. 错误

25. 张红是财务主管，她具有凭证的审核权，因此她可以审核自己录入的凭证。（　）

A. 正确　B. 错误

26. 会计电算化将是提高会计核算的水平和质量。（　）

A. 正确　B. 错误

27. 计算机能否输出正确的会计信息，完全取决于处理程序的正确与否。（　）

A. 正确　B. 错误

28. 计算机病毒具有潜伏性，仅在某些特定的日子才发作。（　）

A. 正确　B. 错误

29. 汇编语言程序在计算机中不需要编译，能被直接执行。（　）

A. 正确　B. 错误

30. 网络技术中，“上载”是指把文件从远程计算机拷贝到用户本地计算机中的过程。（　）

A. 正确　B. 错误

练习题五

一、单选题

1. 为提高计算机的安全性，密码应尽可能做到（　　）。

A. 全部用字母　　B. 全部用数字

C. 字母、数字和其他字符混排　　D. 全部用字母和数字以外的其他字符

2. 下列各项中，不属于应收/应付账款核算初始设置的是（　　）。

A. 建立往来单位档案　　B. 设置账龄分析区间

C. 定义付款条件　　D. 录入往来初始数据

3.《会计核算软件基本功能规范》发布的时间是（　　）。

A. 1992 年　　B. 1994 年　　C. 1998 年　　D. 1996 年

4. 构建会计信息系统的初中级阶段，处于会计信息化发展过程中的阶段是（　　）。

A. 推广发展阶段　　B. 渗透融合阶段

C. 探索起步阶段　　D. 集成管理阶段

5. 下列各项中，属于会计核算软件核心子系统的是（　　）。

A. 应收/应付核算　　B. 工资核算　　C. 报表处理　　D. 账务处理

6. 通用会计核算软件比专业会计核算软件（　　）。

A. 通用性强，开发水平高　　B. 维护量小，购置成本高

C. 成本高，开发水平高　　D. 通用性差，维护量大

7. 计算机病毒是能够引起计算机故障的一段（　　）。

A. 病菌　　B. 芯片　　C. 程序　　D. 霉变

8. 功能为进行键盘输入的大小写转换的控制键是（　　）。

A. Caps Lock　　B. Shift　　C. Num Lock　　D. Alt

9. 下列各组设备中，全部属于输入设备的一组是（　　）。

A. 键盘、磁盘和打印机　　B. 键盘、扫描仪和鼠标

C. 键盘、鼠标和显示器　　D. 硬盘、打印机和键盘

10.（　　）负责协调计算机及会计软件系统的运行工作，要求具备会计和计算机知识，以及相关的会计电算化组织管理工作经验。

A. 电算主管　　B. 软件操作　　C. 电算维护　　D. 电算审查

二、多选题

11. 在会计电算化条件下，审核记账岗位的具体职责是（　　）。

A. 对通过审核的凭证及时记账

B. 进行结算操作

C. 会计核算软件不满需要时，与软件开发人员联系，进行软件功能的改进

D. 审查电算化系统各类人员岗位设置是否合理

12. 在会计电算化条件下一般要求，每月打印一次进行保管的会计档案有（　　）。

A. 会计报表　　B. 明细账

C. 总分类科目余额.发生额对照表　　D. 日记账

13. 下列软件中，不属于网络底层通信协议软件或协议转换软件的有（　　）。

A. 网络浏览器　　B. 电子邮件软件

C. 网络文件管理程序　　D. TCP/IP

14. 在会计电算化条件下，下列各项中，属于软件操作岗位具体职责的有（　　）。

A. 负责所分管业务的数据输入、处理、备份和输出等

B. 出纳人员应做到“日清月结”

C. 负责电算化系统升级换版的调试工作

D. 对审核记账人员提出的错误会计数据进行修改

15. 下列各项中，属于计算机硬件显示系统组成部分的有（　　）。

A. 显示器　　B. 显示卡　　C. 显存　　D. 电源

16. 按使用范围划分，计算机网络可分为（　　）。

A. 无线网　　B. 有线网　　C. 公用网　　D. 专用网

17. 以下属于计算机存储器的有（　　）。

A. RAM　　B. ROM　　C. CD-ROM　　D. CPU

18. 会计软件通常应当实现（　　）查询功能。

A. 查询机内本期和以前各期的总分类账和明细分类账簿

B. 查询到期票据的结算情况

C. 查询本期的会计报表

D. 查询以前各期的额会计报表

19. 下列属于 CPU 组成部分的是（　　）。

A. 只读处理器　　B. 随机处理器　　C. 控制器　　D. 运算器

20. 下列软件属于数据库管理系统的有（　　）。

A. Visual FoxPro　　B. Sybase　　C. Windows　　D. DB2

三、判断题

21. 会计核算软件的会计核算方法与手工会计在原理上一致。（　　）

A. 正确　　B. 错误

22. 对已记账的记账凭证，应当不再允许撤销审核。（　　）

A. 正确　　B. 错误

23. 会计主管可以修改操作人员的密码与权限。（　　）

A. 正确　　B. 错误

24. 基本会计工作岗位的会计人员不可兼任会计核算软件操作岗位人员。（　　）

A. 正确　　B. 错误

25. 如果上月未结账，本月仍然可以记账。（　　）

A. 正确　　B. 错误

26. 计算机中的“数据”是一个广义的概念，包括数值、文字、图形、图像、声音等多种形式。（　　）

A. 正确　　B. 错误

27. 已采用计算机代替手工记账的单位，其会计档案保管期限可以按照《会计档案管理办法》的规定执行。（　　）

A. 正确　　B. 错误

28. 会计核算软件在进行系统初始化时，必须输入操作人员岗位分工情况，为了保密，可以不输入操作密码。（　　）

A. 正确　　B. 错误

29. 会计电算化后，会计人员重新分工是在会计软件进入试用阶段后进行的。(　　)

A. 正确　　B. 错误

30. 操作人员无权将操作口令告知他人，但在特殊情况下，口令密码可向领导汇报。(　　)

A. 正确　　B. 错误

练习题六

一、单选题

1. www.mof.gov.cn 中的 gov 是(　　)。

A. 一级域名，表示中国　　B. 一级域名，表示政府

C. 二级域名，表示中国　　D. 二级域名，表示政府

2. 下列选型中，不属于电算审查岗位具体职责的是(　　)。

A. 监督计算机及会计软件系统的运行，防止利用计算机进行舞弊

B. 审查电算化系统各类人员岗位设置是否合理，内控是否完善

C. 发现系统问题或隐患，及时向会计主管反映，提出处理意见

D. 审核原始凭证和记账凭证的真实性、合法性和完整性

3. 下列各项中，不属于工资核算模块初始设置内容的是(　　)。

A. 设置工作类别　　B. 设置银行名称

C. 建立人员档案　　D. 摄制人员考核指标

4. 下列硬件中，具有记忆功能的是(　　)。

A. 控制器　　B. 储存器　　C. 运算器　　D. 中央处理器

5. 从目前应用看，网络安全的最大风险仍然来自于组织内部，其风险类型是(　　)。

A. 系统故障风险　　B. 内部人员道德风险

C. 系统关联方道德风险　　D. 社会道德风险

6. (　　)是会计电算化的初级阶段。

A. 会计核算电算化　　B. 会计管理电算

C. 会计决策电算化　　D. 会计分析电算化

7. 下列等式中，正确的是(　　)。

A. 1KB=1024B×1024B　　B. 1MB=1024B

C. 1KB=1024MB　　D. 1MB=1024B×1024B

8. 有一台计算机的 CUP 为 P4/2.0GB，其中 2.0GB 是指(　　)。

A. 型号　　B. 主频　　C. 内存容量　　D. 接口参数

9. Internet 为网上的每台计算机都分配了唯一的地址，该地址由纯数字组成，它被称为(　　)。

A. WWW 服务器地址　　B. TCP 地址

C. IP 地址　　D. WWW 客户机地址

10. 下列合法的 IP 地址是(　　)。

A. 192.163.2.1　　B. 192.163.2.1　　C. 192.163.2　　D. 192.163.2.257

二、多选题

11. 下列各项中，属于会计核算软件的有(　　)。

A. 长期股权投资核算软件　　B. 固定资产核算软件
C. 职工薪酬核算软件　　D. 金融资产核算软件

12. 在会计核算软件数据库系统阶段，下列关于会计电算化与管理信息系统关系的表述中，正确的有（　）。
A. 会计电算化是管理系统的子系统
B. 管理信息系统是会计电算化的子系统
C. 会计电算化是与管理信息系统并行的系统
D. 会计电算化和管理信息系统均属于数据库系统

13. 在会计信息化渗透融合阶段，企业优化重组其管理流程的行为主要表现为（　　）。
A. 大幅减少核算层次　　B. 规范自己账户管理
C. 缩短提交财务报告时间　　D. 改革内部财务会计机构设置

14. 从用户应用的角度进行划分，下列计算机的分类中，正确的有（　　）。
A. 工作站　　B. 服务器　　C. 终端计算机　　D. 微型计算机

15. 下列硬件中，具有记忆能力的有（　　）。
A. 硬盘　　B. 内存　　C. 控制器　　D. 运算器

16. 在会计电算化条件下，会计数据输出包括（　　）等几种形式。
A. 屏幕查询输出　　B. 打印输出
C. 保存到存储介质　　D. 通过数据接口传输到其他业务系统

17. 对于系统故障风险的防范对策有（　　）。
A. 不要频繁的关机、开机
B. 长期不用的电脑每月应开机通电一次，以去湿防霉、消除静电
C. 应有防尘、防低辐射和断电保护措施
D. 为了防止因静电而损坏集成电路芯片，再用手去拿主机板或其他插件板之前，应先用手触摸一下自来水管或其他金属物，放掉身上的静电

18. 会计核算软件中，账簿记录错误可采用的更正方法有（　　）。
A. 画线更正法　　B. 红字冲销法
C. 补充登记法　　D. 重新登记法

19. 会计核算软件的发展可以分为（　　）3 个阶段。
A. 人工管理阶段　　B. 文件管理阶段
B. 数据库系统阶段　　D. 智能管理阶段

20. 下列有关会计电算化岗位的表述中，正确的有（　　）。
A. 会计主管可以兼任数据分析、审核记账等岗位
B. 基本会计岗位的会计人员可以兼任软件操作岗位
C. 电算维护人员可以对会计数据进行操作
D. 会计稽核人员可以兼任点算审核岗位

三、判断题

21. 怀疑计算机感染了病毒，首先采取的合理措施是使用杀毒软件查杀病毒。（　　）
A. 正确　　B. 错误

22. 在会计电算化条件下，在记账凭证为输入前，可直接输入原始凭证，由会计软件自动生成记账凭证。（　　）

A. 正确　　　　B. 错误

23. 记账凭证中的所有科目发生额都不能为零。(　　)

A. 正确　　　　B. 错误

24. 文件管理系统阶段的电算化软件，基本实现了利用计算机代替手工会计核算的目标。(　　)

A. 正确　　　　B. 错误

25. 作为 ERP 系统的组成部分，会计信息系统中的管理会计子系统处理日常财务业务，以企业实体作为单位对外出具规定格式的会计报表。(　　)

A. 正确　　　　B. 错误

26. 根据计算机的用途划分，可将其分为巨型计算机、大型计算机、中型计算机、小型计算机、微型计算机和通用计算机。(　　)

A. 正确　　　　B. 错误

27. 电算维护人员应及时发现系统问题或隐患，并向会计主管反应，提出处理意见。(　　)

A. 正确　　　　B. 错误

28. 微型计算机在国内市场大量出现，微计算机在会计领域的应用创造了良好条件。(　　)

A. 正确　　　　B. 错误

29. 会计核算的功能模块，是指会计核算软件中具有相对独立的会计数据输入、处理和输出功能的各个组成部分。(　　)

A. 正确　　　　B. 错误

30. 实现企业内部会计信息与业务信息的一体化，是会计信息化推广发展的主要特征。(　　)

A. 正确　　　　B. 错误

附录 C 《企业会计准则》会计科目名称和编号

顺序号	科目编码	科目名称	顺序号	科目编码	科目名称
		一、资产类	38	1451	损余物资
1	1001	库存现金	39	1461	融资租赁资产
2	1002	银行存款	40	1471	存货跌价准备
3	1003	存放中央银行款项	41	1501	持有至到期投资
4	1011	存放同业	42	1502	持有至到期投资减值准备
5	1012	其他货币资金	43	1503	可供出售金融资产
6	1021	结算备付金	44	1511	长期股权投资
7	1031	存出保证金	45	1512	长期股权投资减值准备
8	1101	交易性金融资产	46	1521	投资性房地产
9	1111	买入返售金融资产	47	1531	长期应收款
10	1121	应收票据	48	1532	未实现融资收益
11	1122	应收账款	49	1541	存出资本保证金
12	1123	预付账款	50	1601	固定资产
13	1131	应收股利	51	1602	累计折旧
14	1132	应收利息	52	1603	固定资产减值准备
15	1201	应收代位追偿款	53	1604	在建工程
16	1211	应收分保账款	54	1605	工程物资
17	1212	应收分保合同准备金	55	1606	固定资产清理
18	1221	其他应收款	56	1611	未担保余值
19	1231	坏账准备	57	1621	生产性生物资产
20	1301	贴现资产	58	1622	生产性生物资产累计折旧
21	1302	拆出资金	59	1623	公益性生物资产
22	1303	贷款	60	1631	油气资产
23	1304	贷款损失准备	61	1632	累计折耗
24	1311	代理兑付证券	62	1701	无形资产
25	1321	代理业务资产	63	1702	累计摊销
26	1401	材料采购	64	1703	无形资产减值准备
27	1402	在途物资	65	1711	商誉
28	1403	原材料	66	1801	长期待摊费用
29	1404	材料成本差异	67	1811	递延所得税资产
30	1405	库存商品	68	1821	独立账户资产
31	1406	发出商品	69	1901	待处理财产损溢
32	1407	商品进销差价			二、负债类
33	1408	委托加工物资	70	2001	短期借款
34	1411	周转材料	71	2002	存入保证金
35	1421	消耗性生物资产	72	2003	拆入资金
36	1431	贵金属	73	2004	向中央银行借款
37	1441	抵债资产	74	2011	吸收存款

续表

顺序号	科目编码	科目名称	顺序号	科目编码	科目名称
75	2012	同业存放	116	4201	库存股
76	2021	贴现负债			**五、成本类**
77	2101	交易性金融负债	117	5001	生产成本
78	2111	卖出回购金融资产款	118	5101	制造费用
79	2201	应付票据	119	5201	劳务成本
80	2202	应付账款	120	5301	研发支出
81	2203	预收账款	121	5401	工程施工
82	2211	应付职工薪酬	122	5402	工程结算
83	2221	应交税费	123	5403	机械作业
84	2231	应付利息			**六、损益类**
85	2232	应付股利	124	6001	主营业务收入
86	2241	其他应付款	125	6011	利息收入
87	2251	应付保单红利	126	6021	手续费及佣金收入
88	2261	应付分保账款	127	6031	保费收入
89	2311	代理买卖证券款	128	6041	租赁收入
90	2312	代理承销证券款	129	6051	其他业务收入
91	2313	代理兑付证券款	130	6061	汇兑损益
92	2314	代理业务负债	131	6101	公允价值变动损益
93	2401	递延收益	132	6111	投资收益
94	2501	长期借款	133	6201	摊回保险责任准备金
95	2502	应付债券	134	6202	摊回赔付支出
96	2601	未到期责任准备金	135	6203	摊回分保费用
97	2602	保险责任准备金	136	6301	营业外收入
98	2611	保户储金	137	6401	主营业务成本
99	2621	独立账户负债	138	6402	其他业务成本
100	2701	长期应付款	139	6403	营业税金及附加
101	2702	未确认融资费用	140	6411	利息支出
102	2711	专项应付款	141	6421	手续费及佣金支出
103	2801	预计负债	142	6501	提取未到期责任准备金
104	2901	递延所得税负债	143	6502	提取保险责任准备金
		三、共同类	144	6511	赔付支出
105	3001	清算资金往来	145	6521	保单红利支出
106	3002	货币兑换	146	6531	退保金
107	3101	衍生工具	147	6541	分出保费
108	3201	套期工具	148	6542	分保费用
109	3202	被套期项目	149	6601	销售费用
		四、所有者权益类	150	6602	管理费用
110	4001	实收资本	151	6603	财务费用
111	4002	资本公积	152	6604	勘探费用
112	4101	盈余公积	153	6701	资产减值损失
113	4102	一般风险准备	154	6711	营业外支出
114	4103	本年利润	155	6801	所得税费用
115	4104	利润分配	156	6901	以前年度损益调整

附录D 《企业会计制度》会计科目名称和编号

顺序号	科目编码	科目名称	顺序号	科目编码	科目名称	顺序号	科目编码	科目名称
		一、资产类	30	1421	长期投资减值准备	59	2311	应付债券
1	1001	现金	31	1431	委托贷款	60	2321	长期应付款
2	1002	银行存款	32	1501	固定资产	61	2331	专项应付款
3	1009	其他货币资金	33	1502	累计折旧	62	2341	递延税款
4	1101	短期投资	34	1505	固定资产减值准备			三、所有者权益类
5	1102	短期投资跌价准备	35	1601	工程物资	63	3101	实收资本（或股本）
6	1111	应收票据	36	1603	在建工程	64	3103	已归还投资
7	1121	应收股利	37	1605	在建工程减值准备	65	3111	资本公积
8	1122	应收利息	38	1701	固定资产清理	66	3121	盈余公积
9	1131	应收账款	39	1801	无形资产	67	3131	本年利润
10	1133	其他应收款	40	1805	无形资产减值准备	68	3141	利润分配
11	1141	坏账准备	41	1815	未确认融资费用			四、成本类
12	1151	预付账款	42	1901	长期待摊费用	69	4101	生产成本
13	1161	应收补贴款	43	1911	待处理财产损溢	70	4105	制造费用
14	1201	物资采购			二、负债类	71	4107	劳务成本
15	1211	原材料	44	2101	短期借款			五、损益类
16	1221	包装物	45	2111	应付票据	72	5101	主营业务收入
17	1231	低值易耗品	46	2121	应付账款	73	5102	其他业务收入
18	1232	材料成本差异	47	2131	预收账款	74	5201	投资收益
19	1241	自制半成品	48	2141	代销商品款	75	5203	补贴收入
20	1243	库存商品	49	2151	应付工资	76	5301	营业外收入
21	1244	商品进销差价	50	2153	应付福利费	77	5401	主营业务成本
22	1251	委托加工物资	51	2161	应付股利	78	5402	主营业务税金及附加
23	1261	委托代销商品	52	2171	应交税金	79	5405	其他业务支出
24	1271	受托代销商品	53	2176	其他应交款	80	5501	营业费用
25	1281	存货跌价准备	54	2181	其他应付款	81	5502	管理费用
26	1291	分期收款发出商品	55	2191	预提费用	82	5503	财务费用
27	1301	待摊费用	56	2201	待转资产价值	83	5601	营业外支出
28	1401	长期股权投资	57	2211	预计负债	84	5701	所得税
29	1402	长期债权投资	58	2301	长期借款	85	5801	以前年度损益调整

附录 E　习题与实训参考答案

项目一

二、1. A　2. B　3. A　4. C　5. C　6. C　7. C　8. D　9. A　10. C

三、1. ABC　2. ABCD　3. ABCD　4. ABCD　5. ABC　6. ABD　7. ABCD　8. ABC　9. ABC　10. ABC

四、1. ×　2. √　3. √　4. √　5. √　6. ×　7. ×　8. √　9. ×　10. √

项目二

二、1. A　2. B　3. D　4. C　5. B

三、1. ABC　2. ABCD　3. BCD　4. ABCD　5. ABCD

四、1. √　2. ×　3. ×　4. √　5. √

项目三

一、A

二、1. ABCD　2. ABCD　3. ABCD

三、1. ×　2. √　3. √　4. √　5. √

项目四

一、1. D　2. A　3. B　4. C　5. D　6. A

二、1. 工资项目设置人员档案设置　2. 设计计算公式　3. 运算符关系符　4. 职工工资数据　5. 中国建设银行　6. 大于　7. 工资表工资分析表　8. 工资数据的处理　9. 工资数据的输出　10. 月末结账　11. 成本管理系统上月已结账　12. 数据采集

项目五

一、1. 共享　2. 基础设置资产增加折旧计提　3. 选项　4. 选项设置资产类别设置　5. 卡片管理　6. 按部门查询、按类别查询、自定义查询　7. 折旧计提计提本月折旧　8. 对账　9. 分析表　10. 部门构成分析表价值结构分析表类别构成分析表使用状况分析表　11. 统计表　12. 账簿　13. 折旧表　14. 专用账夹归建立它的操作员所专有，其他操作员将无法看到；而公用账夹则属于公有，任何具有报表操作权限的操作员都可以看到　15. 重新初始化账套

二、1. √; 2. √; 3. √; 4. √; 5. √; 6. √; 7. √; 8. √; 9. ×; 10. √; 11. ×; 12. √

项目六

一、1. B　2. B　3. A　4. B　5. C

二、1. ABCD 2. AB

三、1. × 2. √ 3. √ 4. × 5. ×

项目七

一、1. A 2. D 3. A 4. B 5. A

二、1. ABCD 2. CD 3. AC 4. CD 5. ABC

三、1. × 2. √ 3. × 4. × 5. ×

附录F 附录B“会计从业资格考证练习题”参考答案

练习题一

1. B 2. D 3. D 4. D 5. D 6. C 7. D 8. B 9. C 10. C

11. ABD 12. BCD 13. ABCD 14. ACD 15. ABCD

16. AD 17. ACD 18. ABCD 19. AB 20. AC

21. A 22. A 23. A 24. A 25. B 26. A 27. A 28. A 29. B 30. B

练习题二

1. C 2. C 3. C 4. B 5. A 6. C 7. D 8. D 9. D 10. B

11. ABC 12. BCD 13. ABCD 14. AD 15. ABC

16. ABCD 17. ABCD 18. BCD 19. AC 20. ABD

21. A 22. B 23. B 24. A 25. A 26. A 27. A 28. A 29. B 30. A

练习题三

1. C 2. C 3. D 4. D 5. A 6. A 7. D 8. A 9. B 10. D

11. ABCD 12. AB 13. ABCD 14. ABD 15. ABD

16. AB 17. BC 18. CD 19. ABCD 20. ABCD

21. A 22. B 23. B 24. B 25. B 26. A 27. B 28. A 29. A 30. B

练习题四

1. C 2. D 3. D 4. A 5. C 6. A 7. C 8. D 9. A 10. D

11. ABCD 12. ABCD 13. AB 14. ABC 15. ABCD

16. ACD 17. BC 18. ABCD 19. BCD 20. BCD

21. B 22. B 23. A 24. B 25. B 26. A 27. B 28. B 29. B 30. B